AF330716

BIBLIOTHÈQUE
DE PHILOSOPHIE CONTEMPORAINE

1140

LE
CRIME POLITIQUE
ET LES RÉVOLUTIONS

PAR RAPPORT AU DROIT, A L'ANTHROPOLOGIE CRIMINELLE
ET A LA SCIENCE DU GOUVERNEMENT

PAR

C. LOMBROSO ET R. LASCHI

Traduit de l'italien par A. BOUCHARD

AVEC GRAVURES DANS LE TEXTE ET 6 PLANCHES HORS TEXTE

TOME PREMIER

PARIS

ANCIENNE LIBRAIRIE GERMER BAILLIÈRE ET C⁰

FÉLIX ALCAN, ÉDITEUR

108, BOULEVARD SAINT-GERMAIN, 108

1892

LE

CRIME POLITIQUE

ET LES

RÉVOLUTIONS

C. LOMBROSO & R. LASCHI

LE
CRIME POLITIQUE

ET LES

RÉVOLUTIONS

PAR RAPPORT

AU DROIT, À L'ANTHROPOLOGIE CRIMINELLE

ET A LA SCIENCE DU GOUVERNEMENT

TRADUIT PAR

A. BOUCHARD

TOME I

PARIS

ANCIENNE LIBRAIRIE GERMER BAILLIÈRE & Cⁱᵉ

FÉLIX ALCAN, ÉDITEUR

108, BOULEVARD SAINT-GERMAIN, 108

—

1892

Pignerol, Imprimerie Chiantore-Mascarelli.

PRÉFACE

...Ce genre de crime est le plus considérable
de tous, du moins dans nos sociétés modernes ;
les contre-coups s'en font sentir, non seulement sur les particuliers que l'on frappe pour
vaincre leur resistance, mais aussi sur la fortune publique, sur la situation internationale, sur les relations intérieures des citoyens
entre eux, sur la moralité commune. Aussi
mérite-t-il d'être étudié comme un cas de pathologie sociale.

*(Conservation, Révolution — Remarques de
Littré. 2e éd., p 453-457).*

Il n'y a peut-être pas de question juridique qui
offre un aussi large champ aux théories les plus contradictoires, que celle du crime politique : qu'il suffise de rappeler les nombreux pénalistes en renom,
tels que Lucas, Froebel, Halschner et Carrara, qui
allèrent jusqu'à en mettre l'existence en doute ;
comme si ce n'était pas là un véritable phénomène
social qui se renouvelle dans tous les temps et sous
chaque forme de gouvernement.

Il est vrai que le crime politique, on peut le dire, n'a jamais été étudié comme tel; le despotisme, d'où qu'il vînt, de la Cour ou de la rue, ayant toujours réussi à le soustraire à la critique de la science, pour s'en attribuer le monopole ou s'en faire une arme contre ses adversaires.

À ce résultat n'ont pas peu contribué ces doctrinaires de la liberté, qui, s'en tenant plus à l'apparence qu'à la substance des choses, plus aux phrases qu'aux faits, se levaient chaque fois que quelqu'un essayait d'appliquer les critériums des crimes de droit commun à des actes qui, au moins du côté intentionnel, leur semblaient, non sans quelque raison, s'en écarter.

Pourtant, depuis l'antiquité jusqu'à nos jours, on a vu les nations les plus libres en poursuivre la répression avec une rigueur excessive : à Athènes, quiconque était simplement soupçonné de vouloir renverser le gouvernement populaire était digne de mort : à Sparte, on vouait aux Dieux infernaux ceux qui, dans les assemblées populaires, parlaient ou votaient contre l'intérêt de la république ou pour leur propre avantage.

Au *perduellis*, à l'ennemi du peuple romain et de la patrie, Rome républicaine tranchait la tête. Au Moyen Age, on vit nos libres Communes elles-mêmes, Venise et Florence, par exemple, édicter les peines les plus atroces pour un simple soupçon politique; et, aujourd'hui encore, dans les États démocratiques,

comme ceux de l'Amérique du Nord, il y a peine
de mort pour les crimes d'offense à la Constitution
et de complot manifesté par des actes extérieurs (1).

Toutefois, il faut convenir que, si les lois, même
chez les peuples les plus libres, ne répondent pas,
sur ce point, aux progrès historiques et scientifiques,
elles ne s'accordent pas même, aujourd'hui, avec la
conscience populaire, au moins parmi les classes les
plus éclairées. Celles-ci, en effet, n'acceptent plus des
mesures si sévères; et elles le manifestent, dans les
jurys, par des absolutions exagérées, ou, dans les comices électoraux, par des souffrages qui dépouillent
de tout prestige l'autorité de la justice; quand, toutefois, ils ne parviennent pas à en paralyser complètement l'action.

Bien que la première idée de cette étude nous soit
venue en contemplant les glorieuses effigies de nos
martyrs, exposées à Turin en 1884, et qu'elle ait
été poursuivie sous les auspices d'une école assuré-
ment peu suspecte d'idées rétrogrades, nous n'avons
point été étonnés de l'opposition soulevée contre nous
de la part même de valeureux compagnons d'armes (2); nous en avons même si bien compris le généreux mobile, que, plus d'une fois, nous aurions
nous-mêmes partagé leur sentiment, si la sérénité de
la recherche et la froide raison n'avaient fini par
triompher de la première impulsion, qui nous pous-

______

(1) *Statut. of New-York*, titre 1'.
(2) Voir *Actes du Congrès d'anthropologie criminelle*, Rome, 1887.

sait, dans ces cas, à accorder notre sympathie, bien
plus aux prétendus criminels qu'à leurs juges.

Et même, s'il était permis de comparer les petites
choses aux grandes, nous nous rangerions, nous aussi,
parmi ces criminels, convaincus que le seul fait d'être
partisans de l'anthropologie criminelle, qui cherche
à apporter un si grand changement dans les vieilles
idées juridiques, aurait semblé un crime dans d'autres temps et en d'autres pays : et c'en serait un,
même actuellement, dans le sens juridique du mot,
si nous voulions, avec une audacieuse imprévoyance,
et par des moyens étrangers à la science, en précipiter l'application dans le monde.

D'ailleurs, nous convenons nous-mêmes, dès maintenant, que la dénomination de *criminel,* appliquée
aux auteurs de délits politiques, doit sembler impro-
pre, surtout si on la confond avec celle de *criminel-
né.* Ce dernier fournit, il est vrai, son contingent au
crime politique, mais dans une faible mesure, et avec
des caractères tels, qu'on le distingue immédiatement
de la masse, tout autre que méprisable, à laquelle
il s'est mêlé.

Mais nous avons dû céder, ici, à une nécessité
d'expression technique, tout en restant convaincus
que le criminel politique, alors même que, pour nous,
juridiquement, il est tel, ne l'est presque jamais au
point de vue moral et social.

Il est vrai que chaque jour qui passe semble rendre
cette question moins urgente et moins vive. Si l'o-

pinion de Spencer « que le crime de droit commun
doive disparaître avec le temps » semble certainement
le résultat d'une illusion, il n'en est plus de même
si on l'applique au crime politique; et c'est ce que
démontre déjà l'indulgence de la répression que l'on
entrevoit, sinon toujours dans la lettre, du moins
dans l'esprit moderne de la loi, et, en tout cas, dans
ce sentiment général qu'on appelle l'opinion publique
et qui appuie la loi et la réforme ou la renie quand
elle est en désaccord avec lui; nous en avons la
preuve évidente dans le nombre, toujours plus restreint, des crimes politiques qui se commettent chez
les nations éclairées d'Europe.

C'est que, d'une part, on commence à comprendre
qu'il y a, entre révolution et rébellion, l'immense
distance qui sépare l'évolution du cataclysme, l'accroissement naturel de la tumeur pathologique; qu'il
y a, entre elles, plus d'antagonisme que d'analogie,
ce qui établit une distinction presque absolue entre
les révolutions et les rébellions. Celles-ci toujours stériles, lors même qu'elles ne s'inspirent pas d'une in-
tention criminelle, doivent être rangées par conséquent, parmi les crimes, qui, tout en provenant d'une
impulsion honnête, ne peuvent cependant pas être
exclus des codes.

D'autre part, toute une série de causes, telles que
l'oppression des nationalités et l'intolérance des opinions religieuses et philosophiques, qui, dans le passé,
rendaient le crime politique presque permanent, ve-

nant à disparaître, ou, du moins, à diminuer, on voit
diminuer également la réaction qu'elles suscitaient
nécessairement.

Toutefois on ne peut dire que toute cause soit
complètement disparue, soit parce que, non loin de
nous. — relativement heureux sous ce rapport —
gémissent des peuples auxquels on refuse le droit de
libre examen et l'autonomie politique, soit parce que,
chez nous aussi, comme il arrive pour les vicieux
ou pour les viciés, la satiété ne suffit pas pour apporter le calme, et qu'elle éveille même des appétits nouveaux, désordonnés, du moins chez un groupe
d'hommes, que la névrose ou les déceptions de la vie
rendent incapables de repos.

Il est bien vrai qu'un bon nombre, parmi ces derniers, tout en se rendant coupables de véritables méfaits, deviennent inconsciemment bienfaisants, parce
qu'ils nous révèlent des besoins latents, ou qu'ils précipitent des évènements qui ne se seraient accom-
plis que dans un temps très éloigné ; mais, le plus
souvent, ils s'agitent au milieu de rêves maladifs, de
projets contradictoires, qui, comme des bulles de savon,
ne brillent un instant que pour s'évanouir au plus
léger contact.

En effet, derrière le républicain et le socialiste,
qui ont une raison d'être historique ou économique,
nous voyons apparaître le communiste et l'anarchiste,
qui se déclarent la négation la plus complète de
l'État, reniant jusqu'aux devoirs de citoyen, et qui

prétendent détruire, d'un coup, les liens qui rendent l'homme actuel relativement heureux.

Or, personne ne pourrait les suivre jusque là.

Nous devons donc chercher si, à côté des abus des despotes et des apothéoses de la place, il existe un crime politique, cause de péril social et entraînant, par conséquent, une responsabilité — et en quoi consiste ce crime, relativement à un organisme politique et aux droits des citoyens qui en font partie.

Si, dans cette étude, nous suivions les sentiers battus du droit ancien, nous devrions commencer par formuler une définition aprioristique, appuyée, tout au plus, sur des citations graves, et surtout antiques; puis, partant de là, comme l'araignée fait pour ses fils, et probablement avec la même solidité, fixer la trame de tout notre travail.

Mais, pour nous, comme le crime est subordonné à l'étude du criminel, nous n'entendons donner de définitions — qui, en tout cas, à notre point de vue, viendraient seulement en seconde ligne — qu'après avoir exposé, avec l'appui de l'anthropologie criminelle et de l'histoire, les facteurs et les caractères de cette nouvelle espèce de criminels.

Pour ce qui regarde l'application de nos théories, les réformes politiques et sociales, nous ne nous cachons pas que nombre de critiques superficiels jugeront inutile notre tentative, par le seul fait que nous avons admis le criminel-né; mais raisonner ainsi, c'est, pour employer une belle comparaison de Sighele (1), comme si l'on proclamait inutile toute étude pour améliorer l'agriculture, attendu qu'on ne peut arriver à se défendre de la foudre et de la grêle. Il y a, dans la nature, des fléaux moins graves que la foudre et la grêle, contre lesquels, heureusement, l'œuvre humaine peut quelque chose. De même, dans le milieu social, il y a des ennemis moins redoutables et plus nombreux que les criminels-nés, contre lesquels peut beaucoup une prévoyance éclairée et constante; et d'ailleurs, quand un peuple, grâce à de bonnes institutions est tranquille et content, toute tentative des criminels-nés, sous couleur politique, avorte immédiatement.

En essayant de résoudre quelques-uns des grands problèmes historiques et sociaux, autour desquels s'exerce l'activité des penseurs et des savants, nous avons tâché d'apporter un esprit impartial; nous avons fait taire en nous tout sentiment préconçu, nous tenant également en garde contre toute prévention et toute préférence. Nous voulons espérer que le lecteur agira de même; et que, en face des questions d'une si haute importance, il s'affranchira des opinions particulières à son parti, à son pays, et même à son siècle. Devant l'évolution de l'histoire, un siècle n'est qu'une seconde.

(1) *Archivio Giuridico*, Florence, 1891.

En tout cas, que l'on discute, et que l'on combatte même, si l'on veut, les conclusions, mais non les faits authentiquement établis, comme ceux, par exemple, qui sont démontrés par les millions de suffrages résumés dans nos diagrammes. Toute critique aprioristique n'a aucune valeur contre les faits; ils ne pourraient être contestés que par ceux que pourraient nous en opposer un nombre au moins aussi considérable.

Turin, 20 Avril 1891.

C. LOMBROSO. — R. LASCHI.

Iʳᵉ PARTIE

—

ANTHROPOLOGIE ET SOCIOLOGIE

DU CRIME POLITIQUE ET DES RÉVOLUTIONS

Chapitre I

Inertie et progrès.
Misonéisme et philonéisme.
Révolutions et révoltes

———

I.

INERTIE ET PROGRÈS.

Lorsqu'on cherche à embrasser du regard les phénomènes si complexes du monde moral pour en déduire une loi, celle que l'on voit dominer toutes les autres, c'est la loi d'inertie. Ainsi en est-il dans le monde inorganique et dans le monde organique, qui, à première vue, semblent tous deux si différents du premier, tandis qu'en réalité ils se confondent avec lui, aussi bien par leur nature que par leur origine.

A mesure que nous nous éloignons davantage de la matière brute, dans laquelle les lois du mouvement se déroulent presque sans interférences, cette influence semble, il est vrai, nous échapper, parce que, parvenus au sommet de l'échelle des êtres, nous n'en voyons plus les humbles origines, depuis que l'infusoire est devenu le primate, et même le premier des primates, l'homme, et que, parmi les hommes, le sauvage muet et sanguinaire de l'époque de la pierre non taillée, le Néandertaloïde, est devenu un Darwin, un Virchow, un Pasteur.

1. *Progrès.* — Mais si ces transformations nous surprennent par leur extraordinaire différence et parlent en faveur d'un progrès indéfini, vertigineux, nécessaire, un examen impartial nous démontre que ce progrès ne s'est jamais manifesté universellement et tout d'un coup, ou par soubresauts créateurs ; il a été, au contraire, le résultat de modifications très lentes, dues — en partie, aux incidents externes qui se sont produits et maintenus, en s'accentuant toujours davantage, avec la sélection naturelle et avec la lutte pour l'existence, lesquelles ne permettaient la vie et la propagation qu'aux espèces les mieux armées contre les périls, anciens et nouveaux, — en partie aussi, à la loi d'inertie elle-même, parce que, une fois commencé, un mouvement ne s'arrêtait plus et, au contraire, s'accélérait toujours davantage : car toute cause active de changement provoque, simultanément, des effets multiples en directions diverses (1) et augmente l'hétérogénéité.

Ainsi le télégraphe, les chemins de fer n'ont pas provoqué seulement la rapidité des communications, mais aussi la condensation de la population dans les grands centres, la décroissance des disettes, à cause des prix plus équitables, et toute une série d'industries nouvelles, et par conséquent de travaux et d'ouvriers d'une nouvelle espèce, des établissements et des magasins en gros que la distance ne rend plus inaccessibles ; et la rapidité, le prix peu élevé des

____

(1) Spencer, *Progrès*, 1886.

transports, ont, à leur tour, spécialisé les industries dans les différentes régions.

Ceci se manifeste d'autant mieux que le champ où s'introduit une force nouvelle est déjà plus développé, plus hétérogène; car, alors, les résultats sont encore plus nombreux et plus variés. — Dans la plaine de la Lombardie le télégraphe donne plus de résultats que dans la Corse; les sauvages connurent avant nous le caoutchouc dont nous avons tiré tant d'applications, et ils ne s'en servirent presque pas.

Et la multiplication des effets a pour cause, à son tour, l'instabilité de l'homogène, par suite de la persistance de la force et de l'impossibilité d'un agrégat homogène, indéfini (1), le premier et le plus persistant caractère de tout perfectionnement, depuis la nébuleuse jusqu'à l'homme, étant la différenciation, la transformation de l'homogène en l'hétérogène.

Plus un animal est parfait et adapté, plus il est hétérogène. L'Européen présente, dans les vertèbres crâniennes faciales et dans les membres, des différenciations bien plus grandes que le Papou; de même aussi il se différencie dans la division du travail. En effet, tandis que le sauvage est, en même temps, guerrier, chasseur, pécheur, maçon, et son roi, guerrier, pontife, stratégiste, de notre temps, chacun de ces offices est subdivisé en un très grand nombre d'autres.

Cette loi a été exprimée sous une autre forme, par Darwin, dans sa théorie de la tendance à la variabilité existant chez les individus de chaque espèce; tendance à laquelle se rattacherait, précisément, la formation des espèces et des genres. Mais cette variabilité ne va pas à l'encontre de la loi d'inertie, elle est, au contraire, en grande partie, l'effet des oppositions à cette loi, des *attritus* que provo-

(1) Spencer, *Premiers principes*, I.

quent les différentes circonstances extérieures et la nécessité de vaincre la concurrence des êtres, dans la lutte
pour l'existence, en un champ qui ne permet la vie qu'aux
mieux doués.

2. *Inertie du monde organique.* — Quoi qu'il en soit, ces
grandes différenciations, ces formes si diverses ne se sont
développées qu'avec une marche très lente.

« La sélection naturelle, écrit encore Darwin, ainsi que
la permanence des individus mieux constitués, n'implique
pas un développement progressif : elle profite seulement
des variations qui réalisent un bénéfice pour la créature ;
on chercherait en vain quel avantage il y aurait pour un
infusoire, pour un ver intestinal, ou même pour un ver
quelconque, à posséder un organisme plus complexe ; comme
il n'y a pas d'avantages, les formes ne s'améliorent pas ou
s'améliorent de bien peu ; et ainsi s'expliquent la permanence et l'existence de tant d'êtres inférieurs ».

Et ainsi s'explique également, ajouterons-nous, comment
on a trouvé, vivant dans les grandes profondeurs de la mer,
des animaux, les oursins, par exemple, absolument identiques aux fossiles qui ont vécu des centaines de siècles
auparavant. Les causes extérieures n'ayant pas varié, et aucune lutte n'étant venue modifier les formes primitives,
celles-ci n'ont subi aucun changement.

Cette loi d'inertie est si puissante, que, même après avoir
été vaincue par les attritions séculaires, elle laisse toujours
chez les êtres, qui ont le plus progressé, une trace de la
première oscillation, dans les *survivances*, dans les organes
rudimentaires, quand elle ne se renouvelle pas, en certaines
formes atavistiques, dans toute son intégrité.

Lorsque, en effet, nous observons, autour de l'oreille
humaine, ces petits muscles qui, inutiles pour nous, impriment la physionomie de la joie, de l'anxiété chez le cheval ; lorsque, dans les organes mâles, nous trouvons les
rudiments des organes femelles ; dans les vertèbres coccy-

giennes, les vestiges de la queue; dans l'appendice iléo-cœcal, un reste du prolongement intestinal des herbivores; dans le petit psoas, le reste du muscle sauteur des rongeurs, nous avons sous les yeux une preuve anatomique de la loi d'inertie, qui, vaincue çà et là par la lutte pour l'existence et par la sélection naturelle, se reproduit à chaque instant. Ainsi les monstres et les microcéphales reproduisent souvent presque tous les caractères des singes et des rongeurs, non seulement dans les lignes anatomiques, mais encore dans les instincts (1). On en peut dire autant de ces monstres moraux, qui sont les criminels, chez lesquels Sergi voit avec raison un pré-atavisme (démontré même anatomiquement) qui va jusqu'aux carnivores et aux rongeurs.

Chez un grand nombre, la loi d'inertie n'est victorieuse qu'à demi; ce sont ces monstres qui n'ont, des pré-ancêtres primitifs, que le poil répandu sur le corps et sur la face, ou le cervelet moyen, ou le double vagin, ou le palais rudimentaire, comme chez les poissons, ou les reins lobulés des cétacés; et tout cela avec une régularité de fréquence si précise qu'on peut la traduire en chiffres; c'est ainsi qu'on a pu calculer à 20 p. 100 la présence, dans l'homme blanc, du muscle ischio-pubique, et à 5 p. 100 celui de la fossette cérébellaire qui se trouve normalement chez les oiseaux et chez presque tous les les mammifères (2).

Il est vrai que, maintenant, intervient la doctrine de Naegeli (3) qui admet un progrès indéfini dans l'espèce: selon

<hr>

(1) Nous avons observé la Krao, qui non seulement avait toute la face couverte de poils et les oreilles énormes, mais, ce qui est bien plus important, les poches buccales des singes inférieurs et le nez sans cartilage comme ces derniers; Teresa Gambardella de Salerne, a, non seulement le poil répandu sur tout le corps et même sur la face, mais encore le coussin adipeux des femmes hottentotes. (Voir Lombroso, *L'uomo bianco e l'uomo di colore*, 1890).

(2) Lombroso, *Uomo bianco*, 1870.

(3) Nægeli, e, v, *Mechanische und physiologische Theorie der Abstammungslehre*. Munchen, Leipzig, 1884.

cette doctrine, la disposition des *mycelia* de l'idioplasma
tendrait, en vertu d'une cause interne, existant, dès l'origine, dans la substance organisée vivante, à passer toujours de l'état simple à l'état composé; en conséquence,
l'évolution organique aurait la même nécessité mécanique
que celle que l'on observe dans la structure fondamentale
d'un cristal, laquelle est également due à des forces mo-
léculaires internes et ne se modifie que très superficielle-
ment sous l'influence de la force externe.

Mais, outre que la doctrine de Naegeli n'explique pas
comment l'idioplasma, en se distribuant, à la suite de la
segmentation du germe, dans tous les tissus, et, par conséquent, diminuant progressivement en quantité, peut ensuite se trouver dans les cellules du nouvel individu, doué
encore de toutes les propriétés acquises philogénétique-
ment; outre que, comme l'a justement observé Morselli (1),
la « tendance générale au perfectionnement », par suite de
l'orientation préétablie des particelles organisées, tient beaucoup de la vieille métaphysique, de récentes découvertes
démontrent qu'il y a souvent de véritables régressions chez
les animaux, avec des formes évidemment dégénérées, c'est-
à-dire dérivées de formes d'une organisation plus élevée,
comme chez les lamellibranches, chez beaucoup de crus-
tacés, chez divers tuniciens, peut-être aussi chez l'Amphio-
xus: et l'existence d'animaux avec des organes rudimentaires (par exemple les yeux des animaux cavernicoles, etc.)
ne pourrait concorder avec la perfectibilité infinie, attribuée
à l'idioplasma par Naegeli. Et il est bon d'ajouter qu'on a
vu les animaux domestiques dégénérer dès qu'ils revenaient
à la vie sauvage, et les nègres de Saint-Domingue reproduire le nègre du Dahomey en pleine Amérique.

(1) *Lezioni nell'uomo secondo la teoria dell'evoluzione.* — Torino, Roma,
1888.

Et d'ailleurs, même avec la théorie Naegelienne, comme avec la théorie rivale tout récemment créée par Weismann, le progrès dans l'échelle zoologique ne serait jamais précipité, mais toujours lent et gradué.

3. *Inertie dans le monde moral.* — En supposant, même, que l'on voulût et que l'on pût contester la loi d'inertie dans le monde organique, on ne le pourrait certainement pas dans le monde moral.

En effet, on a beau croire que nous sommes en grand progrès, si nous établissons une carte graphique du progrès sur le globe, nous voyons à quelles misérables proportions il se réduit. On peut dire que toute l'Afrique, sauf quelques points envahis par les Aryens, l'Australie et une bonne moitié de l'Amérique sont presque dans l'état préhistorique, ou tout au plus dans l'état des grands empires asiatiques des premières époques historiques. Dans l'Amérique du Sud, à Haïti, la civilisation n'a fait que changer les apparences de la vie primitive, en substituant, à l'immobilité, un équilibre instable qui est presque pire encore.

Même chez nous, dans les pays les plus civilisés, si on élimine les vieillards, les femmes, les paysans, les prêtres, la plus grande partie de l'aristocratie et de la bourgeoisie des villages, tout à fait ennemis du progrès, combien reste-t-il de partisans du mouvement progressif?

Et dans l'Europe, en Grèce, en Espagne, en Croatie, en Sardaigne, en Corse, quelle barbarie ne dominait pas il y a peu d'années seulement? Et nous ne voudrions pas dire qu'elle n'y domine pas encore, même dans les cercles les plus éclairés.

Non seulement, la continuité et la très grande fréquence des cas, dans lesquels l'homme, même le plus civilisé, en proie à de fortes passions devient farouche (comme au temps du choléra en Italie, des espions prussiens à Paris, de la révolte de Palerme et des grèves de Decazeville), montrent de quelle légère couche est formé le vernis de notre

civilisation; mais, même en temps de calme, l'étude des
mœurs de nos peuples nous prouve que, malgré les vicis-
situdes et les croisements, elles ont varié de bien peu depuis l'époque barbare.

II.

MISONÉISME.

1. — La preuve la plus certaine de l'extension et de la
prédominance de la loi d'inertie dans le monde moral, c'est
cette haine du nouveau, si peu remarquée, que nous appe-
lons *misonéisme* ou *néophilie,* et qui naît de la difficulté et
de la répulsion que nous éprouvons quand nous devons
substituer une sensation nouvelle à une ancienne; or cela
est si commun chez les animaux, qu'on peut dire que c'est
un caractère physiologique. A la suite d'une première communication que nous avons faite à ce sujet dans la *Revue
scientifique,* les faits à l'appui se sont multipliés; nous en
recueillons quelques-uns.

Un singe, que l'on avait vêtu à l'européenne, étant re-
tourné dans ses montagnes de la Kabylie, il y fut accueilli
avec horreur; tous ses compagnons le fuyaient à cause de
son habillement.

Nous savons tous que les chiens aboient toujours, même
sans le besoin ou le devoir de la garde, à chaque voiture
qui passe par les rues silencieuses du village: on connaît
les cas de chevaux qui s'emportent si le cavalier a changé
la manière de se vêtir, parce qu'ils ne le reconnaissent pas.

Selon Romanes et Delbœuf, les chiens ont peur de bulles
de savon: « A la quatrième bulle qui éclatait, écrit ce
dernier, la fureur de mon chiens ne connaissait plus de
bornes ».

Il en est de même dans l'enfance de l'homme; un enfant qui voit pour la première fois un visage ou un animal nouveau, s'agite avec violence et cherche à se sauver; et cela rien que par peur du nouveau; c'est pour la même raison que vous le voyez même devenir féroce si vous le changez de chambre, et s'effrayer à chaque meuble nouveau; on en observa qui voulaient toujours voir la même peinture et entendre la même histoire avec les mêmes termes. Malheur si on les changeait!

Varigny raconte qu'un petit enfant de deux ans, qui lui était affectionné, s'éloigna de lui avec horreur quand un rhumatisme l'obligea de s'emmailloter une jambe dans de la ouate; l'enfant le regardait, soupçonneux, puis jetait des hurlements frénétiques; même après sa guérison, l'enfant cherchait à l'éviter et criait s'il l'approchait de trop près; ce ne fut qu'au bout de plusieurs mois, et en présence d'un tiers, qu'il consentit à l'écouter et à lui donner la main.

De même que les enfants sont misonéiques, nous voyons aussi les femmes tenir beaucoup à la religion, aux coutumes, et, dans quelques régions, à la langue de leurs ancêtres, au point qu'elles conservent un langage différent de celui des hommes lorsque ceux-ci, comme en Amérique, dans l'Orénoque, chez les Abipons, ont adopté la langue des tribus voisines.

Cette haine pour le nouveau, que l'on observe chez les enfants et chez les femmes les plus civilisées, se remarque, à plus forte raison, chez les peuples sauvages, dont la faiblesse psychique fait, qu'une fois certaines sensations assimilées, l'assimilation d'autres sensations est empêchée, surtout si la différence est grande et s'il n'y a pas de transition, de nuance qui les rapproche. Ainsi, dans les langues primitives, *éléphant* est *bœuf avec les dents;* dans la langue chinoise, les *chevaux* sont des *grands chiens;* dans le sanscrit, pour dire *étable de chevaux*, on emploie les expressions d'*étable de bœufs de chevaux;* pour dire *une paire de chevaux*, on dit *une paire de bœufs de chevaux.*

Lorsque les points de transition font défaut, la perception s'associe à une fatigue telle qu'elle produit une véritable souffrance qui parfois se traduit par de l'horreur.

Il se produit alors, chez l'homme normal, ce que nous eûmes l'occasion d'observer chez une aliénée, qui, lorsqu'elle sortait de la maison, restait frappée du premier objet ou de la première personne qui s'offrait à elle, et, pendant la journée entière, substituait cette première sensation à toutes les autres. La confusion devenait encore plus complète quand les personnes ou les objets qu'elle rencontrait ensuite lui étaient inconnus : alors elle ne parvenait pas à rectifier son jugement. Elle s'irritait spécialement contre sa fille, pour laquelle elle nourrissait cependant un amour très grand, et que, tout en la reconnaissant, elle voyait sous l'aspect de la première personne ou même du premier animal qu'elle avait rencontrés auparavant, et elle s'en irritait au point de penser à la tuer. Cette même femme ne pouvait se rendre, même accompagnée, dans une contrée nouvelle, c'est-à-dire là où elle n'était pas encore allée, parce que l'horreur et la confusion qui l'envahissaient alors étaient telles qu'elle se sentait poussée au suicide.

Les esprits faibles, ou affaiblis, ou primitifs, se montrent donc plus exposés à la répulsion pour ce qui est nouveau : bien entendu, il n'est pas question des petites innovations, telles que, la mode pour les femmes, le changement du tatouage pour le sauvage, les jouets pour les enfants ; alors, non seulement ils n'en ont pas horreur, mais, au contraire, ils les désirent très vivement parce qu'ils excitent, sans les irriter et sans leur causer de douleur, les centres nerveux qui ont besoin de quelque changement.

Mais quand l'innovation est trop radicale, ce n'est pas seulement le sauvage et l'enfant qui en ressentent de l'horreur ; la grande majorité des hommes, pour lesquels le misonéisme est loi de nature, en éprouvent de la répugnance, en raison de la douleur que produit la nécessité où ils sont de faire passer leur cerveau par des transitions trop rapides, qui ne sont pas à sa portée; car l'inertie et la répétition des mouvements déjà exécutés, propres ou atavistiques, sont naturelles chez l'homme vulgaire comme chez tous les animaux.

On pourrait comparer l'homme commun, ainsi rebelle aux innovations, à l'hypnotisé, qui, sous l'influence d'une suggestion inhibitrice, ne voit pas une image qu'il a cependant sous les yeux, et l'on comprend qu'il doive regarder comme ridicule ou impie celui qui approuve et adopte ces innovations.

En effet, la parole *trouver (trovare* en italien) vient de *turbare (troubadour, trouvère)*.

Max Nordau (1) écrit très justement à ce sujet : « Pour être agréable, toute sensation nouvelle doit être délicate et non trop inattendue ; elle doit être peu différente des sensations déjà connues et s'en éloigner à peine d'un seul degré, d'une ombre; elle doit être semblable aux choses connues et se présenter comme en étant les conséquences naturelles. Les choses absolument différentes de celles qui existaient auparavant sont cause de sensations désagréables qui peuvent arriver jusqu'à la plus grande antipathie, jusqu'à l'horreur. Ainsi s'explique comment la multitude accepte les choses appelées *nouveautés,* tandis qu'elle repousse les innovations qui, par leur essence, diffèrent totalement des concepts habituels, et les combat avec fureur, quelquefois même avec l'effort du désespoir:

« Je suis très disposé à croire, ajoute-t-il, que les tribus des sauvages disparaissent devant la civilisation envahissante, uniquement parce que le changement immense de toutes les conditions les contraint à recevoir trop de pensées nouvelles et impose à leur esprit trop de nouvelles fonctions ». Le misonéisme est, en somme, une fonction

(1) Max Nordau, *Paradossi*, Milan, Dumolard, 1885.

protectrice. Cette appréciation fut mieux démontrée par
Beard (1), qui remarqua que, tant qu'ils ne sont pas en
contact avec la civilisation, les sauvages offrent une résistance extraordinaire aux poisons, aux blessures, à la sy-
philis, à l'alcool même et, par conséquent, sont sujets à une
mortalité moindre ; *vice versa*, les habitants des États-Unis,
excités par les innovations, comme le télégraphe, la presse,
etc., sont des névrotiques, et même des névrasthéniques,
c'est-à-dire des malades en permanence, qui souffrent aux
moindres doses de café, d'alcool ; et cela d'autant plus que
la civilisation est plus avancée : de sorte que, dans les
États du Nord, ils le sont beaucoup plus que dans le Sud.
La multitude, conclut Nordau, est toujours conservatrice,
parce qu'elle agit suivant les instincts héréditaires de l'espèce, et non selon les concepts nouveaux et individuels, et
qu'elle ne sait pas s'orienter au milieu de situations nouvelles, ne se sentant à l'aise que dans le milieu ordinaire
et connu.

2. *Misonéisme dans les mœurs.* — Voyons, par exemple,
dans les mœurs : chez les Grecs modernes, malgré les vicis-
situdes, on retrouve l'ancien Grec ; les Arcadiens mènent
encore la vie pastorale ; les Spartiates ont encore aujour-
d'hui l'humeur féroce et batailleuse. Renan trouva, en Syrie,
les mêmes mœurs et les mêmes coutumes qu'à l'époque
romaine. Le Byzantin du moyen-âge conserve la subtilité
sophistique des philosophes grecs et l'amour des discours
élégants. Les Hongrois haïssent les montagnes et aiment les
plaines comme les Huns. Les Bohémiens ne diffèrent pas
des anciens Sindh, dont ils conservent les mœurs, le langage, les yeux flamboyants, les cheveux noirs, les traits durs,
la crédulité et l'apathie, le vagabondage, la tendance au
vol, l'horreur pour le travail (2).

---

(1) *Le névrosisme en Amérique.* 1888.
(2) Ribot, *L'hérédité psychologique*, Paris, 1882.

Les voyageurs, par exemple Beltrame, rapportent que les mœurs actuelles des populations nomades arabes correspondent à celles des temps bibliques.

A Poti, l'ancienne Phasis, les mœurs sont restées au même point qu'au temps d'Hérodote, les habitations y sont encore lacustrales. Les Suanes pratiquèrent et pratiquent encore les sacrifices humains; ils immolent jusqu'à leurs propres filles. Chez les Ossètes, le nom propre des familles n'est pas encore bien fixé. Les Lesghiens disposent encore de la vie de leurs femmes (1).

Jusqu'au Français du xix° siècle, qui, dans beaucoup de cas, est encore tel qu'il a été dépeint par Strabon (iv, 4), et par César *(De bello gallico, 4, 5)*: amoureux des armes, de ce qui brille; vain d'une manière incurable, parlant facilement et se laissant entraîner par les paroles, amateur des choses nouvelles, imprudent dans ses résolutions.

Dans nos mœurs modernes, les carnavals ne sont, au fond, que le retour atavistique des antiques Bacchanales des Romains.

On sait qu'ils les célébraient dès les temps les plus reculés. Quelques-uns prétendent que la coutume leur en avait été transmise par les Pélasges; l'histoire en fixe l'époque certaine à l'an 497 avant Jésus-Christ. Elles se célébraient d'abord le 17, et ensuite le 19 décembre; elles auraient dû durer un jour : Auguste les limita à trois et Caligula à cinq : le fait est qu'elle en duraient toujours sept. C'était la vraie fête du peuple et des classes humbles : les paysans fêtaient la cessation des travaux agraires; les condamnés recevaient souvent la liberté, et les coupables n'étaient jamais condamnés ces jours-là; les esclaves pouvaient se vêtir comme les citoyens libres, ils étaient exempts de tout travail et étaient même servis à table par leur maître.

______

(1) E. Chantre, *Recherches anthropologiques dans le Caucase*, 1888.

Dans nos fêtes carnavalesques, on trouve, bien souvent, (comme pour en attester l'origine) d'autres survivances qui rappellent ces usages anciens. A Vérone, par exemple, on faisait de vraies processions, dans lesquelles figuraient des hommes vêtus en bacchants, et auxquelles prenaient part plusieurs quartiers, avec leurs bannières et avec des privilèges spéciaux de préséance, comme au moyen âge; la même chose se voit encore à Sienne où, à des époques données, défilent, par les rues, les *Contrade,* avec leurs bannières, gardant les anciens noms et les anciennes rivalités du moyen âge. On sait qu'à Ivrée, en souvenir, justement, d'une victoire populaire contre les féodaux, au moyen âge, on adopta à cette époque le bonnet phrygien.

3. *Misonéisme dans la religion.* — On peut en dire autant pour la religion, les lettres et les arts, où nous voyons triompher le misonéisme. — On peut même dire, à propos de la religion, qu'elle est l'institution qui se base le plus complétement sur le misonéisme, au point, que nous voyons la religion chrétienne conserver, des religions anciennes, non seulement le *plain-chant,* les vêtements sacrés — *mitre* et *fibule* — des prêtres égyptiens, la *cuculle* et les sandales de la plèbe romaine, etc., mais encore les légendes mithriaques, dans quelques dogmes qui ont trait au soleil, et jusqu'au vieux fétichisme.

Pendant longtemps, en Océanie, dans l'Inde et parmi nous, bien que les sentiments de pitié, l'abondante alimentation et les lois très sévères s'y opposassent, on vit se maintenir le cannibalisme, l'assassinat sacré et le massacre des prisonniers, dont un triste reste, Spencer le démontre, est la circoncision juive, qui devrait, d'après les rites, être exécutée avec ces couteaux de pierre qui, justement, marquent l'époque préhistorique.

Même en pleine Révolution, le fétichisme persista; à la mort de Marat, Brochet fit imprimer des milliers d'exem-

plaires d'une oraison jaculatoire qui avait pour refrain :
Cœur de Jésus, cœur de Marat, protégez-nous.

Et aujourd'hui même, au cœur de l'Europe, ne serait-il pas dangereux et même criminel de se dire athée; d'affirmer que Dieu est une pure hypothèse? Et cependant ce serait une nouveauté de trois mille ans... Et n'est-ce pas un crime, pour quelques-uns, de travailler le dimanche?

Mais il y a bien pis :

Anfosso (1) démontre, avec de très beaux exemples à l'appui, que l'on voit se reproduire, chez nos populations, cette adoration des rochers, qui constitue une des formes primitives de religion des peuples barbares.

Ainsi les Tongouses adoraient les pierres. Or ce culte, général dans l'Inde, n'est pas encore disparu. Au commencement du moyen âge, cette adoration se reproduisait chez nous, au point que Théodoric, archevêque de Cantorbéry, fut contraint de défendre le culte des pierres; dans un concile tenu à Tours, en 567, on enjoignit même aux prêtres de fermer la porte de leurs églises à quiconque adorerait les pierres.

Malgré cela, actuellement encore, près du sanctuaire d'Oropa, on voit une roche dont s'approchent avec respect les épouses venues en pélerinage pour obtenir les joies de la maternité. Dans beaucoup de vallées du Piémont, et, en Sicile, dans les montagnes de Cefalù, en réminiscence de très anciens usages, les passants jettent, sur les sépultures, de petits cailloux qui, peu à peu, s'y amassent en tas (Anfosso).

L'adoration des eaux surgit à côté de celle de la pierre, et fut conservée avec ténacité : en Bretagne, le célèbre puits de Sainte-Anne d'Auray et la fontaine sacrée de Lamneur, dans la crypte de l'église de Saint-Melay, étaient le but de très nombreux pélerinages (2).

(1) *La Leggenda religiosa*. Torino, 1888.
(2) Early, *Races of Scotland*, cité par Lubbock dans l'ouvrage : *L'Homme préhistorique.*

Une grande quantité de personnes venaient encore, en
1791, à la source de Saint-Fillans, à Comrie, dans le Perth-
shire, boire de l'eau et s'y baigner afin de recouvrer la
santé, renouvelant ainsi la légende de la piscine probatique.
Tous les visiteurs devaient faire, trois fois pour jour, le
tour de la source, jeter une pierre blanche dans un gouffre
voisin et finalement déposer une pièce d'habillement comme
offrande au génie du lieu (1).

Le colonel Forbert Leslie observe qu'en Écosse il existe
peu de paroisses qui n'aient un puits sacré.

En Irlande, on trouve très répandues les légendes sur
Kelpy ou esprit des eaux, qui prenait diverses formes : celle
d'un homme, d'une femme, d'un cheval, et, le plus souvent, d'un taureau. Or, non seulement on croyait fermement,
dans le siècle passé, à l'existence de cet esprit, mais, dans
certains lieux, cette croyance est encore aujourd'hui bien
loin d'être abandonnée (Lubbock).

Ainsi, le culte des eaux, si commun dans l'Inde, le pays
du Gange sacré, est passé chez nous ; ajourd'hui encore,
près de Turin, dans l'église de Saint Pancrace, on voit une
cuve où vont boire les croyants, le jour de la fête du saint ;
et s'ils sont indignes d'entrer dans l'église, ils rejettent immédiatement l'eau qu'ils ont bue. Du reste, la croyance dans
les eaux miraculeuses est peut-être la plus universelle et la
plus constante parmi les superstitions, — les sanctuaires de
Lourdes et de la Salette, entre autres, en font foi.

Dans la vallée de Cérésole, les habitants ont l'habitude
de suspendre, aux arbres, de petits sacs renfermant les
produits du sol, ce qui, probablement, est un reste de l'ancien culte des divinités des forêts (2).

A leur tour, certaines propriétés miraculeuses des saints
reproduisent celles des fétiches et des dieux païens : contre

____

(1) Lioy, *In alto.* Milano, 1880.
(2) Lopez-Savi, *Le Leggende delle Alpi*, Turin, 1880.

la stérilité, on invoque Saint André de Bethsaïde; Saint Jean, contre l'épilepsie; Saint Denis, contre le mal de tête; Sainte Lucie, contre les maux d'yeux, etc.

En Russie, les vieux dieux des Slaves sont adorés sous des noms divers par le *moujik* (paysan); Wodan est l'antique dieu des eaux; Damovoï, le génie de la maison; saint Blaise est l'ancienne divinité païenne Vlas; Wolosz, le dieu des troupeaux; dans beaucoup d'endroits on a l'habitude de faire bénir le champ par le prêtre et de le faire exorciser par le sorcier; pour beaucoup, Dieu est un grand magicien. Le Jupiter slave, *Péroun*, le dieu de la foudre, est remonté sur les autels sous la figure de saint Élie (1).

En France, dans le département de Saône-et-Loire, on trouve encore à présent des traces des Druides chez ce qu'on appelle les Blancs, avec des règles religieuses qui rappellent le très ancien rite (MORTILLET).

Mortillet affirme même qu'on a conservé en Bretagne l'usage d'élever des menhirs (monuments celtiques); on en aurait érigé un en l'honneur de la Révolution de 1848.

Bellucci, dans les vallées les plus éloignées de l'Ombrie, trouva les flèches de silex employées comme préservatif contre la foudre, ainsi que les hachettes de pierre et les énormes grattoirs de silex contre les maladies des bœufs; les aétites contre les avortements; les sanguinaires contre les anomalies menstruelles : en somme, toute une pharmacopée qui remontait évidemment à l'époque de la pierre.

En Belgique, qui est cependant le pays où l'instruction est le plus répandue, Hoch a recueilli en un volume de 600 pages (2), les préjugés, les superstitions et les pratiques populaires, sur la baquette divinatoire, sur la vertu

____

(1) A. LEROY-BEAULIEU, *Le sentiment religieux en Russie (Revue des Deux Mondes*, 15 avril 1889).

(2) *Croyances et remèdes populaires au pays de Liège*, par AUGUSTE HOCH, Liège 1888.

de la corde de pendu, sur l'eau de Saint-Jean, sur les feux follets, sur les jours fastes et les jours néfastes, sur Noël, sur les œufs de Pâques, sur les pélerinages aux morts, sur la pluie, sur les sorcières, sur les talismans d'amour, etc.

Pitré raconte (1) que les femmes, à Palerme, conservent toute l'année les œufs pondus par leurs poules le jour du Vendredi saint; Tiraboschi rapporte le même cas dans le comté de Bergame, où ces œufs préservent, dit-on, de la chute des arbres; or, le Père Donato Calvi écrivait que, dans son temps (vers le milieu du xvii° siècle), beaucoup de femmes avaient l'habitude de conserver les œufs pondus le Vendredi saint, pour éteindre les incendies en les jetant dans le feu (2).

Et que dire de la superstition du vendredi, si universelle, et qui remonte aux premiers temps du christianisme? A Paris, où les omnibus transportent, en moyenne, 347.000 hommes par jour, on remarque, le vendredi, une différence en moins, d'environ 27.000 personnes (Pitré, op. cit.).

Beaucoup encore, un peu par plaisanterie, mais sérieusement au fond, portent sur eux, comme amulette, le petit porc porte-bonheur, ou le mettent au cou des enfants. Or cet usage nous vient de l'époque romaine où cet animal était sacré; dans les mariages les plus solennels, ceux par *confarreatio*, l'épouse *uxor*, presque *unxor*, en se rendant à la maison de son mari, avait l'habitude d'entourer de bandes de laines les ouvertures des portes et de les enduire de graisse de porc pour en éloigner les maléfices.

La conservation fidèle des religions très anciennes est, elle aussi, une preuve de misonéisme; on vit, par exemple, le brahmanisme préhistorique combattu sans fruit par les Mongols, les Persans, les Tartares, les Musulmans et les

---

(1) *Il venerdi nelle tradizioni popolari italiane*, Palerme, 1888.

(2) Ant. Tiraboschi, *Rivista Europea*, an. vii, août 1876.

Européens; et même, quand Bouddha surgit comme réfor-
mateur, il n'eut jamais pour lui les masses, dans l'intérêt
desquelles il agissait; si bien que, pour se répandre, sa
religion dut émigrer de l'Inde en Chine, au Thibet, à Ceylan,
bien que ce ne fût, au fond, qu'un brahmanisme épuré. Il
en fut de même pour l'hébraïsme : le christianisme naquit
des Juifs, en Judée, mais il n'en entraîna pas la majorité,
qui se dispersa par tout le monde, gardant toujours immuables ses anciennes superstitions (1).

4. *Misonéisme dans la morale.* — L'instinct misonéique,
alimenté par la religion, peut laisser des traces assez profondes pour former une morale *sui generis* et provoquer
le remords pour avoir manqué à un usage, fût-il même
des plus répugnants, comme, chez nous, le provoquerait
le crime chez les gens honnêtes. Nous en avons un exemple
dans cet Australien, dont parle Sander, lequel, ayant perdu
sa femme, morte de maladie, déclara que, selon l'usage
reçu parmi les siens, il devait tuer une femme de quelque
autre tribu. Menacé de la prison, il resta silencieux à partir
de ce jour, plein de remords à l'idée qu'il manquait à son
devoir; enfin il s'échappa, et, quelque temps après, il revint content parce qu'il avait satisfait à son obligation sacrée. Au faîte de la civilisation il nous en arrive autant
pour le divorce.

5. *Misonéisme dans la science.* — Dans le domaine scientifique, l'histoire de toutes les persécutions contre les
génies inventeurs ou réformateurs suffirait à prouver l'influence terrible du misonéisme, d'autant plus intolérant
et plus fanatique qu'il est plus ignorant; et qu'il suffise
de citer les noms de Colomb, de Galilée, de Salomon, de
Caus, premier inventeur de la vapeur, envoyé à Bicêtre par
Richelieu.

(1) Lacaze, *Le Bouddhisme et le Christianisme, Revue scientifique,* 1887.

C'est pour cela qu'il n'y a pas de découverte moderne (photographie, électricité, vapeur, gaz éclairant, etc.), grande ou petite (1), qui n'ait été découverte de nouveau, non seulement une, mais plusieurs fois et à plusieurs époques, toujours au détriment de son inventeur, et qui ne soit restée, en attendant, tout au plus à l'état de jouet d'enfant. *« La vapeur (écrit Fournier) était un jouet d'enfant au temps de Héron d'Alexandrie et d'Anthémius de Tralles. Il faut que l'esprit humain et le besoin de notre race travaillent des millions de fois par l'expérience avant de tirer toutes les conséquences d'un fait (2) »*.

En 1765, Spedding (3) offrit le gaz portatif, déjà tout prêt, à la municipalité de Whitehaven qui le refusa; vinrent ensuite Chaussier, Minkelers, Lebon et Winsor, qui n'eurent d'autre habileté que de s'approprier la découverte et d'en profiter.

Le charbon avait été découvert au xv⁰ siècle, le navire à roues en 1472, celui à hélice avant 1790; quand, en 1707, Papin fit naviguer un vaisseau au moyen de la vapeur, on le traita de charlatan. Sauvage, qui put enfin l'appliquer, la vit en œuvre de la prison où il était enfermé pour dettes. Richet écrit que, récemment encore, le téléphone fut déclaré une utopie par l'Académie de France (4). La daguerréotypie fut entrevue au xvi⁰ siècle en Russie, chez nous en 1566 par Fabricio, et découverte de nouveau par Thiphaigne de la Roche (5).

Le galvanisme fut d'abord découvert par Cotugno, et ensuite par Du Verney (6).

(1) C. Lombroso, *L'homme de génie*, 1889.
(2) Fournier, *Le vieux neuf*, 1880.
(3) C. Lombroso, *L'homme de génie*, 1889.
(4) *Ibid.*
(5) *Ibid.*
(6) *Ibid.*

Déjà, en 1824, Boursel décrivait dans l'*Illustration* (26 août), un appareil téléphonique.

La théorie de la sélection, elle-même, n'appartient pas à Darwin; comme toutes les autres elle a, dans le passé, de profondes racines.

Pouillet, le célebre physicien, et Benoît, prédisaient que le télégraphe électrique n'occasionnerait que des dommages et que, jamais, il ne pourrait remplacer le télégraphe à signaux. Berryer demanda même qu'on suspendît les expériences.

La loi d'attraction de Newton était déjà tracée dans les œuvres du xvi° siècle, spécialement par Copernic et par Képler, et elle était presque complétée par Hook.

Et ainsi de suite pour le magnétisme, pour la chimie, pour l'anthropologie criminelle elle-même, qui fut sérieusement régardée, pendant longtemps, par presque tous les hommes d'État italiens, comme une bénigne protectrice du crime, une immoralité, etc.

En 1760, quand le gouvernement espagnol proposa d'assainir les rues de Madrid, une indignation générale accueillit cette proposition, même dans les classes élevées. Le gouvernement en appela aux médecins qui déclarèrent l'expérience nuisible au point de ne pouvoir en calculer les résultats funestés; les mauvaises exhalaisons rendant l'air plus pesant lui enlevaient, à leur avis, toute propriété malsaine.

En 1787, on ne croyait pas à la circulation du sang; on défendait, à l'Université de Salamanque, d'enseigner les découvertes de Newton, parce qu'elles ne concordaient pas avec la religion; Madrid même manquait de bibliothèque; les navires étaient en si mauvais état qu'il ne pouvaient supporter le feu de leurs propres canons (BUCKLE).

Comme on avait reconnu que les minières de mercure d'Almadeira ne rendaient pas, parce que les mineurs travaillaient perpendiculairement au lieu de suivre la veine, on leur ordonna de changer de système; mais ils refusèrent, de sorte que l'on fut obligé de faire venir des Allemands et des Irlandais, et alors on obtint de bons résultats (Ib.).

Pierre Verri se plaignait de ce que Joseph II et le gouvernement Autrichien eussent fait mettre des numéros aux maisons et éclairer les rues de Milan (1).

Le Chinois, écrit Jamesel (2), regarde toujours en arrière, jamais devant lui; pour lui, tout ce qui est bon nous vient des anciens, ce qui est nouveau ne peut être que mauvais, et si, par hasard, une invention nouvelle a vraiment du mérite, elle doit certainement être si ancienne qu'on en avait perdu les traditions.

Eh bien, nous rions des Chinois, mais enfin nous en faisons autant qu'eux; chez nous, tandis que l'Eglise peut être regardée comme le rempart officiel contre toute nouveauté dans le monde moral et dans les usages, les académies sont l'instrument officiel contre le génie et contre toute innovation scientifique ou littéraire. Pas une découverte qui ait été encouragée ou favorisée par elles, tandis que beaucoup, au contraire, ont été combattues avec acharnement et avec succès, parce que les académies ont pour allié, dans la lutte, le sentiment public des plèbes et des gouvernements qui sont, en grande partie, composés de plèbe.

Mais, ainsi que je l'ai démontré dans l'*Homme de génie*, non seulement les académiciens, qui sont, le plus souvent, de pauvres érudits, mais encore les savants de génie, sont les plus ardents adversaires et persécuteurs du nouveau; ils apportent une extrême énergie à repousser les nouvelles découvertes des autres, soit parce que la saturation de leur cerveau, si je puis parler ainsi, ne leur permet pas d'autre

(1) *Relasione sullo stato del Milanese nel* 1790, dans le tome II de *Scritti vari* de P. Verri, édités par G. Carcano (Lombroso, *L'Uomo di genio*).

(2) *Pékin. Souvenirs*, 1849.

sursaturation, soit parce que, ayant acquis une espèce de sensibilité spécifique pour leurs propres idées, ils restent insensibles à celles des autres.

Ainsi, Schopenhauer, qui fut cependant un des plus grands rebelles en philosophie, n'eut que des paroles de pitié et de mépris pour les révolutionnaires.

Frédéric II, qui inaugurait une politique allemande et qui voulait susciter une littérature et un art nationaux, ne soupçonna même pas la valeur de Herder, de Klopstock, de Lessing, de Gœthe (1); pour la même raison, il avait une telle horreur de changer de vêtements qu'il n'en eut jamais plus de deux ou trois à la fois dans toute sa vie. Rossini ne voulut jamais aller en chemin de fer; Napoléon repoussa la vapeur; Bacon railla Gilbert et Copernic; il ne crut pas à l'applicabilité des instruments, ni même des mathématiques aux sciences exactes! (2); Baudelaire et Nodier haïssaient les libres penseurs (3).

Voltaire niait les fossiles, et, à son tour, Darwin niait l'époque de la pierre et l'hypnotisme, comme Robin et Quatrefages nient la théorie de Darwin. Laplace niait l'existence des météorites, parce que, disait-il (aux applaudissements unanimes des académiciens), il ne peut pas tomber de pierres du ciel, vu qu'au ciel il n'y a pas de pierres; Biot niait la théorie de l'ondulation (4). Galilée, qui avait découvert que l'air est pesant, niait pourtant, dans ses dernières années, l'effet de la pression atmosphérique sur les liquides (5).

En somme, les découvertes, étant tout d'abord une offense au sentiment misonéistique, elles font naître la répulsion et suscitent les réactions; elles ne sont tolérées et ac-

---

(1) *Revue des Deux-Mondes*, 1833, pag. 92.
(2) Draper, *Histoire du développement intellectuel de l'homme*, iii, 280.
(3) *Revue Bleue*, 1887, p. 17.
(4) C. Lombroso, *L'homme de génie*, Alcan, Paris, 1889.
(5) *Epistolaire*, 1860.

ceptées que quand, à force de se répéter, elles trouvent l'homme mieux préparé à en supporter la nouveauté.

C'est ainsi que des hommes graves peuvent conserver toute l'estime publique en soutenant et en tentant de confirmer les superstitions les plus anciennes; en déclarant, par exemple, comme le cardinal Alimonda et comme le jésuite Franco, que l'hypnotisme est une œuvre satanique et de magie, ou, comme Brunetière, que le matérialisme ne peut être suivi que par les méchants (1); tandis que celui qui soutient, même avec calme et réserve, des théories plus modestes, qui mènent au positivisme (comme de nier l'existence de l'âme, ou de Dieu, ou du droit divin, ou de discuter les livres sacrés, même les plus absurdes), soulève contre lui, presque unanimement, le mépris public.

Les premiers, même les plus déraisonnables, ne perdront jamais en réputation; ils gagneront, au contraire, parce qu'ils ne blessent pas, mais qu'ils flattent et qu'ils encouragent le misonéisme instinctif; les seconds, même s'ils sont dans le vrai, n'arriveront jamais à vaincre, sinon par le sacrifice de leur renommée et de leur vie entière, l'opposition naturelle, misonéique, des masses et même des hommes les plus éclairés.

Qu'est-ce que cela, sinon la preuve de la domination de la loi d'inertie?

6. *Misonéisme dans les lettres.* — C'est également au misonéisme que nous devons, en grande partie, cette admiration pour les œuvres et pour les ruines anciennes, si laides soient-elles, parce que, admirées par nos pères et par nos aïeux, elles trouvent, pour ainsi dire, une porte d'entrée pour s'imposer à notre vénération; ainsi la langue sanscrite pour l'Indou, la langue hébraïque pour beaucoup de juifs, et, jusqu'à un certain point, le latin pour beaucoup d'Européens-chrétiens, devinrent une espèce de langue

____

(1) *Revue des Deux-Mondes*, 1887-88.

sacrée et de fétiche linguistique, même en dehors de l'u-
sage religieux.

L'énorme influence des grammaticiens, dans la Rome impériale et, ensuite, à l'époque de la décadence et au moyen
âge, explique également la persistance du fétichisme moderne pour la grammaire, lequel semblerait absurde dans
un temps de naturalistes et de mathématiciens.

Et de là vint cette non moins absurde et cependant iné-
branlable foi, dans le classicisme, enracinée même chez des
hommes dignes de respect, qui nous fait perdre les meilleures années de notre vie à balbutier dans une langue presque inutile, sous le prétexte spécieux de former le goût et le
jugement (comme si une autre langue, bien que moderne,
ne pourrait pas en faire autant, avec bien plus d'avantage), mais en réalité parce qu'elle donne satisfaction, en
plusieurs manières, à l'instinct général misonéique (1).

7. *Misonéisme dans l'art.* — Il triomphe encore dans l'art.

Quand, en effet, nous nous mettons, avec Helmoltz et avec
Janet (2), à analiser la source principale de l'esthétique,
nous voyons qu'elle se résume dans la répétition d'un ton
et dans les lignes symétriques, ou à peu près, dans l'orne-
mentation, dans la peinture; chaque fois que le beau chercha l'applaudissement en dehors de la symétrie, dans le
grotesque, par exemple, il excita une curiosité momentanée,
mais il finit par l'insuccès.

Nous ne trouvons pas esthétique un chapiteau, le plan-
cher d'un balcon, si élégants soient-ils, s'ils sont en fer,
parce que nous ne sommes pas habitués à l'emploi du fer
dans l'architecture. Ainsi le Grec ancien, dans ses temples
de marbre, préférait les motifs qui rappelaient les construc-

----

(1) Voir deux forts et courageux articles de GHAY (*Rivista di filosofia
scientifica*, 1889), lequel démontre que l'humanisme marque, et en tout cas,
favorise la décadence et non la vigueur des études. — Voir LOMBROSO, *Tre
tribuni*, 1886.

(2) *Recue scientifique*, 1886.

tions en bois en usage au temps de ses aïeux (1). De même en Sicile, il est curieux de voir, à Salinunte, que le Grec continuait à reproduire le type sémite, comme plus tard le Normand reproduisait le type mauresque, dans la physionomie des statues et dans l'architecture.

8. *Misonéisme dans la mode.* — Häckel trouva cette loi d'inertie même dans les caprices apparemment changeants de la mode; il démontra que l'habit noir moderne, avec ses parements et ses boutons postérieurs, n'est qu'un reste de l'ancien habit militaire d'il y a trois ou quatre siècles; le gilet est l'ancienne cuirasse.

9. *Misonéisme dans la politique.* — Cela doit, à plus forte raison, se répéter pour beaucoup d'institutions sociales et politiques qui se croient modernes, et qui ne sont qu'un reste d'autres temps; c'est pour cela seulement qu'elles attirent l'admiration et le respect du plus grand nombre, constituant de vrais mensonges constitutionnels, comme les appelle Nordau, lesquels ont cependant leurs croyants et leurs apôtres.

Mensonge est la foi dans le parlementarisme, qui chaque jour montre à nu sa triste impuissance, et la foi dans l'infaillibilité d'hommes qui, souvent, nous sont inférieurs; mensonge la foi absolue en une justice qui, imposant de lourdes charges aux honnêtes gens, ne frappe que 20 p. 100, à peine, des vrais coupables, lesquels, le plus souvent, ne sont que des imbéciles, tandis qu'elle laisse les autres libres, et souvent admirés et obéis au milieu des faibles et des innocents destinés à être leurs victimes.

Le fait est qu'une grande partie de ces mensonges sont acceptés sans contestation, parce que, transmis de génération en génération, ils sont devenus pour nous une habitude dont nous ne pouvons nous dépouiller, bien que nous en sentions la complète vanité; et c'est ce qui est cause

---

(1) ESPEL, *Revue scientifique*, 1889.

que, malgré les défenses légales, les duels, qui sont un reste de la justice primitive, persistent et servent même à résoudre des questions politiques (comme cela est arrivé, il y a quelque temps, entre Floquet et Boulanger), et malgré l'opposition des penseurs, les peuples sont toujours enclins aux batailles presque à l'égal d'une fête ; le budget improductif de la guerre est toujours accepté par tous sans opposition, en comparaison de celui de l'instruction publique et de l'agriculture, dont le développement nous rendrait cependant plus riches et plus éclairés et, par conséquent, plus forts.

Dans la vie politique, nous, Latins, nous jurons par un homme, par Cavour, par Mazzini ; en pleine révolution, chaque parti a un homme par lequel il jure. Il suffit qu'un gouvernement, ou un parti, ait dominé, fût-ce même pendant peu de temps, pour qu'il laisse derrière lui des partisans convaincus, dont la fidélité au drapeau sera transmise en héritage, alors même qu'un parti ou un gouvernement infiniment meilleur leur a succédé ; nous en avons un exemple dans ces fidèles partisans qui travaillent pour le rétablissement de gouvernements qui furent appelés la négation de Dieu, comme les bourbonnistes en Italie, les carlistes en Espagne, les légitimistes en France, etc.

On peut en dire autant des castes qui ont eu une suprématie pendant un temps donné ; bien plus, les castes elles-mêmes, selon Lacaze, répondent à notre tendance à l'immobilité, et c'est pourquoi il est impossible de les déraciner. L'Indien craint par dessus tout la perte de sa caste : or il peut la perdre, s'il est brahmine, en mangeant de la viande, même contre sa volonté et par force ; en faisant un voyage en Europe ; en consommant un aliment préparé par des partisans d'une autre religion ou d'une autre caste ; en cohabitant avec des femmes étrangères ou de classe inférieure, etc.

La réprobation est encore plus grande par rapport aux parias, avec lesquels aucun homme de caste ne peut avoir de contact; il n'y a pas longtemps encore, lorsqu'ils rencontraient un homme de caste, ils étaient tenus de s'en éloigner pour ne pas l'exposer à leurs émanations impures. Ainsi les préjugés de caste confinent chaque Indou, non seulement dans le groupe social auquel il appartient, mais encore dans la profession qu'il exerce, supprimant toute idée de nationalité, et conservant les habitudes, les inégalités et jusqu'aux caractères anatomiques de race (1). Garofalo, dans un précieux opuscule, a fait observer que l'aristocratie a laissé parmi nous un instinctif dévouement, tellement que, même dans les suffrages politiques à base démocratique, elle est constamment préférée à des personnes qui, cependant, seraient supérieures par le mérite. Et ceux-là mêmes, qui, comme les anthropologistes et les psychiâtres, savent que la noblesse, du moins chez les Latins, prête plus souvent le flanc à la dégénération et, par conséquent, à une véritable infériorité physiologique vis-à-vis des bourgeois, par suite de l'oisiveté, des mariages consanguins, etc., se surprennent souvent à se sentir attirés vers elle par d'illogiques instincts d'obséquiosité, analogues à ceux de l'habitant des vallées éloignées, qui salue chaque citadin qu'il rencontre : chez les uns comme chez les autres ce sont les derniers vestiges héréditaires des anciens servages féodaux.

La domination théocratique est depuis longtemps passée de nos mœurs, au moins en apparence; mais essayez d'agiter une question dans laquelle, en sous-main et même de loin, entre la pointe théocratique, le divorce par exemple, la suppression des religieux, ou seulement de leur costume, comme il y a quelque temps, et vous verrez quelle oppo-

(1) M. DE LANESSAN, *L'extrême Orient et la colonisation moderne (Revue scientifique*, 1888).

sition se soulèvera, bien entendu sous les termes les plus divers, les plus libéraux, de la liberté individuelle, du respect de la femme, de la protection des enfants, etc.

La domination de la caste guerrière est disparue, elle aussi; cependant, dès que vous touchez le sentiment belliqueux chez un de nos peuples, vous l'entraînez inévitablement; et dans le budget de l'État passent des milliards pour d'inutiles forteresses, alors qu'on refuse les centimes pour les pauvres maîtres auxquels on réserve les stériles éloges et les trop faciles promesses.

On dit que nous avons aujourd'hui la liberté, la justice pour tous; mais au fond les privilèges n'ont fait que changer de caste : ce ne sont plus les prêtres et les nobles, mais quelques avocats politiciens qui prédominent et à l'avantage desquels tous travaillent, — sans ou presque sans compensation, — les honnêtes gens et les malhonnêtes. La justice n'est souvent qu'un mot; en effet, comme l'écrit Nordau (1), l'homme civilisé moderne doit, non seulement, avant tout, se protéger lui-même, précisément comme le fait le barbare, mais encore accomplir des sacrifices pécuniaires pour la protection que l'État croit accorder réellement, mais qu'il n'accorde, au contraire, que théoriquement; et ces sacrifices coûtent toujours beaucoup plus que ne vaut la chose à protéger.

Toute l'œuvre de la loi, si l'on y regarde attentivement, n'est qu'un mécanisme en faveur des avocats, pour lesquels, grâce à elle, l'or enlevé aux honnêtes gens par les coupables, se transforme en capital fructueux, comme la terre se transforme en fertile *humus* sous l'action digestive des vers. Aux États-Unis, pays démocratique cependant, le peuple vraiment souverain se réduit à deux ou trois cent mille individus, qui cherchent et trouvent, dans la politique, les moyens de vivre, et pour lesquels le prix de l'élection

____

(1) *Le mensogne conventionnal*, 1885.

constitue le budget; de sorte que, au lieu de trois mille
employés, comme il y a trente ans, aujourd'hui il y en a
cent mille.

La Révolution de 89 elle-même, qui paraissait devoir abolir
tous les priviléges, ruina les grands propriétaires ; mais elle
y substitua les grands bourgeois ; les petits propriétaires
en furent bien peu avantagés (1).

Du temps de Turgot, un quart des travailleurs, seulement, apppartenait au sol ; maintenant ce n'est plus que le
huitième (2).

Et nos ouvriers, au dire de Letourneau, de Molinari, de
Vaccaro, nos paysans, d'après ce que nous avons observé
de visu, sont peut-être dans une condition pire que celle
des anciens esclaves (3).

Villari croit que le sort de notre plèbe a empiré avec la
liberté. Selon Pani-Rossi et Turiello, les distinctions d'autrefois, entre feudataires et vassaux, existent aujourd'hui
entre plébéiens et bourgeois (4).

En somme, le passé est si incarné dans nos entrailles
que, même les plus réfractaires sentent une puissante attraction vers lui; ainsi nous pouvons être mécréants tant
que l'on voudra, et cependant, à quelque heure du jour
nous nous sentons frappés et attirés par les cajoleries du
prêtre; nous pouvons être égalitaires, mais, comme nous
l'avons dit, nous sentons une vénération pour les héritiers
de nos barons; on a beau croire à l'inutilité de certaines
lois, celui qui les défend trouve subitement l'approbation
de mille par le seul fait qu'elles ont existé. Et si la civilisation se fait route, souvent, c'est parce qu'elle trouve,
dans les changements de climat, de race, ou dans l'appa-

(1) Mayer et Ardant, *Question agraire,* 1883.

(2) Cathon, *Revue socialiste,* 1889.

(3) De Molinari, *L'évolution politique,* p. 472. — Letourneau, *L'évolution
de la morale.* — Vaccaro, *Rivista di disciplina carceraria,* 1888.

(4) *Governo e governati,* 2ᵉ édit., p. 267.

rition des génies, ou des fous, des circonstances qui finissent par totaliser un grand nombre de petits mouvements, de manière à en faire un grand avec le siècle. Ainsi Max Nordau croit (en exagérant) que le progrès est dû, plus à quelques despotes éclairés qu'à tous les révolutionnaires.

Mais ce progrès même fut très lent; qui voulut le précipiter allait contre la nature physiologique de l'homme; par conséquent une révolution qui n'est pas évolution est pathologique et criminelle.

10. *Misonéisme dans les peines.* — *Contre la coutume.* — Voilà pourquoi dans les législations primitives nous voyons les manquements contre la coutume constituer le *maximum* du délit, de l'immoralité; et un rapide examen nous amènera à voir en cela l'origine de presque toutes les lois qui furent établies dans la suite pour protéger l'État contre les rebelles à l'ordre politique existant, ou pour punir les attentats dirigés contre les chefs du gouvernement descendant des prêtres, des chefs de tribu primitifs; ces chefs, en effet, dans l'idée misonéique, étant les gardiens de la coutume, étaient considérés comme sacrés, et, pour cette raison, tandis qu'ils jouissaient d'une complète impunité, ils signalaient toute offense contre eux-mêmes comme un crime.

On voit donc, d'après cela, que, dans les commencements de notre société, on pouvait, plus facilement que dans les temps modernes, punir le crime politique parce que, alors, il n'y avait pas de doute sur sa gravité; certains actes ne devenaient criminels que quand ils étaient liés à une raison politique. Là se trouve peut-être le motif pour lequel ces sortes de délits demeurèrent si longtemps, et plus que tous les autres, soumis aux plus graves pénalités.

Chez les Thuviens, celui qui proposait la réforme d'une loi devait se passer un lacet au cou; si le peuple repoussait sa proposition il était immédiatement étranglé (1).

____

(1) DIODORE, *Livre* XII.

Le code de Manou (1) s'exprime ainsi sur la violation de la coutume :

« La coutume immémoriale est la principale loi approuvée par la révélation; en conséquence, celui qui désire le bien de son âme doit se conformer, avec persévérance, à la coutume immémoriale. C'est pourquoi, les Mouni, connaissant que la loi s'appuie sur des usages immémoriaux, fondèrent sur ceux-ci leurs rites et leur pénalité ».

Si, en effet, dans l'Inde, les institutions religieuses et sociales, toujours hostiles aux novateurs, triomphèrent de la ruine des temps, des armes, des conquérants et de l'influence des nations voisines, ce fut justement par la ténacité des législateurs à frapper, comme le plus grave des délits, tout manquement contre les dogmes religieux et contre leurs interprètes.

Ainsi, le supplice de l'huile bouillante était réservé au Soudra assez audacieux pour donner un conseil aux Brahmines relativement à leur devoir, et l'on considérait comme un acte de révolte de sa part quand il cessait d'approuver aveuglément l'attitude de ceux qui sont les maîtres, les pères de toute la création (2). — Comme nous l'avons vu déjà, pour le Brahmine, à son tour, c'était un crime, non seulement d'aller à l'extérieur, mais encore de cohabiter avec un étranger ou de se faire préparer, par lui, sa nourriture.

Chez les Hébreux, également, l'idolâtrie était considérée comme le plus grand des délits, et se rebeller contre les opinions des prêtres était un crime capital.

« Vous ne parlerez pas mal des juges et vous ne maudirez pas le prince de votre peuple (3) ».

« L'homme qui, plein d'orgueil, ne se conforme pas à la décision du prêtre, ou du juge, sera puni de mort (4) ».

(1) Liv. 1, art. 108-9.
(2) Manou, VIII, 272.
(3) Exode, XXII, 28.
(4) Deut., XVII, 8, 12.

Les Égyptiens, pendant de longs siècles, conservèrent avec un soin religieux le texte intégral de leurs lois.

Diodore de Sicile rapporte qu'il a vu à Bubaste une colonne sur laquelle était écrit : « Je suis Isis, reine de tout le pays ; élevée par Hermés, j'ai établi des lois *que personne ne peut abolir* ».

Les Égyptiens poussèrent l'amour de l'immobilité au point de fixer par des lois immuables la peinture, la sculpture, le chant et la danse (1), et l'on regardait comme impies ceux qui tentaient de les changer ; même le mépris des remèdes suggérés par les livres sacrés était sacrilège ; le médecin qui y contrevenait pouvait, en cas d'insuccès, être condamné à mort (2).

On peut en dire autant des Péruviens, chez lesquels le peuple était si enchaîné aux usages qu'il ne pouvait changer de siège, ni même de vêtement sans la permission du gouvernement. (BUCKLE).

En Chine, il n'en fut pas autrement pendant de longs siècles, et l'on sait combien, encore aujourd'hui, ce pays se montre rétif au progrès européen ; en 1840 un patron de navire, ayant mis une ancre à l'européenne, le gouvernement fit détruire la barque et punir le batelier.

---

(1) PLATON, *Lois*, livre II. — « Il y a longtemps, à ce qu'il semble, que l'on reconnut chez les Egyptiens que, en tout état, la jeunesse ne doit habituellement faire usage que de ce qu'il y a de plus parfait dans la figure et dans la mélodie. C'est pour cela que, après avoir choisi et déterminé les modèles, on les expose dans les temples ; il est défendu aux peintres et aux artistes... de faire des innovations et de s'écarter en rien de ce qui a été réglé par les lois du pays ; il en est de même pour tout ce qui appartient à la musique.

« Et, si l'on y regarde bien, on trouvera chez eux des œuvres de peinture ou de sculpture, faites depuis dix mille ans, qui ne sont ni plus ni moins belles que celles d'aujourd'hui et qui ont été travaillées d'après les mêmes règles ».

(2) THONISSEN, *Études sur l'histoire du droit criminel*. Bruxelles, 1869.

(3) ANDREOZZI, *Le leggi penali degli antichi Chinesi*. Florence 1870.

Dans les codes de la dynastie Hia, rappelée par Confucius, se trouvent de curieux exemples de misonéisme; on y lisait, par exemple :

« Qui, en altérant les paroles, corrompt les lois, — qui dérange l'ordre des titres et *change les règles*, — qui professe de fausses doctrines pour troubler l'ordre du gouvernement : peine de mort. Qui compose de la musique licencieuse, — qui forme des habits étranges, — qui fabrique des mécanismes artificieux, ou des objets extraordinaires pour émouvoir l'esprit du prince : peine de mort ».

Parmi les défenses de moindre importance et entraînant une peine pécuniaire, on lisait en outre :

« Les ustensiles d'usage habituel, non conformes à la mesure légale, — la toile et la soie, quand le tissu n'est pas conforme au nombre légal des fils et n'a pas les dimensions légales, — les couleurs licencieuses qui *troublent les couleurs primitives* (sic), — le bois non conforme à la coupe légale, — ne se vendent pas au marché ».

Il y a, ici, un véritable misonéisme physiologique, qui ne permet pas même les couleurs différentes des couleurs habituelles, comme nous l'avons vu chez les animaux et chez les peuples primitifs, et qui considère comme un crime, ou comme une immoralité, l'usage d'une couleur plutôt que d'une autre (1).

Dans toutes les villes grecques, le sacrilège et, par conséquent, le manque aux usages et aux croyances les plus absurdes, était essentiellement un crime politique : Socrate fut condamné comme coupable de ne pas croire aux dieux de l'Attique et de vouloir en introduire de nouveaux. Les superstitions populaires elles-mêmes devaient être respectées : Anaxagoras fut exilé et condamné à une amende pour avoir dit que le soleil était une pierre incandescente;

____

(1) Goncourt (*Journal*, p. 17) dit que si la *Revue des Deux Mondes* changeait la couleur de sa couverture, elle perdrait au moins 2000 abonnés.

Cléanthe de Samos voulait que les Athéniens accusassent Aristarque d'impiété pour avoir affirmé que la terre faisait une révolution oblique le long du zodiaque en tournant sur son axe propre (1).

A Sparte, ceux qui osaient proposer au peuple l'abrogation des peines de Lycurgue, sur l'homicide, étaient menacés de la dégration civique.

Pour les Dajack, c'était un délit d'entamer le tronc des arbres avec des entailles en forme de V comme les Européens; la morale était de les frapper perpendiculairement à l'axe.

Dans l'ancienne Russie, écrit Stepniak (2), le concile œcuménique condamnait l'introduction d'une nouvelle mode de coiffure, d'un nouveau plat, comme un crime; en 1563 la première imprimerie y fut fermée comme œuvre diabolique.

Et chez nous, on se souvient encore que l'on considérait comme des crimes d'État les tentatives de changement dans les coutumes les plus simples, et que les gouvernements despotiques tombés persécutèrent comme leurs propres ennemis, non seulement les vrais rebelles, mais encore les porteurs de moustaches et, à un certain moment, les adversaires de la queue.

---

(1) PLUTARQUE, *Aspect de la lune*, VI... « alors Lenclus riant: — Holà, dit-il, ne nous accuse pas d'impiété de la même manière qu'Aristarque pensa que les Grecs devaient condamner Cléanthe de Samos (lire au contraire: comme Cléanthe pensa que les Grecs devaient condamner Aristarque de Samos) pour avoir violé la religion... en affirmant que le ciel était immobile tandis que la terre tournait obliquement sans s'éloigner cependant de son axe ».

(2) *La Russie sous les Czars*, Paris, 1881.

III.

PHILONÉISME.

Cette théorie, publiée d'abord en France, dans la *Nouvelle Revue,* a suscité des oppositions de la part de MM. Brunetière, Proal, Tarde, Joly et Merlino. « Les enfants, disent-ils, les femmes, les sauvages sont curieux, amants des nouveautés; et les misonéiques sont si peu ignorants que, vousmême, vous en citez parmi les académiciens : les artistes n'ont de succès qu'en tentant des voies nouvelles; tous les peuples ont l'amour du changement; ils le prouvent par leurs émigrations et par leurs invasions; la grande invasion des barbares en est un exemple éclatant.

» Comment donc prétendre établir une théorie du crime politique sur des bases si fragiles?

» D'ailleurs s'il y a les *misonéiques,* il y a aussi les *néophiles;* et les uns font compensation aux autres ».

« En chacun de nous, écrit Tarde, à côté de l'habitude, sorte de misonéisme physiologique, existe le caprice; à côté du penchant à se répéter, le penchant à innover. Le premier de ces deux besoins est fondamental, mais le second est l'essentiel, la raison d'être de l'autre (1) ».

Pour répondre à toutes ces objections, il est d'abord nécessaire de bien nous entendre.

De petites innovations, de caprices qui satisfassent le besoin de mouvement de nos organes, précisément parce qu'ils sont vivants, il est certain, je le répète, que nous en sommes tous très avides — en raison, bien entendu, de notre sexe, de notre âge, de notre degré de culture intellectuelle. Le petit enfant sera heureux d'un joujou, il éprouvera

____

(1) *Revue philosophique.* Octobre 1890.

de la peur ou de la terreur à la vue d'un masque ou d'un
animal grand, ou même petit; j'en ai vu s'épouvanter d'un
moineau, d'une mouche. La femme prendra plaisir à se tra-
vostir d'une manière bizarre, à porter des vêtements nouveaux, à assister à de grands spectacles dans les théâtres,
mais elle aura horreur d'un nouveau *rite religieux* et de
toutes les nouvelles découvertes, à tel point qu'un grand
nombre refusent encore de se servir des toiles et des tri-
cots faits à la mécanique; les machines à coudre elles-mêmes
ne se répandirent que très lentement parmi elles.

Prétendre, ensuite, que les sauvages aiment le *nouveau*
(Merlino) parce que, selon Ellis, quelques-uns d'entre eux
cherchaient la Bible, la prenant peut-être pour un jouet,
ou les armes dont ils avaient vu les effets utiles, c'est mé-
connaître leur nature, puisque, même après de nombreuses
années passées au contact de la civilisation européenne, après
en avoir porté les vêtements et les ornements, ils retour-
nent nus à leurs forêts, où un habillement chaud ne serait certainement pas un objet d'embarras ou de luxe.

De même, croire, avec le cardinal Massaia, qu'ils se fassent volontiers vacciner, qu'ils le demandent même, c'est
ignorer que, même chez nous, la vaccination rencontre un
grand nombre d'adversaires. — Stanley ne raconte-t-il pas
que, dans son dernier voyage, une épidémie de variole
s'étant déclarée dans le camp, beaucoup de ses porteurs,
tout en voyant que les Zanzibarais vaccinés ne mouraient
pas, refusaient de se soumettre à la vaccination?

Suivant Tarde, « l'admiration superstitieuse, la vénération
enthousiaste des peuples barbares pour les diverses formes
de la folie, baptisées souvent du nom de prophétisme et
de sainteté, ne s'accorde guère avec cette aversion pour les
nouveautés, c'est-à-dire, pour les singularités, que je leur
attribue trop libéralement ». — Mais la cause de cette admiration n'est pas autre chose que la peur unie à l'ignorance,
qui leur fait prendre une maladie pour l'inspiration d'un

Dieu. Du reste je suis bien loin de nier l'influence des fous dans le philonéisme et dans les révolutions (comme nous le verrons dans la suite de cet ouvrage), bien que, cependant, si l'on observe, par exemple, les santons de l'Afrique et leurs obscénités, on voie que ce n'est pas pour leurs idées utiles et novatrices que les barbares vénèrent les fous. .

Pour ce qui est de l'académicien, il admirera une nouvelle espèce d'escargot, ou la découverte d'une inscription Phénicienne qui lui fera connaître le nom d'un chef de tribu, il s'extasiera devant une plus grande courbure donnée à une hélice; mais il excommuniera le téléphone, le télégraphe, le chemin de fer, les nouvelles lois de Darwin.

L'artiste, lui-aussi, aimera tracer une arabesque nouvelle, changer la teinte prédominante du rose en bleu, mais il ne tentera jamais, tout d'abord, avec succès, de nouvelles voies. Les haines de toutes les classes élevées et académiques qui entourent encore Zola, Balzac et Flaubert, le procès que l'on fit à ce dernier, et les scandales universels que suscitèrent les De Goncourt, Boito, Rossini, Verdi, sont là pour le prouver. Le premier, au moins, qui tente une nouvelle voie en peinture, en littérature, etc., ne rencontre que haine et mépris.

Et quand nous rions des modèles fixés d'une manière immuable par l'art Egyptien, nous ne songeons pas que la Madone et le Jésus de nos peintres n'ont pas changé depuis dix-huit siècles.

Il n'est donc pas vrai, comme on me l'objecte en France(1), que le fait d'avoir étendu le misonéisme aux académies exclue sa plus grande intensité parmi les ignorants. Chaque classe, chaque caste a une ignorance proportionnelle et une répugnance également proportionnelle pour ce qu'elle ignore; nous l'avons démontré pour le génie lui-même, qui n'est sublime sous certains côtés que pour être infime sous

____

(1) *Journal des économistes*, 1890.

certains autres, et nous en aurions une preuve dans l'opposition même que les néophiles les plus ardents, les anarchistes, font à cette théorie du misonéisme, dont ils sont
ainsi eux-mêmes une confirmation. — Bismarck méprise le
parlementarisme, l'abitrage de la paix et, jusqu'à l'alphabet
latin, ou mieux, Européen; Flaubert et Rossini avaient horreur des chemins de fer. Les hommes d'état qui gouvernent
l'Europe ne seront pas tous des génies, mais ce ne sont pas
non plus des hommes dépourvus de culture intellectuelle,
et cependant, comment expliquer qu'ils s'acharnent, avec
une ténacité et un zèle toujours plus grand, à augmenter
les armements et les armées au point d'amener la ruine des
peuples, ruine plus grande, plus complète, peut-être, que
celle que pourrait entrainer une guerre même désastreuse?
Et cela, dans le but, déclarent-ils, — et il semble qu'ils
soient sincères, — d'éviter plus sûrement la guerre; alors
que le quart de l'argent dépensé dans ce but suffirait à assurer la félicité des peuples, en donnant aux questions
sociales, qu'ils prétendent tous avoir à cœur, une solution,
à laquelle, au contraire, il devient toujours plus difficile
d'arriver. La cause véritable est dans la répulsion qu'ils
éprouvent à ouvrir une voie nouvelle, dans la tendance à
s'en tenir aux anciennes habitudes qui remontent jusqu'à
l'époque des castes guerrières. En effet, dans l'esprit d'un
très grand nombre, au moins chez les Allemands, un bon
caporal de la Garde est plus digne de considération qu'un
savant; il n'est pas permis de discuter dans les parlements
sur l'établissement d'une forteresse, si coûteuse soit-elle,
tandis que tous pourraient parler sur l'érection d'une école;
en France, en Italie, en Allemagne, toucher au budget de
la guerre, si stérile et si ruineux qu'il soit, c'est porter la
main sur l'arche sainte, c'est un véritable crime d'Etat.

Mais la science est une chose nouvelle, et l'art de la
guerre remonte à la plus haute antiquité; il descend d'A-
chille si non de Caïn.

Et je ne suis point, d'ailleurs, en contradiction avec moi-même pour avoir dit que les Français modernes aiment la nouveauté à l'égal de leurs ancêtres. Je suis trop ami et trop aimé des Français pour les aduler et pour ne pas leur dire ma pensée tout entière. La France est bien incontestablement à la tête des races latines, mais autant, et plus qu'elles peut-être, elle préfère, au nouveau, les nouveautés. Elle a toujours aimé les agitations orageuses, plus que les résultats utiles des révolutions : la grande réforme religieuse, le protestantisme, l'a touchée sans l'atteindre ; la grande réforme.constitutionnelle n'y a pris racine qué deux siècles et demi après qu'elle s'était accomplie en Angleterre.

Balzac écrivait : « En France le provisoire est éternel quoique le Français soit soupçonné d'aimer le changement (1) ».

Les nouveautés, pour être agréées des Français, doivent être de celles qui ne troublent pas leurs habitudes, et ce sont bien eux qui ont inventé la parole *routine*.

Il changeront volontiers d'habits, de ministres, de forme extérieure de gouvernement, mais, dans le fond il reste toujours en eux un peu d'attachement aux anciennes tendances druidiques et césariennes. Il y a peu d'années, le prêtre commandait encore en Vendée et dans la Bretagne. En pleine république on vit les Français faire la guerre pour le pape. Après avoir eu Fourier et Proudhon et, qui plus est, le suffrage universel, ils n'ont pas encore une loi sociale qui donne satisfaction aux justes réclamations des indigents, des ouvriers, en dehors de celle des *probi-viri*.

Il est vrai qu'ils ont fait la Jacquerie et 89, mais c'étaient là des explosions qui les soulevaient un moment pour les laisser ensuite retomber beaucoup plus bas. En effet, quelques siècles seulement après la Jacquerie, on vit ces mêmes paysans qui l'avaient faite, baiser la croupe des chevaux

____

(1) *Les Paysans*, pag. 166.

des courriers qui apportaient les bonnes nouvelles de la
santé du roi (MICHELET); et quel roi! Louis XV, qu'on pourrait appeler plutôt le bourreau que l'administrateur de son
peuple; et après avoir chassé tant de rois et de Césars, peu
s'en est fallu qu'ils ne retombassent, si les classes les plus
élevées de la capitale ne s'y étaient opposées, sous un César
de pacotille, comme Boulanger.

D'ailleurs, quelques faits particuliers, qui dépeignent
mieux leur physionomie, montrent combien ils sont conservateurs, dans le fond; citons, comme exemple, la vénération que l'on a, dans les hautes classes, pour les Académies, et la passion pour les titres héraldiques et pour les
décorations; presque au même degré qu'en Italie!

« La France est académique », écrivait De Goncourt dans
Manette Salomon.

Sarcey nous raconte que, pendant le siège de Paris, la
chair des animaux du *Jardin des plantes* ayant été mise en
vente, les gens du peuple préférèrent souffrir la faim plutôt
que d'en manger, de sorte que les classes instruites seules
s'en nourrirent.

On sait quelle résistance opposent les Français, sous mille
prétextes, à la réforme d'une orthographe qui n'est souvent
qu'un vieux reste de l'ancienne prononciation.

Dernièrement un ingénieur de Bordeaux m'écrivait que,
ayant inventé un appareil très commode pour le transborde-
ment des marchandises, des navires sur les quais, il trouva
une opposition de la part des déchargeurs du port, qui
auraient été les premiers à en retirer un grand avantage.

La faculté de médecine de Paris n'a pas seulement exco-
munié le tartre émétique, le vaccin, l'éther et la méthode
antiseptique, mais encore les médecins qui substituaient,
à l'antique usage de la mule, celui du cheval pour accélérer leurs visites (1).

(1) *Revue scientifique,* 1889.

N'est-ce pas dans la savante Allemagne que l'on trouve l'Antisémitisme mis à la mode? et la Russie n'en fait-elle pas une loi de Gouvernement?

Dans certaines contrées de la Sicile ne conserve-t-on pas encore l'antique méthode d'embaumement et de coloration des cadavres qui était en usage chez les anciens Egyptiens? (Pitrè).

Un récent procès, qui s'est déroulé à Turin, a démontré que non seulement le bas peuple, mais encore un certain nombre de personnes appartenant aux classes élevées, se faisaient soigner au moyen de pratiques qui rappellent beaucoup celles des anciennes sorcières.

Tout cela prouverait que le philonéisme est plus l'exception que la règle.

On m'objecte que les peuples sont si amateurs de changements qu'ils ont toujours émigré; mais avant de poser cette affirmation, il faudrait étudier les causes qui les poussent à l'émigration.

Les paysans voient diminuer chaque jour le prix de leur travail, et, cependant, ils ne s'éloignent pas de cette terre qu'ils aiment plus qu'eux mêmes, et à laquelle ils sont plus enchaînés qu'ils ne l'étaient par les lois féodales (Zola).

Lorsque les épidémies engendrées par la mauvaise qualité des céréales, comme la pellagre et l'acrodynie, lorsque les maladies mortelles et la famine la plus cruelle les moissonnent par milliers, alors seulement, et encore pas toujours, ils se décident; et pendant de longues années ils gardent présent le souvenir de cette patrie, qui n'a su leur donner que maladies et souffrances.

J'ai entendu les pauvres émigrants Trévisans me dire: « Nous ne pouvons plus que mourir; la vie que nous menons est une mort certaine, et c'est pour cela seulement que nous nous sommes décidés à émigrer ».

Quant à l'invasion des barbares, seuls, les esprits moins avisés ont pu croire qu'elle avait été l'effet d'un mouve-

ment soudain, d'un caprice entraînant des masses, presque
sans cause déterminante,

Au contraire tous, désormais, admettent (et Tacite le
mentionne déjà, *Annal.*, lib. II, 62), que ce fut un mouvement très lent, commencé trois siècles avant Jésus-Christ,
et dont celui des Cimbres, qui venaient du Jutland, fut
un épisode.

Le passage de la Baltique était une entreprise facile.
Les habitants du littoral avaient un nombre suffisant de
barques, et, de Carlsroon jusqu'aux ports les plus voisins,
de la Russie et de la Poméranie, il n'y a qu'une distance
de 34 lieues.

Les Germains étant bien plutôt chasseurs que laboureurs,
étaient naturellement obligés de changer de résidence; on
sait, en effet, avec quelle rapidité s'épuise le gibier, ce qui
oblige ceux qui en vivent à parcourir d'immenses étendues de territoire et à se transporter continuellement en
d'autres lieux; c'est pourquoi l'émigration, dans ces cas,
est le résultat de la loi d'inertie, parce que les peuples
n'ont pas su, à une forme d'existence précaire, en substituer une autre plus stable. Ils n'avaient pas de villes, mais
de véritables villages mobiles que l'on pourrait comparer
à ceux des sauvages de l'Afrique. Comme tous les peuples
nomades et chasseurs, dès qu'ils voyaient briller l'espérance
d'une conquête, ils abandonnaient leurs forêts et s'en allaient avec leurs femmes et leurs enfants, désirant surtout
atteindre des régions plus chaudes. Pendant de longues années leurs efforts furent impuissants, parce que, jusqu'à
Marc Aurèle, ils étaient divisés, précisément comme les sauvages de l'Amérique, en un grand nombre (40) de petites
tribus, dispersées sur un immense territoire et ennemies les
unes des autres. Ne connaissant pas l'usage de la cuirasse,
et très peu celui du fer et de la cavallerie, ils se trouvaient
impuissants contre les légions romaines dont, par ailleurs,
ils ignoraient la tactique. (CIPOLLA, ms.).

Les tribus des Germains, des Suèves, des Goths repous-
sées du sol italien, s'étaient déjà infiltrées puissamment
dans le sol gaulois; César *(De bello Gallico)* parle d'Ario-
viste et des Suèves, qu'il y rencontra, comme de ses plus
formidables ennemis, et il rapporte, que les Germains pé-
nétraient continuellement dans la Gaule.

Le mouvement intestin continua, puisque, même après
Auguste, nous voyons que, dans les mêmes contrées, les
Romains ne rencontrent pas toujours les mêmes peuples.
C'est ce qu'affirment Procope, Paul Diacre et beaucoup
d'autres.

Rappelons encore que déjà, après la mort de Néron, Civilis, qui était au service de Rome, conduisit 8 cohortes de
son pays dans les Gaules où il fut défait; mais, grâce à un
arrangement, il put se fixer à peu de distance des confins
qu'il avait trahis (Gibbon, 153).

Et quand la Rome de la décadence commença à peupler
l'armée de Germains, et que, moins vigilante à garder ses
frontières, elle y laissa passer des familles, sinon même des
tribus Germaniques, elle se trouva, en grande partie, désarmée contre un ennemi qui avait pris pied chez elle, qui
tenait en main ses propres armes et, qui pis est, connaissait
ses trésors, sa tactique et ses faiblesses. Déjà, sous Tibère,
il était reconnu que les soldats auxiliaires constituaient la
force principale des armées romaines *(Nihil validum in
exercitu nisi quod externum);* tout d'abord égaux en nombre aux légionnaires, ils les surpassèrent ensuite de beaucoup, lorsque les citoyens fuyaient le service militaire et
que, sous Gallien, il était défendu aux sénateurs de commander l'armée. (Id.).

A toutes ces causes s'en ajoutent d'autres secondaires.

« Quand, dit Gibbon, une famine cruelle survenait, les
Germains n'avaient d'autre ressource que d'envoyer le tiers
ou le quart des jeunes gens chercher fortune en d'autres
lieux ».

Selon Paul Diacre, l'émigration était motivée par la disproportion entre le nombre de la population et les moyens de subsistance. Comme ils n'étaient point agriculteurs, ils n'avaient pas d'attachement pour le sol; la peste ou la famine, une victoire ou une défaite, un oracle des Dieux ou l'éloquence d'un chef, suffisaient pour les attirer dans les pays plus chauds du midi (Gibbon). — Et la Germanie était alors, parait-il, bien plus froide qu'elle ne l'est à présent et plus prolifique (Id.).

La nécessité de fuir la domination d'un ennemi victorieux poussa les Huns vers l'Occident; le fanatisme religieux poussa les Arabes nomades vers les grands empires byzantin et Persan; la terreur religieuse poussa les Cimbres et les Teutons à se jetter sur les Gaules et sur l'Italie (1).

Souvent aussi, le goût du vin et des liqueurs les amenait à l'invasion. Selon une légende, mise en doute toutefois par quelques historiens, les Longobards seraient descendus en Italie après que quelques-uns de leurs compagnons, soldats sous Narsès, eurent emporté dans leur pays quelques fruits d'Italie qui excitèrent leur convoitise.

Tout cela suffit pour expliquer ce mouvement, commencé lentement, chez les peuples du Nord, et devenu ensuite irréfrénable, et pour montrer comment, chez eux, la loi d'inertie fut neutralisée.

Et, ici, il faut remarquer avec Cipolla, si compétent dans cette matière, que ce besoin de mouvement ainsi commencé ne s'arrêta pas avec la conquête, mais, obéissant précisément à la loi d'inertie, d'après laquelle, un mouvement étant donné, il se continue indéfiniment si les *attritus* ne viennent l'arrêter, celui-ci se continua avec les Croisades, avec les invasions des Normands en Sicile, avec les épidémies des pèlerinages que l'on peut considérer comme

(1) *Revue des Deux Mondes*, 11 Juin 1889. — Berthollet.

la continuation du mouvement vers le Sud, commencé trois siècles avant le Christ, et devenu une habitude, alors même que la nécessité n'était plus si grande qu'autrefois, et qu'il n'y en avait même plus de pressante.

Une autre cause de philonéisme, ce sont les mouvements successifs qui naissent à la suite des premiers mouvements. Ainsi, comme l'observent très bien les historiens, Mahomet fut une continuation de l'initiative révolutionnaire Chrétienne Judaïque. « Mahomet fut un nazaréen, un judéochrétien. Le monothéisme sémitique reprit par lui ses droits et se vengea des complications mythologiques et polythéistes que le génie grec avait introduites dans la théologie des premiers disciples de Jésus » (RENAN).

Il y a plus : dans les révolutions, et plus encore dans les révoltes, le progrès, le philonéisme suivant la loi du mouvement accéléré et de la même loi d'inertie, une fois commencé, se précipite à l'aveugle jusqu'aux excès opposés, ce qui amène précisément sa ruine.

Ainsi Cromwell, dans un pays presque féodal et ultramonarchique, arrive, ou plutôt est poussé par son parti, au régicide, à la république démocratique, dans laquelle les Lords sont mis dans l'oubli, et ses partisans (ceux du Parlement de Barebone) vont jusqu'à vouloir abolir les avocats, les universités, jusqu'à empêcher les danses, les spectacles et même les fêtes de Noël, jusqu'à mutiler les statues, par décence, et à brûler les peintures sacrées (MACAULAY). De là une réaction qui, sous Charles II, arrive au pouvoir absolu par la volonté du Parlement. — Dans le Christianisme on arrive jusqu'à la castration, à l'abolition de la propriété. — On connaît les excès de 89.

Les Ebionim, qui firent faire au Christianisme ses premiers pas, devinrent, après un siècle, un scandale pour l'Eglise ; leur doctrine un blasphème (1).

_____

(1) RENAN, L'Eglise Chrétienne, p. 282.

C'est précisément cette tendance causée par la surexcitation de la passion qui fait avorter toutes les révoltes, qui les fait se suicider par leurs propres excés, et qui neutralise ou amoindrit, de beaucoup, les progrès obtenus par les révolutions.

L'objection la plus grave contre le misonéisme en constitue donc la preuve la plus forte. Comme la plante, comme l'animal, comme la pierre, l'homme reste immobile s'il n'y trouve un empêchement dans les forces extérieures et dans cette loi d'inertie qui, après l'avoir d'abord immobilisé, le pousse ensuite à l'excès opposé pour le replonger de nouveau dans une immobilité souvent plus grande.

Toutefois, la loi d'inertie l'emportant toujours, comme l'emportent toujours les tendances primitives, ces changements ne sont que très lents, et, comme nous l'avons vu, donnent lieu à de faciles rechutes; ils ne se fixent et ne se greffent aux nouveaux mouvements que quand les causes qui les provoquèrent continuent et deviennent plus intenses.

En somme, le philonéisme, le progrès triomphe aussi quelquefois, au moins dans la race blanche et dans beaucoup de races jaunes, mais il n'est pas le résultat d'un mouvement subit, ou d'une tendance humaine naturelle, mais l'effet de forces extérieures physiques, ou sociales (fous, disettes, conquêtes), ou historiques, etc., qui ont fait dévier la loi d'inertie; il est donc la lente résultante, comme on dirait en physique, de ces petites et insensibles variations qui sont particulières aux hommes, suivant leur condition, ajoutées aux mouvements plus grandioses, bien que momentanément stériles, des génies et des fous, et à ceux, plus puissants, du milieu physique et historique. De cette résultante, nous ne voyons que les effets, parce que sans le télescope de l'histoire et de la sociologie nous ne nous apercevons pas de la lenteur avec laquelle ils nous sont parvenus, et de la petitesse des efforts qui y ont concouru. C'est ainsi que, en voyant briller Sirius, nous ne nous imaginons pas qu'il faut des milliers d'années pour que sa lumière parvienne jusqu'à nous; de même nous ne nous imaginons pas davantage que les immenses îles madréporiques puissent être l'œuvre de milliards de petits zoophytes accumulés les uns sur les autres pendant des milliers d'années.

Et qu'on ne dise pas que le philonéisme et le progrès représentent une réaction proportionnelle à l'action misonéique, une oscillation du pendule qui exclurait la loi d'inertie.

Le pendule aussi n'oscille pas et reste perpétuellement immobile s'il n'est pas mû; et les oscillations, même les plus petites, sont produites, le plus souvent, par des causes externes tout à fait accidentelles.

Et la loi d'inertie est si constante, ici également, que s'il ne trouvait, dans les *attritus* atmosphériques, une cause d'empêchement, le mouvement une fois commencé se continuerait à l'infini.

La balle aussi vole et rebondit, mais quand une force la pousse; et, ici encore, si l'*attritus* ne l'empêchait, elle continuerait toujours son mouvement commencé. L'inertie est la règle, et les mutations se produisent par des causes spécialement externes, lesquelles étant, le plus souvent, moins persistantes, moins tenaces, changent beaucoup plus l'apparence que la nature des choses.

Ces modifications très lentes, et par des causes externes, ne se produisent pas seulement chez les hommes et chez les animaux, mais on les entrevoit même jusque dans le monde inorganique; c'est ainsi que les sels de cuivre et de chaux, dans certaines conditions de milieu, de chaleur, changent de couleur, mais non de nature ni de disposition moléculaire, et qu'elles donnent toujours les mêmes réactions chimiques.

IV.

RÉVOLUTIONS ET RÉVOLTES.

1. *Fondement du crime politique.* — Si, donc, d'après tout ce que nous avons vu, le progrès organique et moral n'a lieu que lentement et par des *attritus* puissants, provoqués par les circonstances extérieures et intérieures, et si l'homme et la société humaine sont instinctivement conservateurs, il faut conclure que les efforts en faveur du progrès, qui se manifestent par des moyens trop brusques et trop violents, ne sont pas physiologiques; que, s'ils constituent quelquefois une nécessité pour une minorité opprimée, en ligne juridique, ils sont un fait antisocial, et, par conséquent, un crime.

Et souvent un crime inutile, car ils éveillent une réaction en sens misonéistique, laquelle, se basant solidement sur la nature humaine, a une portée plus grande que l'action antérieure. Tout progrès, pour être adopté, doit être très lent, autrement il devient un effort inutile et préjudiciable.

Ceux qui veulent imposer une innovation politique, sans traditions, sans nécessité, attaquent le misonéisme et éveillent ainsi la réaction dans les âmes qui abhorrent le nouveau et qui justifient, par là, l'application de la loi punitive.

2. *Révolutions, etc.* — Et ici apparaît la distinction entre les révolutions proprement dites — qui sont un effet lent, préparé, nécessaire, tout au plus rendu un peu plus rapide par quelque génie névrotique ou par quelque accident historique — et les révoltes ou séditions, qui seraient une incubation précipitée, artificielle, à température exagérée, d'embryons, voués, par là même, à une mort certaine.

La révolution est l'expression historique de l'évolution; étant donné, chez un peuple, un ordre de choses, un système religieux, scientifique, qui ne soit plus en rapport avec les nouvelles conditions, les nouveaux résultats politiques, etc., elle les change avec le *minimum d'attritus* et avec le *maximum* de succès; c'est pourquoi les émeutes et les séditions qu'elle provoque, si toutefois elles en sont une partie nécessaire, sont à peine remarquées et se dissipent presque aussitôt qu'elles sont nées; c'est la rupture de la coquille par le poussin arrivé à maturité.

Un de ses caractères distinctifs est donc le succès qui peut être atteint tôt ou tard, selon que l'embryon est plus ou moins mûr et selon que les peuples sont plus ou moins aptes à l'évolution.

Un autre caractère de la révolution est son mouvement lent et gradué, — autre raison du succès, parce que, alors, il est toléré et subi sans secousses, bien que, assez souvent, une certaine violence devienne nécessaire contre les partisans du vieux, que l'on rencontre toujours, quelque grandes que soient les raisons du nouveau; et cela toujours par suite de l'universalité du misonéisme et de la loi d'inertie.

Les révolutions sont plus ou moins étendues, générales et suivies par tout un peuple; les émeutes sont toujours partielles, œuvres d'un groupe limité de castes ou d'individus; les classes élevées ne prennent presque jamais part aux dernières; toutes les classes prennent part aux premières, même, et surtout, les classes élevées, bien entendu quand elles ne sont point en cause.

Il est bien vrai que, tout d'abord, précisément à cause du misonéisme, la plupart des révolutions sont l'œuvre d'un petit nombre, mais d'un petit nombre qui flaire, qui pressent un sentiment universellement latent.

C'est pourquoi ces pionniers se multiplient en raison directe du temps, — et ce temps peut durer des siècles

— et ils gagnent des partisans parmi leurs propres adversaires.

C'est que le règne social, de même que le règne organique est formé de la somme de lents et petits efforts.

L'idée du Christ et colle de Bouddha, préparée déjà depuis des siècles par d'autres génies moins heureux qu'eux, avorte chez le peuple où elle a été conçue et devient féconde ailleurs; mais depuis l'époque où ses adeptes, nihilistes à rebours, se multiplient dans les couches les plus basses et les moins intelligentes, employant pour armes, non la violence, mais la douceur, il s'écoule plus de trois siècles, avant qu'elle ne soit tolérée et reconnue officiellement.

Pendant 250 ans, les plébéiens combattent à Rome pour leur liberté, et toujours ils s'entendent dire par les sénateurs : « Vos propositions sont trop nouvelles », et la liberté n'est accordée par les uns, acquise par les autres que pour être perdue bientôt dans l'anarchie, d'abord, puis sous la dictature et sous l'empire.

Les apôtres de Jésus n'étaient que douze, mais 150 ans plus tard, à Rome seulement, dans les catacombes on comptait 737 tombes de chrétiens, et Renan calcule que, du temps de Commode, il y avait à Rome 35.000 chrétiens.

On sait que St Paul lui même était un des adversaires les plus acharnés des Chrétiens.

Avant 1889, Robespierre était un constitutionnel, et même un royaliste.

La révolution anglaise, jusqu'au moment où Charles Ier chercha à faire arrêter les quatre parlementaires, fut toujours antirépublicaine et même strictement royaliste; mais au fond, les idées révolutionnaires couvaient dans tous les esprits, et les partisans zélés, mais non aveugles, du roi furent les premiers à se tourner contre lui après ses excès.

Dans la révolution des Flandres, la grosse bourgeoisie et une grande partie de la noblesse, pendant de longues années, se tinrent en dehors du mouvement, mais tous avaient, en germe, le sentiment qui animait les premiers apôtres de la révolution.

Les séditions répondent à des causes peu importantes (1), souvent locales ou personnelles, qui tiennent à l'imitation, à l'alcool et plus encore au climat, comme on le verra par le parallélisme avec les crimes de rébellion et de blessures, et elles ont une durée d'autant plus brève qu'elles sont plus violentes. Comme elles ne tendent pas à des idéals élevés, elles n'atteignent aucun but ou en atteignent un contraire au bien-être général; elles sont fréquentes chez les peuples moins avancés (par exemple, à S¹ Domingue, dans les petits républiques du moyen âge et dans celles de l'Amérique méridionale) comme dans les classes moins cultivées, et parmi le sexe le plus faible; et les criminels y participent beaucoup plus que les honnêtes gens. (Voir ci-après).

Les révolutions, au contraire, apparaissent toujours rarement; jamais chez les peuples peu avancés, et toujours pour des causes très graves, ou pour des idéals élevés; et les hommes passionnés, c'est-à-dire, les criminels par passion ou les génies, y prennent plus souvent part que les criminels ordinaires.

« Les grandes commotions populaires, écrit Bonfadini (2), celles qui laissent des traces, sont presque toujours le résultat de causes morales, même quand elles prennent pour prétexte des mobiles de caractère simplement économique. Les peuples supportent facilement, même de graves embarras de la vie pratique quand ils ont la conscience que leur âme est libre; s'ils sentent, au contraire, que l'on

____

(1) Sacchetti rapporte que, en 1354, peu s'en fallut qu'il n'en éclatât une en Toscane, parce qu'un âne appartenant aux Albizzi heurta un des Ricci qui bâtonna l'ânier.

(2) *Mezzo secolo di patriottismo.* Milano, 1883.

étouffe et que l'on tue la liberté, il est rare qu'ils acceptent longtemps, comme une compensation suffisante, le
bien-être même que peut leur procurer une habile administration.

« La Révolution française a commencé par des cris contre les monopoles des grains; cependant le premier acte
de force que le peuple a pu faire n'a pas été dirigé contre
les boulangers, mais contre la Bastille. L'insurrection anglaise contre les Stuarts a commencé par le refus de Hamp-
den de payer un impôt; mais le procès de Charles Iᵉʳ ne
fut pas commencé et mené à terme pour des prétextes d'ordre
administratif; ce fut une réaction violente contre le mépris
des droits et des libertés populaires.

» C'est que les vraies révolutions, les révolutions qui produisent des résultats, ne se font pas si elles ne sont sus-
citées et conduites par les classes pensantes. Ce n'est pas
le bras, c'est l'idée qui occasionne, dans l'organisation des
États, des changements profonds et durables.

» Quand le bras seul se meut, il se produit des tumultes,
non des révolutions, et le héros s'appelle alors Masaniello,
non Cromwell, non Cavour ».

De là vient que, si les rébellions cessent avec la mort
des chefs; les révolutions, au contraire, en reçoivent souvent une nouvelle impulsion (Christ); et, bien que les dé-
buts soient, le plus souvent, peu favorisés, elles finissent,
presque toujours, par triompher, à l'inverse des révoltes qui,
au contraire, ne sont victorieuses qu'au commencement.

Ceci arrive, même quand il s'agit de peuples faibles opposés à des peuples forts, comme en Grèce, dans les Pays-
Bas, à Milan, en 1848, et dans l'entreprise de Garibaldi. Si,
tout d'abord, ces révolutions semblent faillir, elles donnent
lieu à un travail lent qui finit par le faire triompher; c'est
ainsi que le parti populaire de Rome, réprimé par Sylla,
triompha avec César; à Florence les Ciompi vaincus finirent
par l'emporter avec les Médicis; dans les temps modernes,

les mouvements révolutionnaires de 48 et de 49, en Hongrie et en Italie, cruellement réprimés d'abord, conduisirent ces nations à la conquête de leur indépendance politique.

Cela s'explique par ce motif, que les révolutions se forment, quand le terrain est prédisposé, grâce à l'apparition de génies ou de monomanes, qui, en raison de l'originalité et de l'acuité plus grande de leur esprit, de leur misonéisme moindre, pressentent les nécessités qui seront, plus tard, senties par tous. Tout d'abord, le public misonéiste, ne pouvant les suivre dans leurs vues, les méconnait et les abandonne à quelques fanatiques passionnés et souvent fous ou criminels; mais plus tard, lorsque leurs prévisions se vérifient, ils recueillent cette unanimité de vouloirs qui est la plus grande des puissances; résultat auquel contribue même la réaction suscitée par les souffrances injustes qui leur ont été infligées; nous en avons la preuve dans les exemples du Christ, de Luther, de Szekeny, de Mazzini, de Garibaldi, etc.

Mais si le terrain n'est pas préparé, et si la distance est trop grande entre le précurseur et la masse du public, sa voix n'est pas écoutée, et l'on n'a alors qu'une sédition qui n'est plus que l'avortement de la révolution, la convulsion plutôt que le mouvement normal, et qui, par conséquent, comme celle-ci, est une preuve de maladie et d'affaiblissement. Et Dante l'a bien exprimé en parlant de la séditieuse Florence :

> Quante volte dei tempo che rimembre
>   Legge, moneta e uffci, o còstume
>   Hai tu mutato e rinnovato membre,
> E se ben ti ricorda, e vedi lume,
>   Vedrai te somigliante a quella inferma
>   Che non può trovar posa in sulle piume,
> Ma con dar volta suo dolore scherma.
>
> *(Purgatoire,* chant. vi).

Voilà pourquoi nous verrons les séditions plus nombreuses dans les pays chauds, ou dans ceux qui sont à de grandes altitudes, là où la pression atmosphérique moindre provoque l'anoxyémie, tandis que l'on voit les révolutions plus fréquentes dans les régions du froid tempéré; les Juifs, par exemple, devenus presque des Aryens en passant du chaud au froid tempéré, tandis que des Aryens très purs, comme les Vandales, en passant du froid aux chaleurs excessives de l'Afrique, subissent un mouvement de régression.

Voilà pourquoi, enfin, il y a des pays où il n'y eut jamais de vraies révolutions, où la religion resta catholique, brahmine ou fétichiste, et le gouvernement individuel et déspotique, même dans les soi-disant républiques, tandis que les séditions sont très rares en Angleterre, dans l'Amérique du Nord, en Allemagne, où il y eut, au contraire, de grandes révolutions.

En somme, les révolutions sont des phénomènes physiologiques; les révoltes, des phénomènes pathologiques. C'est pourquoi les premières ne sont jamais un crime, parce que l'opinion publique les consacre et leur donne raison, tandis que les secondes, au contraire, sont toujours, sinon un crime, du moins l'équivalent, parce qu'elles sont l'exagération des rébellions ordinaires.

3. *Points intermédiaires.* — Il y a cependant les cas intermédiaires entre les révolutions et les révoltes; ce sont les soulèvements provoqués par une cause juste, impersonnelle, générale, mais qui éclatent prématurément, comme celui de E. Marcel en France, de Pierre le Grand en Russie, de Pombal en Portugal, de Cola et Masaniello en Italie, ou partis des couches infimes de la société, comme le christianisme et le bouddhisme, comme les Ciompi, comme la Jacquerie en France, ou des rangs trop élevés, comme le nihilisme et, en Italie, les mouvements de 1821 et de 1831; ils finissent, il est vrai, par triompher quelquefois, mais, en attendant, tant qu'ils ne se sont pas adaptés au mi-

lieu, ils peuvent constituer un crime, évidemment tempo-
raire, et qu'une époque éloignée, seule, transformera en
héroïsme et en martyre.

En effet, comme ils ne sont pas des produits vraiment
physiologiques, ils laissent presque toujours l'œuvre incomplète, et trop souvent ils tombent à la merci de criminels
et de fous.

J'en vois un exemple parfait dans le premier mouvement
de 1789; tout d'abord il rencontra un assentiment général
qui se traduisit par un suffrage de 5 millions de votes
pour les Etats généraux : quelques années après, ces 5 millions étaient réduits à 700.000 : lors de l'invasion du duc
de Brunswich, on n'eut à lui opposer que 40.000 volontaires. Or, à cette époque, le pouvoir commençait déjà à
passer aux mains des fous et des criminels ; c'est pourquoi
nous trouvons, dans cette révolution, bien des caractères de
la férocité brutale des émeutes, et, qui pis est, de leur
instabilité.

Il est impossible, dans ces cas, de distinguer tout d'abord
si un acte est révolutionnaire ou séditieux. C'est pourquoi,
dans l'examen individuel, nous ne pouvons pas toujours
séparer les révolutionnaires des rebelles, qui seraient les
seuls vraiment coupables ; d'ailleurs, bien des caractères
sont communs ; c'est le succès qui détermine si le rebelle
d'aujourd'hui sera le révolutionnaire triomphant de demain,
et nous, en en étudiant les caractères anthropologiques
sous un point de vue général, nous ne pouvons nous préoc-
cuper du succès plus ou moins grand.

En outre, même la plus légitime des révolutions ne peut
avoir lieu sans quelque acte violent, qui est la rupture de
la coque, mais qui peut être considéré, surtout par ceux
qui en sont lésés dans leurs intérêts, comme un acte de
rébellion ; or, il est impossible de se prononcer, au moment même, sur la valeur de cet acte ; c'est un problème
dont la solution ne sera fournie que plus tard par l'issue

heureuse, ou par la participation, sur une vaste échelle, de toutes les classes, et par la droiture des intentions; pour cela, évidemment, il faut du temps, et beaucoup de temps.

C'est ainsi que la Révolution française et, en Italie, celle des Vêpres Siciliennes, bien que déterminées par de très justes causes, et avec le concours des classes les plus élevées, furent cependant déshonorées par des massacres, par de véritables épidémies criminelles, et s'assimilèrent par ce côté aux pires rébellions, d'autant plus que l'issue n'en fut pas complétement heureuse, puisque la domination espagnole, en Sicile, remplaça la domination angevine, et que, comme nous l'avons déjà dit, les véritables réformes dues à la révolution française, les réformes économiques, surtout, furent beaucoup moindres qu'on ne le pense généralement; on aurait d'ailleurs obtenu les mêmes réformes (1) en continuant le mouvement légal commencé sous les Encyclopédistes. C'est ce qui a fait dire récemment à Renan, devant l'Académie française :

« La Révolution doit rester un accès de maladie sacrée, comme disaient les anciens. La fièvre peut être féconde,

---

(1) La *Déclaration des droits de l'homme* elle-même, si elle fut susceptible de grandes applications tant que la Révolution se développa avec le concours de la monarchie, cessa d'avoir de l'importance quand elle tomba dans la République qui agit en contradiction complète avec elle; ainsi, parmi les *Droits de l'homme* on comptait la liberté de la pensée religieuse, et la Convention faisait guillottiner, sous Robespierre, ceux qui refusaient d'adorer son Être suprême; on y trouvait la garantie de n'être condamné que par sentences de tribunaux, et la Convention laissait égorger, dans les prisons, des centaines de détenus, sous le ministre de la justice, Danton. Parmi ces droits se trouvait celui de n'être arrêté que sur mandat d'un juge, et la Convention faisait arrêter, en pleine séance parlementaire, les députés girondins. — Parmi les principes de 1789 il y avait le respect pour l'indépendance des peuples, et le Directoire républicain, sous l'instigation du philosophe Lareveillère-Lepaux, écrivait au général Bonaparte pour l'engager à dépouiller aussi le Milanais, puisque, après la guerre, on devait le céder à l'Autriche (BONFADINI).

quand elle est l'indice d'un travail intérieur, mais il ne faut pas qu'elle dure, ou qu'elle se répète; dans ce cas, ce serait la mort. La Révolution est condamnée, si, au bout de cent ans, elle en est encore à recommencer, à chercher sa propre voie et à se débattre sans trêve entre les conspirations et l'anarchie ».

Quoi qu'il en soit, d'après tout ce que nous avons dit, autres sont les luttes brèves qui accompagnent une révolution préparée de longue main et répondant aux besoins de son temps, autre est l'opposition violente à la loi générale du misonéisme, plus forte encore, comme nous l'avons vu, en tout ce qui touche à la religion, à la politique, à l'ordre social, et qui s'incarne dans les révoltes, et en général, dans le crime politique, lequel peut être ainsi défini : « Tout attentat violent contre le misonéisme politique, religieux, social, etc., de la majorité, contre l'ordre de gouvernement qui en résulte et les personnes qui en sont les représentants officiels ».

4. *Méthode*. — Mais dans notre manière de procéder, cette confusion pourra être évitée. La génialité en effet, représentant le développement *maximum* de l'évolution, l'étude de sa nature et de ses causes nous donnera (1), dans une préparation pure, comme diraient les chimistes, le vrai caractère et les vraies causes de ces grandes évolutions qu'on appelle révolutions, en établissant leur différence absolue d'avec les révoltes; pour en compléter la démonstration, au moins dans le champ politique, nous porterons une attention spéciale sur la longue liste de nos martyrs politiques et sur les élections françaises de 1877, 1881, 1885, qui nous représentent, en chiffres, les aspirations et les actes les plus légitimes d'une révolution, exempts de toute forme criminelle et séditieuse.

(1) La démonstration du complet parallélisme de la génialité avec la Révolution se trouvera dans les chapitres suivants.

Pour les révoltes et les régicides, au contraire, la besogne est plus facile, parce que nous nous appuierons principalement sur les faits qui ont été enregistrés, sous nos yeux, dans notre siècle : nous pourrons, ainsi, présenter un matériel positif, chiffré, pour la solution d'un problème qui n'avait jamais été étudié avec des méthodes vraiment positives.

Chapitre II

—

Climat et météores dans les révolutions.

Si nous étudions les origines de l'évolution et du crime politique dans ces grands modificateurs des actes humains, qui sont, le climat, l'alimentation, le sol, nous trouvons que, dans les pays trop chauds ou trop froids, c'est-à-dire, dans les contrées tropicales et septentrionales, et plus encore, dans les régions polaires, les révolutions et les émeutes font défaut. C'est là un fait qui s'explique physiologiquement et qui concorde avec les données fournies par la pathologie morale.

1. *Influence de la chaleur par rapport au génie et aux révolutions.* — Il suffit d'un simple regard donné aux Planches v, vi, pour se convaincre que, sauf dans le voisinage des Pyrénées, où les hautes chaînes goitrogènes et la race Ibérique font interférence à la loi, les départements méridionaux de la France, 82-21-42, donnent un grand nombre de libéraux et de génies.

Dans mon *Homme de génie,* il est vrai, il est démontré par des chiffres, que les créations géniales croissent dans les premières et dans les grandes chaleurs, bien entendu, non excessives (pag. 150 et 151), le printemps nous donnant le *maximum,* 539, puis venant ensuite l'automne et l'été, 485, 475, et l'hiver qui fournit le chiffre le moins élevé, 368; et là il est prouvé (de la page 160 à la page 166), que le plus grand nombre des génies se manifestent dans les pays

de collines et à température douce, spécialement dans le
voisinage de la mer. De même, les grands musiciens sont
surtout nombreux dans les pays chauds; cela est si vrai
que sur 118, l'Italie en compte 44, parmi lesquels 27 sont
donnés par Naples et par la Sicile. De Naples aussi sont
sortis des sculpteurs et des peintres célèbres (1).

Cependant, le plus grand nombre des votes libéraux, dans
les élections politiques de 1877-1881-1885, fut fourni par les
pays de collines et presque froids. Et, si l'on considère l'é-
volution du protestantisme et le développement industriel,
colonial, on conclut que les pays les plus chauds d'Europe,
qui donnèrent le *maximum* de révoltes (Grèce, Espagne,
Italie, la France elle-même), sont inférieurs aux pays sep-
tentrionaux et froids (Angleterre, Allemagne, Hollande),
dans lesquels l'évolution eut un développement gigantesque.
Dans les États-Unis également, le Nord est plus avancé,
dans l'évolution, que le Sud, et tous les deux plus que les
terres de l'Amérique méridionale.

2. *Chaleur excessive.* — Buckle observe que chez les nations où la chaleur cause, avec l'abondance de la nourriture, une distribution inégale de la richesse, et par conséquent du pouvoir social politique, le peuple reste toujours
soumis; ses annales n'offrent pas d'exemple de luttes de
classes, d'insurrections et de grandes conspirations; et s'il
survient des changements, le pays n'y prend aucune part.

Dans les pays chauds, si l'initiative est grande, la ténacité est faible; mangeant peu, digérant encore moins,
l'homme est poussé à l'inertie, au proverbial *far niente*,
au *tapassa* (3), au *yoga* des Hindous, à l'ascétisme de la

(1) Voir planches iv, v, vi et pages 162-163 dans l'*Homme de génie*, 1889.
(2) Buckle, *Hist. of civilis.*, pag. 2.
(3) Voir dans le *Ramayana I* de Gorresio la note pag. 421. Les *tapassins*
se macéraient pour expier des fautes ou pour acquérir du mérite et des vertus; les macérations étaient considérées et appréciées au point qu'on en
étendit la pratique jusqu'aux Dieux.

Thébaïde; la sensibilité étant exagérée et la puberté précoce, les idées et les passions sont dans un continuel manque d'équilibre avec le développement organique; ce sont des corps d'enfants avec des cerveaux et des passions d'hommes. L'inertie, effet nécessaire de la chaleur excessive, et inspirée par le sentiment habituel de faiblesse, rend l'économie plus sujette aux spasmes, favorise les tendances à la contemplation oisive, à l'admiration exagérée, et, par suite, au fanatisme religieux et despotique; c'est pourquoi les idées superstitieuses, les idées mystiques, ont eu leur berceau en Égypte, dans l'Inde, dans la Mésopotamie; et de là ont envahi le monde : de là, un libertinage effréné qui s'alterne avec une superstition excessive, l'absolutisme le plus despotique avec l'anarchie la plus complète; de là, ces grandes civilisations, ces vastes empires, ces systèmes religieux compliqués, poussés, comme des champignons géants, sous les rayons embrasés d'un soleil tropical, qui croulent bientôt pour faire place à la domination moins précoce, moins féconde, mais plus forte et plus tenace des peuples tempérés, des montagnards, comme les Normands, les Germains, les Macédoniens, les Persans, et les Afghans, et, chez nous, les Piémontais (1).

Saint Cyprien remarquait que les chrétiens qui subirent le martyr en Asie étaient plus sujets aux visions célestes que ceux de Rome.

Et cela, remarque Montesquieu (2), ne s'observe pas seulement entre nation et nation, mais encore dans le même pays : par exemple, les peuples du Nord de la Chine sont plus séditieux que ceux du midi; les peuples du midi de la Corée le sont moins que ceux du Nord.

Et ceci trouve également une confirmation en Amérique, où les empires despotiques du Mexique et du Pérou sur-

---

(1) Lombroso, *Pensiero e meteore.* Milan, Dumolard, 1878.
(2) *Esprit des lois.* Chap. xiv et suiv. Paris, 1845.

girent vers l'Equateur, tandis que presque tous les peuples
libres étaient, et sont encore, dans les zones moins chaudes,
qui sont cependant plus révolutionnaires, comme le Ca-
nada, l'Argentine, etc., et dans les régions habitées par les
indigènes appelés, par les Espagnols, *Indios-bravos*, dont
l'esprit d'indépendance est bien connu.

3. *Froid*. — Dans les pays très froids, au contraire, la lutte
pour l'existence est plus laborieuse, en raison de la plus
grande difficulté à se procurer l'alimentation, le vêtement
et le chauffage; mais pour ce motif, précisément, l'instabilité est moindre. Le froid excessif rend l'imagination plus
lente et moins irritable et les esprits moins changeants;
d'autre part, devant suppléer au défaut de chaleur par d'é-
normes doses d'aliments carbonés, les peuples des pays
froids consument des forces, au détriment de la vitalité individuelle et sociale; ainsi les Esquimaux engloutissent jusqu'à 10 kilogrammes de gras pour jour, et le froid intense
ralentit en eux le développement du corps et de l'esprit :
leur civilisation est rudimentaire, comme on le voit chez
les Fuégiens que Giglioli ne croit pas perfectibles (1) et
chez les habitants de l'Islande, si rapidement déchus.

Toutefois, il est certain que la chaleur, même la plus excessive, est toujours moins funeste à l'esprit que le froid
intense; le midi de la Chine, l'Inde, le Cambodge, le Pérou,
la Sicile, la Grande Grèce, l'Egypte, furent même les plus
antiques berceaux de la civilisation, soit que la chaleur y
influât directement, par un développement plus rapide du
corps et de la psyché, soit qu'elle y contribuât indirecte-
ment, par une plus grande fertilité; en effet, avec la plus
grande abondance d'alimentation, avec le besoin moindre
de combustible et de vêtements, la lutte pour l'existence
se trouvant réduite au *minimum*, l'homme put, plus facilement et plus vite, aspirer aux degrés les plus élevés de

____

(1) *Viaggio intorno al globo della « Magenta »*. 1876.

la vie sociale, et aux plus sublimes abstractions religieuses, même en les exagérant; tandis que les grandes idées religieuses et esthétiques n'eurent toujours que de rares initiateurs et qu'un nombre restreint de partisans dans les pays froids. Dans le Groenland, il n'y avait pas de religion, et les Esquimaux ne touchèrent jamais à l'épopée ni à l'épique. Livingstone trouva que les idées religieuses se développaient, chez les tribus Africaines, à mesure que partant du Cap elle se rapprochaient de l'équateur.

Le D' Prink (1) dépeint certaines tribus des Esquimaux comme si pacifiques et si calmes, que, dans leur langage, on ne trouve pas de paroles pour exprimer l'idée de rixe ou de dispute: chez eux, la plus grande réaction contre les offenses consiste dans le silence.

Larrey vit, sous les froids glacials de la Russie, devenir faibles, jusqu'à la lâcheté, ces mêmes soldats que, jusque là, ni les périls, ni les blessures, ni la faim n'avaient fait broncher.

Bove raconte que chez les Tschiucki, à — 40°, on ne voyait jamais de différents, ni de violences, ni de crimes; ils vivaient apathiques et pleins d'amitié les uns pour les autres.

Le hardi voyageur polaire Preyer, observa que, à — 40° sa volonté était paralysée, ses sens obtus; la parole embarrassée (2).

En résumé, dans les pays très chauds et dans les pays très froids, l'évolution et le crime politique sont presque inconnus.

4. *Chaleur tempérée.* — Tout cela, cependant, doit s'entendre des pays excessivements froids et de ceux qui sont excessivement chauds, car la chaleur modérée, spécialement si elle est sèche, est, au contraire, favorable au dévelop-

(1) *Revue Britannique,* 1870.
(2) Petermann, *Mitth.,* 1876.

pement social et politique, précisément pour les raisons opposées, c'est-à-dire, à cause de la plus grande énergie qu'elle donne à l'esprit et aux muscles, à cause de la facilité des réunions et des luttes moins âpres pour l'existence.

L'empire, a écrit Sénèque, appartient toujours aux peuples qui jouissent d'un climat doux (1).

L'influence de l'action thermique tempérée est confirmée par les observations faites sur la psychologie des peuples méridionaux, qui montrent un penchant au mensonge, à l'instabilité, à la prévalence de l'individu sur la Commune et sur l'État; cela provient, en partie, de ce que la chaleur favorise le développement de grandes individualités et de ce qu'elle diminue les besoins, mais plus encore de ce qu'elle excite les centres nerveux, à la manière des alcooliques et des narcotiques, sans cependant jamais aller jusqu'à y provoquer, comme ces derniers, l'inertie complète.

A. Daudet a écrit tout un roman pour dépeindre la grande influence du climat méridional sur les tendances morales (2): « Le méridional, dit-il, n'aime pas les liqueurs: il est ivre dès sa naissance: le soleil, le vent lui distillent un terrible alcool naturel dont tous ceux qui naissent là-bas sentant les effets. Les uns ont seulement cette légère chaleur qui délie la langue et les gestes, fait voir du bleu partout, redouble l'audace, fait dire des mensonges; d'autres arrivent au délire aveugle. Et quel est le méridional qui n'ait pas senti les prostrations momentanées des gens intoxiqués, cet abattement de tout l'être qui succède à la colère, aux enthousiasmes ? ».

Turiello écrit (3): « Le Sud a de plus promptes oscillations des passions que le Nord; il commet plus de crimes

(1) *De la colère*, ii, c. xv.
(2) A. Daudet, *Numa Roumestan*.
(3) *Governo e governati*, Bologne, Zanichelli, 1888, 2ª édit.

par amour, par crainte, par emportement, et par conséquent contre les personnes, tandis que, dans le Nord, les
crimes sont plus de propos délibérés; l'absence de freins
cause des ravages plus prompts au Sud (brigandage), plus
durables au Nord (sectes, associations).

« Un autre caractère de l'homme du midi, c'est l'individualité, qui fait qu'il se refuse à former corps, et que toute
association tend à se désorganiser; ce qui, tout en provenant d'une plus grande valeur individuelle, aboutit à une
plus grande faiblesse ».

Fucini (1), parmi les caractères du peuple méridional,
donne l'instabilité : « Ils sont laborieux et oisifs, sobres et
intempérants, anguilliformes; leur science est la superstition; c'est le soleil qui les pourvoit d'habits pendant l'hiver, de médicaments, de désinfectants ».

(1) *Napoli a colpo d'occhio.* 1878.

Chapitre III

—

Influence du climat et des météores dans les révoltes ou séditions.

Étant donné les caractères psychologiques que nous venons d'exposer, on comprend que, chez les peuples méridionaux, les émeutes soient plus fréquentes, même pour des causes légères.

1. *Saison*. — Pour mieux démontrer la puissante influence de la chaleur sur les soulèvements populaires, on peut s'appuyer sur les rapports, que j'ai déjà étudiés (1), entre les séditions et les saisons, et qui amenaient à cette conclusion : que, en général, les mois qui marquent le *maximum* ou le commencement de la chaleur, donnent pour les émeutes, comme pour les crimes, les chiffres les plus élevés. — Mais la grande difficulté de réunir des matériaux homogènes ayant, alors, donné motif à de justes critiques, afin de les prévenir, nous avons recouru, pour les temps présents, qui sont les plus sûrs, à une publication qui a un caractère officiel, c'est-à-dire l'*Almanach de Gotha*, 1791-1880 ; pour

(1) V. Lombroso et Rossi, *Influenza della temperatura sulle rivoluzioni*, 1887. — C. Lombroso, *Pensiero e meteore*, Dumolard, *Biblioteca internazionale*, Milan, 1878. — Id., *Klinische Beiträge zur Psychiatrie*, Leipzig, 1869.

les temps anciens et pour le moyen-âge, aux ouvrages connus pour leur grande précision (1).

On peut voir les résultats sommaires de nos recherches dans les Planches I et II, que, pour la plus grande commodité du lecteur, nous avons reproduites sous forme graphique dans la Planche III, distinguant les trois âges (ancien, moyen et moderne), comparant la ligne des révoltes, dans l'Amérique, avec sa température, et groupant les régions du nord, celles du centre, celles du midi.

Dans l'âge ancien on peut déjà remarquer (V. Pl. I et III, n. 1) que le *maximum* des révoltes est en juillet — 19 sur 115 — et le *minimum*, 2, en novembre; cependant les données relatives à la Grèce ancienne ne ressemblent pas à celles que nous avons sur Rome et sur Byzance; en effet, le *maximum* des révoltes est fourni par le mois de juillet (9 sur 27), aucune en octobre et en novembre, tandis que Rome et Byzance, sur 88 révoltes ou séditions, en donnent 11, en avril, et 10 en mars, juin, juillet et août.

Quoi qu'il en soit, il reste hors de toute contestation, que les révoltes y éclatèrent en bien plus grand nombre dans les mois chauds que dans les mois froids, et que dans les premières chaleurs (mars et avril) il y en eut plus que dans les premiers froids. C'est ce qui ressort encore mieux pour les saisons : en effet, nous avons dans les temps anciens :

	Rome et Byzance	Grèce ancienne	Total
Printemps	26	5	31
Été	30	14	44
Automne	16	4	20
Hiver	16	4	20

Et cette prévalence de l'été ne peut être expliquée par le concours d'autres circonstances, pas même par la très

(1) CURTIUS, *Histoire grecque*, 1877. — MOMMSEN, *Histoire romaine*, 1863. — PERRENS, *Histoire de Florence*, 1875. — GIBBON, *Decadenza dell'Impero Romano*, Milan, 1820.

grande influence qu'exercent les époques électorales; parce que, si, dans les derniers jours de juillet, avaient lieu, à Rome, quelques élections aux charges populaires, la plus grande partie des magistrats entraient en charge en même temps que les consuls, dans le *Dies solemnis;* ce jour varia d'abord, mais, l'an 154 av. J. C., il fut fixé au 1er janvier, et l'exercice de l'*imperium* des consuls et des préteurs ne devait commencer que le 1er mars pour finir au 1er mars de l'année suivante. « Le 1er janvier, écrit Willems (1), est le jour où entrent en charge les magistrats ordinaires, excepté les questeurs, dont la charge commence avec le 5 décembre, et les tribuns du peuple qui entrent en fonctions le 10 décembre (a. d. iv, Id. dec.) ». Depuis lors les comices électoraux se tinrent ordinairement avant le mois d'août.

On pourrait, par là, expliquer, jusqu'à un certain point, l'augmentation des séditions en juillet, en janvier et en mars, mais non, certainement, celles d'août, de juin et d'avril. D'autre part, comme le remarque justement Willems (op. cit. pag. 160), les comices électoraux, bien qu'ils fussent fixés à une époque déterminée de l'année *(comitiorum tempus),* pouvaient cependant être différés par le Sénat, et même pour des motifs religieux (qui, nous le savons, se confondaient avec les motifs politiques, et même avec les intérêts du Patriciat), par le Collège des Augures ; et, très souvent, pour cette raison, ils avaient lieu aux époques les plus variées.

Si nous faisons un rapprochement entre les époques des révoltes du monde ancien, et celles du moyen-âge et du monde moderne, nous restons vraiment surpris du parallélisme frappant qui les rapproche. Dans toutes nous trouvons une diminution constante de janvier à février et tou-

---

(1) *Le droit public romain depuis l'origine de Rome, etc.,* pag. 220 et suiv. Louvain, 1872.

jours une augmentation de février à mars ; une augmentation
constante de juin à juillet, toujours suivie d'une diminution
de juillet à août, diminution qui continue d'août à septembre, et enfin nous trouvons toujours une forte diminution
en octobre et en novembre, suivie d'une légère augmentation en décembre ; sauf de 1550 à 1790, le mois de décembre a toujours un nombre de révoltes inférieur à celui
de janvier.

Dans le moyen-âge, également, le plus grand nombre
des révoltes eurent lieu en plein été ; mais tandis que le
maximum pour la Toscane se trouve en juillet (6 sur 46),
il est en juin (6 sur 30) pour les autres régions. De plus,
nous notons, en Toscane, un nombre de révoltes plus considérable en automne qu'au printemps, contrairement à ce
qui arrive généralement ; c'est pourquoi, dans l'ensemble,
le Moyen-Age donne plus de révoltes en automne que dans
les autres saisons, exception faite de l'été, comme on le voit
par les chiffres ci-après :

	Toscane (1848-1879)	Révoltes des autres régions (50?-1550)	Total
Printemps . . .	6	8	14
Été	15	13	28
Automne	14	4	18
Hiver	11	5	16

Sur ces exceptions, présentées par la Toscane, influèrent
certainement des raisons sociales et politiques, parmi lesquelles on doit compter, dans une certaine mesure, les
élections des diverses magistratures : au 1er décembre (1328)
on élisait les 12 Bons-Hommes ; au mois de novembre 1334-
35-36 on nomma les capitaines *de la liberté* (1). En 1446-
47, les prieurs entrèrent en charge au mois de janvier,

(1. Villani, xi, 39.

époque où, suivant Ciocuti (1), on élisait habituellement les
officiers publics des communes du Moyen-Age.

De même, sur les 31 révoltes d'Europe de 1550 à 1791
on trouve le plus grand nombre dans les mois chauds, et,
pour plus de précision, le *maximum*, 6, en juillet et en
mai. Par rapport aux saisons, elles se divisent ainsi : 10
dans le printemps, 14 en été, 3 en automne, 4 en hiver.

Mais, comme on pourrait justement objecter que les données mentionnées, relativement au Moyen-Age, sont insuf-
fisantes, comparativement à la masse énorme des révoltes
de cette époque, — Ferrari les calcule à 7224, avec une
moyenne de 45 par chaque ville, — voyons quelles sont
les conclusions que l'on peut tirer, en puisant à une source
uniforme et officielle, comme l'*Almanach de Gotha*, par
rapport au nombre important de 836 révoltes dans la brève
période de 1791 à 1880 (Pl. IV), qui se répartissent ainsi :

> Europe   495
> Amérique   283
> Asie   33
> Afrique   20
> Océanie   5

En ce qui regarde l'Asie et l'Afrique, nous nous bornons
à noter que le plus grand nombre eut lieu en juillet (13
sur 53).

Pour l'Europe et pour l'Amérique, la prédominance des
révoltes dans les mois chauds ne pourrait être plus accentuée. En Europe, le chiffre le plus élevé est donné par le
mois de juillet, et, dans l'Amérique méridionale, par le
mois de janvier, qui sont, respectivement, les deux mois
les plus chauds; le *minimum* est donné par novembre et
décembre, en Europe, par mai et juin en Amérique, mois

____

(1) *Le corporazioni delle Arti nel comune di Viterbo (Archivio della
R. Società Romana di Storia Patria*, VII, II, 2).

qui se correspondraient, relativement à leurs températures respectives.

Toutefois, il importe de noter que ce parallélisme souffre quelques exceptions : en Amérique par la prévalence de juillet, en Europe par celle de mars.

La prévalence de juillet en Amérique, au moins pour les républiques espagnoles, dans les cinquante dernières années, où l'on établit l'usage de la vapeur et du télégraphe, pourrait se rattacher à la propagation des insurrections portugaises et espagnoles contemporaines; par ex., la révolte de Lima, juillet 1838, fut précédée d'une insurrection portugaise en juin; celle de Cuba et de Bogota, juillet 1851, de l'insurrection portugaise en mai; celle du Mexique, juillet 1840, de l'insurrection espagnole dans le même mois; et celle de l'Uruguay, juillet 1860, également de l'insurrection espagnole encore dans le même mois, bien que la prédominance en juillet soit à peine accentuée dans l'époque plus moderne (1835-80).

Quant au mois de mars, nous verrons les autres causes météoriques qui en expliquent la prévalence.

Du reste, les différentes nations, comme les différentes époques, montrent, dirons-nous, une chronologie spécifique dans les révoltes, avec prédominance dans certains mois chauds plutôt qu'en d'autres. En effet, en divisant, en deux périodes égales, les révoltes d'Amérique et d'Europe, de 1791 à 1835 et de 1835 à 1880, nous voyons une distribution diverse par rapport aux mois; dans la seconde période, les révoltes de janvier, mai, juillet et novembre augmentent en Amérique; et, en Europe, celles de juin et d'octobre; au contraire, le mois de décembre offre une forte diminution pour l'Amérique, et les mois de mars, avril, novembre et décembre pour l'Europe. C'est pourquoi, dans l'Amérique, les mouvements insurectionnels de la seconde période sont en plus grand nombre dans les mois chauds, et, en Europe, la diminution s'observe dans les mois de premiers froids (novembre et décembre), ou des premières chaleurs (mars et avril).

Quant aux saisons, en se rappelant que le mois de janvier, pour l'Amérique, correspond à notre mois de juillet, février à août (v. s.) etc., nous avons :

	Amérique	Europe
Printemps	76	142
Été	92	167
Automne	54	94
Hiver	61	92

D'où l'on voit que l'été tient la première place pour les deux hémisphères; puis, le printemps l'emporte toujours sur l'automne et sur l'hiver, dans les révoltes comme dans les crimes, peut-être à cause des premières chaleurs, mais aussi à cause de la moindre abondance de provisions; l'automne et l'hiver présentent des chiffres peu différents.

Si de l'ensemble de l'Europe nous passons aux différentes nations en particulier, nous trouvons encore le plus grand nombre de révoltes dans les mois chauds, sauf de rares exceptions; mais la prédominance exclusive de juillet n'est plus aussi accentuée, précisément en raison de cette chronologie particulière dont nous avons dit un mot plus haut. Juillet prédomine en Italie, en Espagne, en Portugal en France; août, en Allemagne, en Turquie, en Angleterre et en Ecosse, et dans la Grèce, avec le mois de mars; mars, en Irlande, en Suède, en Norvège et en Danemark; janvier, dans la Suisse; septembre, dans la Belgique et dans les Pays-Bas; avril, en Russie et en Pologne, et mai, en Bosnie, dans l'Erzégovine, dans la Serbie et la Bulgarie. Par conséquent l'influence des mois chauds semble plus grande dans les pays du Sud.

En groupant les données par saisons, nous trouvons :

	Espagne	Italie	Portugal	Turquie d'Europe	Grèce	France	Belgique et Pays-Bas	Suisse	Bosnie, Bulg., Serbie et Dalm.	Irlande	Angleterre et Écosse	Allemagne	Autriche-Hongrie	Suède, Norvèg. et Danem.	Pologne	Russie d'Europe
Printemps	23	27	7	9	6	16	7	6	7	6	5	7	3	4	6	3
Été . . .	38	29	12	11	7	20	8	5	3	3	9	11	6	4	1	0
Automne .	18	14	4	5	3	15	6	3	1	3	5	4	7	2	2	2
Hiver . .	20	18	6	3	3	10	2	10	4	3	4	3	2	2	1	1

De sorte que, chez 9 nations, parmi lesquelles toutes celles du Sud, la prédominance est dans l'été; chez 5, et parmi elles, celles qui sont le plus au Nord, c'est au printemps; pour une (Autriche-Hongrie), l'automne, et pour une (Suisse), l'hiver; puis nous trouvons que, 5 fois, et principalement dans les pays les plus chauds, l'hiver a plus de révoltes que l'automne, 8 fois il en a moins, 3 fois, un nombre égal.

De même, sur 47 attentats célèbres, survenus, dans le xix° siècle, contre des souverains ou chefs de Gouvernements, on remarque la prévalence des mois chauds; en effet, il y en eut :

En janvier	1	en juillet	9
» février	5	» août	8
» mars	4	» septembre	1
» avril	7	» octobre	8
» mai	4	» novembre	1
» juin	3	» décembre	7

Et en faisant le groupement par saisons, on a :

    14 attentats en hiver
    15   »   au printemps
    14   »   en été
    5   »   en automne.

2. *Saisons, causes sociales, etc.* — Une étude sur 143 séditions européennes de ce siècle (1), en tenant note des diverses causes qui les provoquèrent et de leur distribution par région et par saison, nous permet de voir combien cette influence thermique et géographique l'emporte sur les autres influences sociales, économiques, qui, dans ces dernières années sont devenues toujours plus puissantes, comme l'a prouvé Loria (Voir le tableau, pag. 76).

Les soulèvements pour causes politiques donnèrent le *maximum* en hiver et au Sud, en Europe; les révoltes militaires, en été et au Sud; les émeutes ouvrières, au printemps et au centre; les séditions religieuses, en été et au centre; les insurrections pour des causes économiques au printemps et au centre; avec un parallélisme presque complet entre la géographie et la saison. On aura remarqué que c'est aussi dans l'été que les soulèvements ouvriers et ceux qui sont occasionnés par la disette sont le plus nombreux, bien que, dans cette saison, la nourriture soit à meilleur marché et les besoins moindres.

En tout cela, la prédominance, non exclusive, mais très grande du facteur thermique est évidente. Pour les crimes politiques collectifs, on peut encore expliquer cette prévalence de l'été par la considération de Spencer, que le beau temps, presque habituel dans cette saison, favorise les relations sociales en plein air, tandisque l'inclémence constante de la saison d'hiver porte à la vie de famille et modifie en ce sens le caractère des citoyens.

(1) *Archivio di psichiatria*, vol. IX, fasc. 1.

MOTIFS DÉTERMINANTS
des révoltes et soulèvements en Europe dans la période de 1793-1886.

RÉVOLTES OU SOULÈVEMENTS	Total	Pour 0/0	Printemps	Été	Automne	Hiver	Nord	Pays du centre	Sud	Nation dans laquelle il en existe un plus grand nombre
1. Contre des rois ou des partis politiques, contre l'occupation étrangère, pour obtenir une constitution ou pour la changer	37	26,0	10	6	10	11	2	14	21	France (4) Italie (11)
2. Militaires	26	18,3	8	11	3	4	1	4	21	Espagne et Portugal (12)
3. D'ouvriers (coalitions)	19	13,4	8	6	2	3	7	11	1	Angleterre (6) France (6)
4. D'étudiants	5	3,5	2	—	1	2	2	2	1	—
5. Religieux	15	10,5	2	7	1	4	3	8	4	—
6. Pour cause de disette	16	11,2	5	6	2	3	2	10	4	Belgique (2)
7. Contre des lois de caractère économico-financier (1)	13	9,1	4	3	3	3	3	4	6	Angleterre (3)
8. Contre des lois sur la conscription militaire	2	1,4	—	—	1	1	—	2	—	—
9. Pour causes électorales	3	2,1	1	1	1	—	1	1	1	—
10. Pour des causes différentes des précédentes	6	4,2	—	3	2	1	1	3	2	—
TOTAL	142	99,7	41	43	26	32	22	59	64	

(1) Deux de ces révoltes furent en même temps dirigées contre les lois sur la conscription militaire.

3. *Géographie du crime politique.* — Nous avons une autre preuve de l'influence thermique, (comme on l'entrevoit déjà dans le tableau précédent) dans la distribution géographique des révoltes ou séditions en Europe pendant la période de 1791 à 1880 (1). (Voir Planche IV).

Par l'examen de cette Planche, on voit que le nombre des séditions et révoltes augmente du Nord au Sud, parallèlement à la chaleur; en effet la Grèce donne, en proportion de 10 millions d'habitant, 95 révoltes, c'est-à-dire le *maximum;* la Russie, 0,8, c.-à-d., le *minimum;* et les cotes les plus faibles sont fournies par les régions du Nord: Angleterre, Écosse, Allemagne, Pologne, Norvége et Danemark, tandis que les plus fortes sont offertes par les régions méridionales : Portugal, Espagne, Turquie d'Europe, Italie méridionale et centrale; les régions centrales donnent précisément un nombre moyen.

Pour l'ensemble, nous trouvons, par 10 millions d'habitants,

      12 révoltes dans l'Europe septentrionale
      25   »   »   centrale
      56   »   »   méridionale.

Il y a, il est vrai, deux exceptions: la Suisse et l'Irlande, qui donnent un nombre de révoltes en rapport contradictoire avec leur position géographique; mais, pour la Suisse cela doit dépendre de la multiplicité des gouvernements cantonaux et des fréquents changements de constitution : — de 1830 à 1879 il y eut, en effet, 115 révisions de constitutions cantonales et 3 de constitutions fédérales; de 1830 à 1869 il y eut 27 révisions dans le but de changer le Gouvernement, d'aristocratique en démocratique; de 1862 à 1866, il y en eut 66 pour arriver au gouvernement popu-

(1) Voir C. Lombroso et V. Rossi, *Influenza della temperatura sulle rivoluzioni,* 1887, avec 2 planches.

laire direct, plébiscitaire (1); — pour l'Irlande, la cause
en est aux tristes conditions politiques et sociales, puisque,
comme l'a dit Tarde avec raison, il ne lui restait, en dehors de la révolution, d'autres voies ouvertes que l'émigration ou le suicide; et Gladstone a montré combien de
réformes radicales sont nécessaires pour guérir des plaies
qui sont à la fois ethnologiques, sociales et économiques. En
Russie, aussi, les manifestations du nihilisme nous font
voir que quand les questions sociales s'imposent avec force,
l'action du climat leur cède la place, quitte à la reprendre
plus tard.

De plus, il est bon aussi de rappeler que le climat de
l'Irlande est grandement adouci par la tiédeur bienfaisante
des vents qui lui arrivent du Gulf-Stream, de sorte que,
par sa température hivernale de + 5° c., elle se trouve sur
la même ligne isochimène que la Bretagne, le midi de la
France, la région italienne de l'Apennin septentrional et
la Dalmatie. En effet elle a la même distribution du suicide
que ces pays (2).

4. *Crimes de droit commun contre les personnes, etc.* —
On trouve une confirmation de cette influence thermique,
dans l'étude d'autres phénomènes moraux qui sont en connexion très étroite avec celui des rébellions et qui aident
à l'expliquer, c'est-à-dire, l'étude des crimes contre les
personnes, des crimes de rébellion, etc.

Nous voyons, en effet, que, pour l'Italie, par ex., 27 révoltes se produisirent dans la région septentrionale, c'est-
à-dire, environ 27 en proportion de 10 millions d'habitants;
24 pour l'Italie centrale, c'est-à-dire, 32 sur 10 millions
d'habitants; et 37 pour l'Italie méridionale (dont 17 dans
les îles de Sardaigne, de Corse et de Sicile), c'est-à-dire,
33 sur 10 millions d'habitants.

(1) *Revue des Deux Mondes*, 1885.
(2) E. Morselli, *Il suicidio*, pag. 102-103. Milan, 1872.

Or cette distribution correspond aussi à celle des crimes contre les personnes et des crimes de rébellion, de violences, etc., contre les dépositaires et les agents de l'autorité et de la force publique, crimes distribués dans cette proportion en Italie :

	Crime contre les personnes	Rébellions non politiques
Zone septentrionale	1 par 5179 hab.	1 par 6493 hab.
» centrale . .	1 » 2129 »	1 » 4132 »
» méridionale	1 » 849 »	1 » 3239 »
» insulaire. .	1 » 738 »	1 » 3623 »

Et il y a également une certaine ressemblance, sinon un véritable parallélisme, entre la distribution géographique de ces crimes et celle des révoltes pour l'Europe. Ainsi, au commencement du travail de Bodio, *Sul movimento della delinquenza in Italia,* nous trouvons que l'Italie et l'Espagne donnent le plus grand nombre de condamnés pour homicide (9,5; 8,3 en moyenne sur 100 mille habitants) et sont parmi les nations qui donnent un plus grand nombre de rébellions; au contraire, le chiffre le plus faible, pour ces crimes, serait donné par l'Angleterre et par l'Allemagne (0,5; 1,1), et ces nations eurent également un moindre nombre de rébellions (V. Plan. ıv).

Le nombre des homicides, tant en France qu'en Italie, croît en raison directe de la chaleur annuelle, et il est plus élevé dans les régions plus méridionales (1).

Nous pouvons en dire autant pour les rébellions, selon la *Statistica decennale della criminalità,* publiée par Bodio, pour l'Italie, et par le Ministère de Grâce et de Justice, pour l'Espagne: en divisant, par chaque degré de latitude, le nombre des rébellions, et en les proportionnant à la population, nous trouvons :

(1) Voir *L'homme criminel,* vol. ııı.

					Espagne (2) crimes par 100 mille hab.	Italie
Degrés de lat. du 36e	au	37e	environ	14		—
»	37e	38e	»	12		96,7
»	38e	39e	»	9		42,0
»	39e	40e	»	8		30,6
»	40e	41e	»	11	(Madrid)	37,8 (Naples)
»	41e	42e	»	9	{ Barcelonne Saragosse	36,8 (Rome)
»	42e	43e	»	6		32,7
»	43e	44e	»	5		18,7
»	44e	45e	»	—		19,8
»	45e	46e	»	—		19,2
»	46e	47e	»	—		16,2

D'où résulte, avec évidence, l'action du climat méridional, exception faite pour les capitales et les grandes villes, dont l'action contrebalance parfois celle du climat.

(2) R. MONCADA, *Il regicidio e il parricidio nel diritto penale*. Catania, 1882.

Chapitre IV

—

Pression barométrique, géologie, altimétrie dans les révolutions (suffrages républicains).

1. *Pressions et variations barométriques.* — L'influence des autres météores est moins évidente; toutefois les chiffres plus élevés en mars, (voir Pl. iii, fig. 2, 4, 6, 7, 8), mois où les grandes perturbations barométriques sont remarquables, et aussi, ceux de septembre et d'octobre, bien qu'inférieurs, prouvent l'influence qu'ont, en seconde ligne, les changements brusques de pression atmosphérique.

Dans la Rome antique, presque toutes les révolutions les plus fameuses arrivèrent dans les mois du printemps, spécialement en mars. Ainsi, suivant Macrobe, les Tarquins furent chassés aux Kalendes de juin; cependant le *Refugium* se célébrait aux Ides de mars (1); ce qui fait soupçonner que c'était là la date juste.

On sait que les Ides de mars furent fatales à Jules César, mais peu d'écrivains ont remarqué que ce mois le fut également à beaucoup de ses successeurs : pour les empereurs

(1) Kuschke, *Das alt. Rom.*, Jahr., 1869.

Byzantins, au contraire, juin et juillet furent beaucoup plus funestes.

Ramos Meija (1) attribue la fréquence des séditions, dans l'Amérique du Sud, aux brusques changements de température du littoral, et au vent du Nord dominant dans l'Argentine, qui excitent extraordinairement le système nerveux.

2. *Climat sec et humide.* — La sécheresse a une grande influence sur l'évolution sociale.

Suivant un judicieux observateur anglais (2) la sécheresse et l'électricité excessive de New-York, qui poussent à un travail intellectuel intense, même les étrangers, auraient une part non légère dans la formation des *kranks*, ces névropathes qui donnent un large contingent aux assassinats de Présidents, aux révoltes et à la formation des partis.

Beard (3) trouve une preuve de l'influence du climat dans la différence entre l'Américain du Nord, adorateur des choses nouvelles, et celui du Sud, si conservateur, qu'il a une grande difficulté à adopter de nouvelles étoffes et de nouvelles machines : souvent, même, il les refuse, non parce qu'elles sont mauvaises, mais parce qu'elles sont ... nouvelles.

Les habitudes politiques, la convoitise de l'or, les *revivals*, les élections excitantes, seraient des effets de la température très variable du Nord unie aux besoins d'un pays nouveau et d'une vie de pionniers (Id.).

La rapide évaporation de l'air hâte le processus de perte et de réparation du système nerveux; les grands orateurs du Nord, eux-mêmes, sont, suivant Beard, un produit du nevrosisme dominant. — Mais, ici, les causes météoriques

(1) *Las neurosis de los hombres celebres en la Historia Argentina.*

(2) *Times*, juillet 1885.

(3) *Le nevrosisme Américain*, 1888.

se compliquent de causes historiques et sociales, et surtout de l'agglomération de millions d'individus dans un espace relativement restreint, facteur sur lequel nous reviendrons en son lieu et temps. — Notons enfin que cela se répète aussi en France, où, au climat variable de Paris, s'ajoute la fièvre produite par la concentration des idées nouvelles du monde entier, qui viennent augmenter encore la mutabilité spéciale à la race gauloise et la pousser aux révoltes.

C'est de la région sans pluies, comprise entre le Nord de l'Afrique, l'Arabie, la Perse, le Thibet et la Mongolie, que sont parties les races conquérantes du monde antique : La race Tartare, qui peupla la Chine et les pays qui la séparent de l'Inde et envahit de temps en temps l'Occident; la race Aryenne qui se répandit dans l'Inde il se fit route à travers l'Europe; et enfin la race Sémite qui prévalut dans le Nord de l'Afrique et conquit une partie de l'Espagne. Bien que toutes trois de type très différent et parties de régions sans pluie, elles envahirent des pays relativement humides, et, ayant un caractère commun, l'énergie, elles le perdirent, au point de devoir céder, à leur tour, devant les conquêtes de peuples venus de mêmes régions primitives.

Ainsi, dans les régions sans pluies comprises entre l'Amérique centrale et le Mexique, naquirent les civilisations indigènes les plus avancées; et ainsi en fut-il du Pérou, où, dans la région sans pluie, se trouvèrent précisément les traces les plus remarquables d'une civilisation antérieure aux Incas.

Mais nous tirons une preuve très exacte de cette influence, d'une étude sur l'orographie des départements français (Reclus), sur la distribution de la génialité pendant un siècle (fournie par Jacoby) et sur les trois votations à suffrage universel, 1877-1881-1885 en France, par départe-

ments (voir Pl. v-vi) (1); ces élections étant représentées
par une immense masse de chiffres, nous donnent, on peut
dire, la photographie exacte de la pensée politique qui domine dans chaque pays, l'abondance des données nous per-
mettant de ne pas tenir compte des corruptions électorales,
des pressions bureaucratiques, etc.

3. *Montagnes et collines.* — Un fait nous avait déjà frappé
dans l'étude de l'*Homme de génie*, savoir, que la montagne
favorise la génialité et les tendances républicaines, lesquelles, dans un pays historiquement monarchique, représentent la vraie révolution.

DIAGRAMME 1.

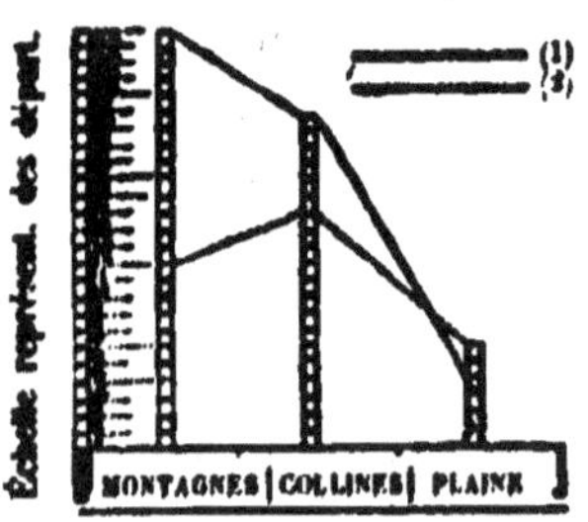

(1) Ligne de diffusion des principes républicains.
(2)   »   »   monarchiques.

On peut le voir déjà d'un simple coup d'œil, dans les
Plan. v-vi, en comparant la fig. 1 avec la fig. 4, mais mieux

(1) Les fondements d'après lesquels nous avons établi la classification des
départements, suivant les principes politiques prédominant dans chacun
d'eux, ont été les suivants :

1° Tous les départements, qui, dans les trois élections politiques de 1877-
1881-1885, donnèrent un nombre de votes *monarchiques* supérieur à 40 0/0
du total des électeurs inscrits, ou avec un nombre de votes monarchiques
toujours constants de 1877 à 1884, ont été considérés comme *monarchiques*.

2° Les départements, qui, dans les trois élections susdites, eurent des
votes *monarchiques* dans une proportion inférieure à 40 0/0 de tous les

encore dans ce diagramme (Diagramme I) de la France
électorale.

Les républicains prédominent, tant dans les départements
de montagnes que dans ceux de collines; plus cependant
dans les premiers (dans la proportion d'environ 2 à 1 comparativement aux départements monarchiques) que dans
les seconds (prop. 1, 4 à 1). Les monarchistes, au contraire, prédominent dans les départements de plaine (dans
la proportion de 3 à 2).

Cela se voit encore mieux pour la génialité (Diagramme
II); sauf l'exception (x), dont nous parlerons, la montagne
et la colline donnent le *maximum* de la génialité, tandis
que la plaine donne le *minimum*.

DIAGRAMME II.

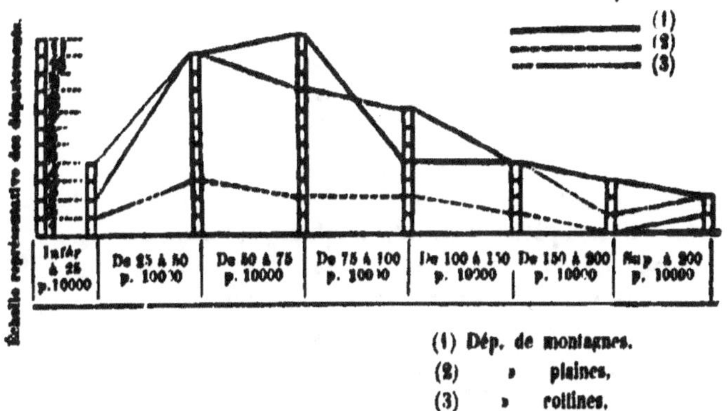

(1) Dép. de montagnes.
(2)   »   plaines.
(3)   »   collines.

électeurs inscrits, ou dans lesquels, de 1877 à 1885, cette proportion alla toujours en diminuant, ont été considérés comme *républicains*.

On a admis, pour limite de passage de la prévalence des principes républicains aux principes monarchiques, la proportion de 40 0[0 de tous les
électeurs inscrits, parce qu'il faut calculer que, généralement, 20 0[0 s'abs-
tiennent de voter.

3° On a étudié à part les départements présentant de gros chiffres d'abstentions, et désignés comme *incertains*.

Les départements de montagnes et de collines offrent des proportions qui se compensent à peu près entre elles. En effet on trouve un égal-nombre de départements de montagnes et de collines groupés sous les proportions de génialité de 25 à 50 pour 10.000 habitants, de 100 à 150 et au delà de 200. Les départements de collines ont un nombre supérieur dans les proportions de 10 à 25 et de 75 à 100, tandis que les départements montagneux ont un nombre plus grand dans les proportions de 50 à 75 et de 150 à 200. La prédominance quantitative reste, en tout cas, aux départements montagneux, sauf l'interférence offerte par la 4° colonne, dans l'unique inflexion x du diagramme II.

4. *Montagne*. — Déjà, cependant, par cette interférence x, on entrevoit que le problème de l'influence de la montagne est beaucoup plus compliqué qu'il ne semble tout d'abord. En ligne générale, ont peut dire que le montagnard est plus évolutif et l'habitant de la plaine (et cela a été dit et répété) plus ennemi des innovations. Toutefois je crois que, ici, l'on doit faire des distinctions.

Les habitants des montagnes savent résister aux conquêtes et se révolter contre elles, et ils sont plus aptes à dominer les autres, spécialement les habitants des plaines, qu'à se laisser dominer par eux; et sous ce rapport la montagne influe sur les révoltes (entendues dans le sens de réactions légitimes contre la domination de peuples de race différente) et plus encore sur les insurrections, ce à quoi contribue l'inaccessibilité orographique. On en a eu des exemples dans les Kurdes, dans les Klephtes, dans les Monténégrins, dans les Écossais, dans les Bretons, dans les Piémontais, dont la ténace et forte tempre morale reçut encore une nouvelle vigueur de l'âpreté du sol, favorable à la résistance. Ainsi Sparte fut toujours libre, tandis que les Ioniens furent très souvent assujettis.

On vit ainsi des populations entourées de voisins indolents et serviles, comme les habitants du Thibet, montrer une énergie remarquable dans les luttes contre les Chinois; et les Afghans, spécialement les montagnards Yusufus, être de véritables conquérants, sobres, honnêtes et fiers de leur indépendance à côté de l'indolence Hindoue. — Suivant Hérodote, Cyrus n'accorda pas aux Perses d'abandonner leurs montagnes natives, d'où il croyait que provenait toute léur heureuse énergie.

On peut dire que les principaux efforts pour défendre la liberté et les dernières résistances à la servitude se rencontrèrent toujours chez les habitants des montagnes; tels furent les Samnites, les Marses, les Ligures, les Cantabres, les Abruzzes contre les Romains, les Asturiens contre les Goths et les Sarrasins; les Albanais, les Transylvains, les Druses, les Maronites, les Maïnotes (1), contre les Turcs; les habitants de la province de Tlascala et les Chiliens dans les Amériques; les montagnards de Schwitz-Uri et Unterwald contre l'Autriche et la Bourgogne. Ainsi, dans les Cévennes, en France, dans la Valteline et à Pignerol, chez nous, malgré les *dragonnades* et les supplices de l'inquisition, se manifestèrent les premiers efforts en faveur de la liberté religieuse.

Les Illyriens conservèrent leur indépendance vis-à-vis des Grecs, leurs voisins, et ils causèrent bien des ennuis aux Macédoniens, jusqu'au jour où ils reconquirent leur indépendance à la mort d'Alexandre.

Ainsi en fut-il, plus récemment, des peuples du Caucase.

En Angleterre, dans la région montueuse du pays de Galles, il fut difficile d'établir la domination d'un seul chef, et plus encore de faire reconnaître celle du pouvoir central. Il ne fallut pas moins de huit siècles pour vaincre la ré-

---

(1) Ce furent les Maïnotes du Mont Taygète (Sparte) qui proclamèrent les premiers l'indépendance (GERVINUS, *Risorgimento della Grecia*, 1864).

sistance de la population indigène et pour soumettre celle-
ci complètement : le pays de Fens, région inculte et couverte de rochers escarpés dans les comtés de Lincoln et
de Cambridge, antique repaire de brigands et de rebelles,
devint, à l'époque de la conquête Normande, le dernier
refuge de la résistance Anglo-Saxonne : ceux qui s'y étaient
retirés y maintinrent longtemps leur indépendance, pro-
tégés par les rochers qui rendaient le pays presque inaccessible.

Ainsi les Higlands ne furent soumis à l'autorité du pouvoir central que quand les routes tracées par le général
Vade eurent ouvert un accès dans leur sauvage retraite.

Et, dans un grand nombre de montagnes, se développent
des idées politiques évolutives.

Selon Plutarque, Athènes, après la sédition de Chilon,
se divisa en trois partis correspondant à la diverse configuration géographique du pays : les habitants de la montagne voulaient à tout prix le Gouvernement populaire ;
ceux de la plaine demandaient un Gouvernement oligar-
chique, et ceux qui habitaient dans le voisinage de la mer
étaient partisans d'un Gouvernement mixte.

5. *Montagnes très élevées, nuisibles.* — Mais l'énergie, évolutive du moins, cesse quand la montagne devient trop
élevée. C'est que, dans la raréfaction atmosphérique, d'où
naît la diminution d'oxygène (l'anoxyémie) dans le sang et
le redoublement dans les pulsations et dans la respiration,
on a un fait analogue à celui de l'influence thermique :
tempérée, elle pousse aux révoltes ; exagérée, à l'inertie
politique.

Ainsi, dans les pays de colline et de montagnes peu élevées, il y a une grande tendance aux révoltes, tandis qu'il
y en a peu lorsque la hauteur est excessive.

Dans le Mexique, les habitants des hauts plateaux, au
delà de 2000 mètres, sont beaucoup moins féconds (3,06
pour mille) que les habitants de la plaine (6,50 pour mille) ;

ils sont apathiques, sans fortes passions, d'une intelligence peu active; au contraire, le Mexicain des bas plateaux est plus actif, plus résolu, plus expansif; il a plus d'initiative, plus d'aptitude pour l'industrie; jusqu'au cheval du haut Mexique qui ressent cette influence; il ne pourrait faire une course de 250 mètres sans être malade d'emphysème (1).

Suivant Samper (ibid.) le caractère spécial de l'habitant des Andes, lui aussi, petit, au visage rond, au front déprimé, aux cheveux rudes et souvent blancs, est la patience, le sentiment religieux, l'immobilité, l'impassibilité, la timidité; tandis que son compatriote des régions moins élevées a des passions plus vives, est plus intelligent et plus industrieux, fabrique, par ex., des chapeaux et des nattes.

Schlagintweit trouva que, dans les pays les plus élevés des hauts plateaux du Thibet, le nombre des habitants mâles est inférieur à celui des femmes, et que celui des enfants est très restreint, même en comparaison des mariages (2).

Un géographe et naturaliste distingué, le prof. Marinelli, étant allé, sur ma prière, étudier les populations de deux communes italiennes situées à différente hauteur, n'y trouva pas de différence extraordinaire sous le rapport de l'intelligence et de la force, et pas même dans les tendances érotiques; mais il y dut constater, lui aussi, une singulière disposition aux anémies et aux hémorragies. En comparant les deux pays, dont l'un, *Sauris di sopra*, est à 1300 m., et l'autre, *Sauris di sotto*, à 1220 m., il observa que, dans le premier, les habitants sont plus querelleurs, mais moins vifs, plus lents, moins disposés aux plaisirs vénériens et plus à l'anémie que ceux du second (3).

(1) JOURDANET, *Influence de la pression, etc.* 1871.
(2) SCHLAGINTWEIT, *Reisen n. Indien und Hoch Asien*, Jéna, 1860-66.
(3) LOMBROSO, *Pensiero e meteore*. Milan, Dumolard, 1878.

« C'est une remarque vulgaire, écrit un de nos écrivains les plus observateurs (1), que la vie, et, par conséquent, la reproduction au moyen de laquelle elle accomplit son cycle, vont en s'affaiblissant à mesure que l'altitude augmente, aussi bien dans le règne animal que dans le règne végétal. La végétation finit avec les lichens à ces hauteurs où l'aigle seul fait encore son nid; les autres animaux y vivent difficilement et ne s'y reproduisent point; les lapins, si prolifiques, y deviennent stériles; les taureaux que les Espagnols conduisirent à Paz, en Bolivie (à 3730 m.), pour leurs spectacles favoris, s'y montraient, au dire d'un voyageur, inoffensifs et lâches ».

Une relation, qui nous est fournie par un savant observateur (2), nous prouve que l'histoire des grandes civilisations péruviennes et mexicaines n'est point en contradiction avec cette loi.

« Je voudrais parvenir, écrivait-il, à vous donner une explication sur la contradiction que vous croyez voir entre les conclusions de Jourdanet et le fait historique de deux peuples qui ont existé, ici, à 2280 mètres au-dessus du niveau de la mer, avec deux civilisations différentes, l'ancienne et la moderne. La civilisation ancienne fut développée d'abord, et presque uniquement, par les Toltèques, puis par les Aztèques. On croit, avec raison, que les Toltèques étaient une race venue de l'Orient; les connaissances que nous possédons sur leur religion et sur leur état politique nous démonstrent leur parenté avec les populations asiatiques; ils apportèrent les premières lumières de la civilisation. Les Aztèques vinrent du Nord de l'Amérique dans la vallée de Mexico, ou, pour plus de précision, dans la lagune de Tenochtitlan, où ils bâtirent leur capitale, y im-

______

(1) S. Giordano, *Alpinismo e aereonautica*. Turin, 1876.

(2) Nissi, *Gli altipiani del Messico in rapporto alla psicologia*. — *Archiv. di psichiat. e scienze penali*, vol. VIII, pag. 306. Lettre au professeur Lombroso.

portèrent leur religion et leur organisation, et vainquirent les autres peuples, parmi lesquels les Toltèques, dont ils ne surent pas prendre la civilisation en ce qu'elle avait de meilleur. C'est pourquoi, en réalité, c'est aux Toltèques que revient le mérite d'avoir été les civilisateurs antiques de cette portion de l'Amérique. Les Aztèques marquent un recul dans l'histoire de la civilisation américaine.

« Donc, les peuples anciens, comme les modernes, ne sont pas du pays. J'ai dit d'où les anciens sont venus. Les peuples modernes sont une génération d'Espagnols, ou d'Européens en général. De toute manière il résulte que la civilisation a été importée, et cela me paraît avoir sa grande importance, quand on veut en rechercher les causes et étudier le développement d'un peuple relativement au milieu où il se trouve.

» Enfin, un regard sur les races indigènes nous ferait également voir que, dans le haut plateau, elles sont pacifiques et complètement soumises, tandis que les races qui sont encore en guerre, ou qui pourraient, d'un jour à l'autre, se soulever et déterminer un cataclysme sérieux, habitent des lieux éloignés des hauts plateaux, généralement les côtes, comme les Indiens de Yuartan, de Sierra-Nayarit « Gocadahjara », de la frontière du Nord, de Guerrero, de Thuantepec, comme les Juchitanecos, race robuste, de belles formes, avec un front qui se rapproche de celui de l'européen, mais férocement sanguinaires.

» Il suffit d'aller dans les rues et de voir comment travaillent les ouvriers: c'est une chose à faire pitié; il sont excessivement lents, se reposent à tout instant pour respirer; on croirait presque qu'ils ont peur de suer.

» Les Mexicains, de même qu'ils travaillent peu, sont également peu amateurs de se promener. Peut-être est-ce cette qualité négative qui fait que Mexico, bien que capitale, ne possède pas de promenades proprement dites — les Mexicains ne sortent guère qu'en voiture ou à cheval, et quand le soleil est sur le point de se coucher. Aussi, malgré l'absence de températures extrêmes, malgré la facilité de gagner sa vie, la misère y est grande et la malpropreté épouvantable.

» En général, le Mexicain — habitant de la capitale — est apathique.

» Les grands esprits que son histoire enregistre dans les lettres, dans les sciences, dans la politique, généralement, ne sont pas d'ici. Ce ne serait pas temps perdu d'en faire une statistique détaillée, comme par exemple, celle des présidents de la République — environ 60 — qu'on suppose avoir été, par leurs talents militaires ou politiques, les plus fortes têtes, et nous verrions que tous, en général, mais spécialement les plus marquants, ne sont pas du Mexique.

» Que l'on considère ensuite que le territoire de la République mexicaine est 11 fois grande comme l'Italie, qu'il comprend des climats très variés et des races très différentes, et que l'on sache bien que quand le télégraphe transatlantique nous apporte la nouvelle de quelque révolution éclatée au Mexique, on ne doit pas comprendre que c'est précisément à Mexico; la révolution n'est pas ici, dans la capitale, mais en dehors, dans quelque région lointaine. Les révolutions naissent rarement dans les pays de hauts plateaux; généralement c'est sur les côtes, jamais dans la capitale. Mexico est une ville essentiellement pacifique. Malgré les nombreuses agitations, il ne s'est jamais produit, ici, une révolution, pas même à l'époque très agitée de la guerre d'indépendance; si quelque rare fait d'arme s'y est produit, ç'a été par exclusive participation des troupes de garnison. De l'aveu même des Mexicains, le peuple de Mexico et des environs n'est ni valeureux, ni turbulent. Mexico est une ville passive; elle subit les conditions qui lui sont imposées du dehors. Les généraux *pronunciados* auront pu tenter de suborner les troupes, jamais de soulever le peuple de la ville de Mexico ».

Il est vrai qu'il s'est produit des révoltes assez fréquentes, spécialement parmi les métis d'Aréquipa (7800 pieds au-dessus du niveau de la mer), qui restèrent 17 ans en révolution : un grand nombre eurent lieu à Bogota, à Potosi (3000 m.) et à La Plaz (11.000 pieds au-dessus du niveau de la mer), mais, comme nous l'explique Nibbi, ce n'étaient pas des des révolutions, mais des émeutes soutenues par quelques centaines de guerriers, toujours les mêmes, comme les figurants de théatre, qui faisaient, défaisaient et refaisaient la même anarchie ; ces révoltes étaient, comme les convulsions des anémiques, et, hélas ! comme nos luttes parlementaires, plutôt une preuve de faiblesse qu'une preuve d'énergie — et toujours stériles.

6. *Inaccessibilité.* — L'altitude de la montagne, quand elle est excessive, servant, non seulement de rampart, mais encore de diaphragme par rapport aux communications et aux mélanges de races et d'idées, et excitant peu l'imagination à cause de la rigueur thermique et de la tristesse de la nature, est un obstable à l'évolution et un puissant agent conservateur.

« Quand un pays (écrit Rätzel) a ses confins au niveau même de son sol de tous les côtés, il a également de tous les côtes une possibilité d'expansion ; une plaine entourée d'autres plaines révèle une population nomade, sans frontières déterminées, tandis que, dans les vallées entourées de montagnes, habitent des peuples établis à demeure, et ayant des usages et des coutumes fixes. Or, tandis que, dans le premier cas, la force d'expansion d'un peuple vers un autre a toute facilité de s'affermir, dans le second, la nature y met obstacle, les confins naturels servant de défense et de moyen de conservation.

» Dans le Sud de l'Europe, on voit les péninsules Ibérique et Apenninique donner exclusivement asile à deux rameaux du tronc romain, et cela en vertu de leurs frontières fermées, tandis que la péninsule Balkanique révèle, par ses populations mélangées, le voisinage avec l'Asie et avec les plaines de l'Europe orientale, exception faite de la Thessalie, enfermée par des montagnes, et où l'on trouve précisément la race grecque pure.

» Et l'influence des frontières semble annuler celle de la race, car nous voyons, par exemple, dans l'Angleterre, malgré le mélange des races, une des nationalités les plus politiquement unies.

» En comparant les frontières entre l'Espagne et la France (Pyrénées), entre l'Allemagne et l'Italie (la Suisse) et même entre l'Allemagne et la France (les Vosges), avec les frontières des plaines germano-polonaises et russo-germaines, on trouve, là, tranquillité, ou du moins aspiration à la tranquillité; ici, incertitude et inquiétude continuelle (1) ».

DIAGRAMME III.

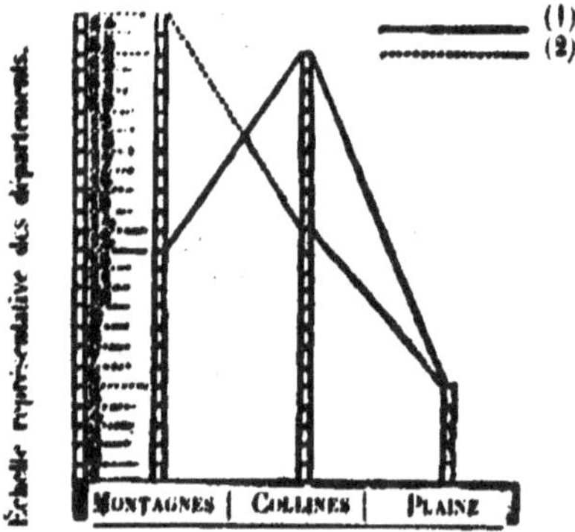

(1) Ligne de diffusions des départements dans lesquels les abstentions sont inférieures à 25 0/0 des électeurs inscrits.
(2) Ligne de diffusion des départements dans lesquels les abstentions sont de 25 à 50 p. 0/0 des électeurs inscrits.

(1) RATZEL, *Anthropo-géographie*, Stuttgart, 1882.

Cette influence isolante, inhibitrice — ennemie, par conséquent du crime politique — des grandes montagnes, se traduit par la grande quantité d'abstentions dans les votes français que nous donne la montagne (Diagramme III).

Il est facile de voir par ce Diagramme, que, dans les départements de montagnes, le nombre des abstentions l'emporte.

Cela s'explique par cette circonstance très naturelle que, là, les moyens de communication sont moins faciles ; dans les départements de collines et de plaines, au contraire, on a un nombre moindre d'abstentions, précisément à cause de la plus grande commodité qu'ont les habitants pour se rendre au centre, où a lieu la votation : pour une cause géographique analogue, chute d'eau, mines, etc.... les abstentions l'emportent dans les départements industriels, et par là-même dans les départements les plus républicains (1).

L'inaccessibilité des territoires montagneux, écrit Ratzel (op. cit.), contribue à les protéger contre la conquête. La grande masse centrale et la masse angulaire de la France, dut toujours sembler aux peuples limitrophes, des contrées à éviter plutôt qu'à conquérir, à cause de la difficulté des approches, du manque de vie commerciale, de la rigueur du climat et surtout de la stérilité.

(1)   *Division des départements en groupes*
suivant le rapport entre les abstentions et les électeurs inscrits.

Indication des abstentions sur le total des électeurs inscrits en France	Principes politiques prédominants	
	Monarchiques	Républicains
	Divisions dans les groupes	
	N. des départements	N. des départements
Inférieur à 25 0/0	21	18
De 25 à 50 0/0	11	31
Supérieur à 50 0/0	—	1

En bas les peuples se disputaient la terre; en haut ils la possédaient pacifiquement; dans la plaine, le va et vient des hommes était incessant, soit pour la guerre, soit pour le commerce; sur la montagne les habitants conservaient un genre de vie plus calme et plus égal; ils vivaient plus lentement, mais aussi avec une plus grande sécurité. Par un phénomène égal à celui que l'on observe dans le monde végétal, la « plante homme » croissait plus péniblement sur ces rochers de granit, mais elle devenait plus robuste et plus tenace.

7. *Influence du crétinisme.* — Plus fatale est, dans certaines vallées, l'influence *crétinogène*. Presque tous les habitants des vallées resserrées entre les hautes montagnes sont lents, apathiques, à cause précisément de l'excessive humidité. Dans l'air humide, dit Cabanis, l'esprit est inerte, la volonté languissante, les goûts apathiques; faible même est la tendance à la reproduction. — Dans le langage Chinois, air chaud-humide est synonyme de *stupide*. — Si on en veut une preuve, sans aller jusqu'en Chine, on n'a qu'à comparer le vif, industrieux et svelte Comasque avec l'indolent et apathique Pavesan et Lodigien, ou, mieux encore, avec les habitants des vallées alpines exposées au Nord et très encaissées entre les chaînes de montagnes, comme en Valteline et dans le pays d'Aoste.

Les pays de vallées situés entre et sous les plus hautes chaînes de montagnes, c'est-à-dire, dans une position insalubre, tant par l'humidité que par ce miasme inconnu qui est tout à la fois goitrogène et crétinogène, donnent les statures les plus basses et un très petit nombre de génies.

Les pays situés sur les hauteurs exposées au soleil et salubres, donnent au contraire les statures les plus élevées.

Il n'est donc pas exact de dire, avec Broca, qu'on ne peut attribuer aucune influence aux montagnes, attendu qu'il y en a qui ont des habitants de très grande taille,

et d'autres, des habitants de basse stature. Cette double
action des montagnes correspond à la condition opposée
où se trouvent les différents pays : celle de l'exposition au
soleil du midi ou sur un haut plateau, et celle de la position dans une vallée, ou même sur un point élevé, mais
si mal exposé au Nord que la lumière n'y arrive que fai-
blement. C'est la raison pour laquelle, dans la Valteline,
j'ai vu des pays où les crétins et les nains abondaient, à
côté d'autres où les habitants étaient de haute taille et d'un
esprit très éveillé.

« Les habitants des Pyrénées, écrit Marchant, doivent
être divisés en deux catégories : ceux des hautes vallées
qui ont le crâne volumineux, les membres bien propor-
tionnés, la taille élevée, l'intelligence vive, et ceux des vallées basses qui sont beaucoup plus petits ; leur crâne est
peu développé et asymétrique ; ils ont les jambes courtes
et grosses, les bras longs, les articulations très grosses ;
ils sont apathiques, mendiants, adonnés au vol et à la luxure (1) ».

La célèbre Commission Sarde faisait les mêmes remarques sur le crétinisme :

« Les habitants des pays atteints par le crétinisme, même
ceux qui ne sont pas crétins, offrent les caractères du ra-
chitisme, tête volumineuse, os et articulations d'une gros-
seur anormale, stature basse, zygomas larges, yeux petits, etc. ».

Et cela peut même, jusqu'à un certain point, se démontrer par des chiffres : ainsi, par exemple, nous avons démontré (2) que, à égales conditions de race, les pays d'Italie
qui offrent le plus grand nombre de goitreux — Aoste, Sondrio, Saluces, Suze — offrent également, presque toujours,

(1) MARCHANT, *Observations sur le crétinisme dans les Pyrénées*, 1842.
(2) *L'Homme de génie*, 1889.

Lombroso.   7

le *maximum* de statures basses et le *minimum* de génies,
tout en ayant une race analogue à celle d'autres pays, par
ex., Asti, Come, qui ont des hommes très grands et beaucoup
de génies. Ainsi les pays de Romanengo dans la Ligurie,
d'Usseglio dans le Piémont, de Crespan dans la Vénétie,
de Collio et de Chiesa dans la Valteline, qui sont situés
sur des points élevés, mais salubres, donnent une série
d'hommes très grands, en comparaison des habitants des
pays limitrophes, vallées ou plaines, de la même place, du
même arrondissement, exposés au goitre.

Ces vallées, non seulement ne sont pas révolutionnaires,
mais pas même rebelles; et c'est là une autre cause pour
laquelle on trouve une interférence dans la génialité comme
dans les tendances monarchiques dans ces quelques pays
de montagnes, où, en raison de l'humidité et de la profon-
deur excessive des vallées, prédomine l'endémie goitreuse,
et par conséquent la basse stature et la surdité. Tels sont,
en France, la Corrèze, l'Ardèche, l'Ariége, les Pyrénées,
les Basses-Alpes, le Puy-de-Dome, qui nous donnent le *minimum* des génies et le *minimum* de républicains, et sont
les causes de cette inflexion brusque que l'on voit dans le
Diagramme II. — Telle fut la Béotie, en Grèce, qui ne donna
que Pélopidas et Pindare. — Tels sont la Suisse, le Piémont et le Tyrol, qui, pendant beaucoup de siècles, ne donnèrent ni génies, ni révolutions fameuses.

Les Spartiates, habitants de vallées encaissées entre de
très hautes montagnes (1), ne donnèrent pas de génies;

(1) Sparte était située dans une conque, élevée, éloignée de 26 kil. de la
mer, entourée de chaînes de montagnes très âpres qui dominaient l'étroit
espace situé entre la ville et le fleuve Eurotas. La Laconie était une longue
et étroite vallée, courant du Nord au Sud, située entre deux montagnes qui
s'étendent de l'Arcadie aux extrémités méridionales du Péloponèse; la chaîne
occidentale qui se terminait au promontoire de Tenaro, aujourd'hui Matapan,
s'appelait le Taygète (2100 m.) et l'orientale, qui se terminait au Cap Malée,

tenaces dans leurs anciennes coutumes, ils conservèrent leurs constitutions pendant neuf siècles sans les modifier, tandis que les Athéniens, habitant les collines et voisins de la mer, et les Ioniens remuants, curieux, aimant les aventures, donnèrent continuellement des génies et des rebelles.

Et quand l'Italie entière était déjà romaine, les Ligures se conservaient encore grossiers (VIRGILE, II); ils furent des défenseurs acharnés de leur propre liberté.

8. *Plaine.* — La plaine, généralement ou trop chaude ou trop uniforme, fut, de temps immémorial, signalée comme conservatrice et comme antirévolutionnaire; de même, ainsi qu'il a été prouvé dans *L'Homme de génie,* elle n'a donné que très peu de génies; nous en avons une preuve en comparant Pise et Padoue avec Florence et Vérone. — Pendant 19 siècles, l'Egypte et l'Inde n'eurent jamais de révolutions (RENAN).

Les grandes superficies, où prédominent les mêmes terrains, constituent les gouvernements grands, vastes, durables: par exemple, l'Egypte, la Syrie, la Chine. C'est ce que Montesquieu observait déjà (1), attribuant à la configuration géographique une si grande importance qu'il y voyait la cause du développement des libertés politiques en Europe, en opposition à la servitude des populations asiatiques. L'Asie a, en effet, des plaines immenses qui forment des régions très vastes, et au midi des montagnes peu élevées et des fleuves aux eaux peu abondantes; cela favorise la

---

était comme sous les noms de Parnon (Tornaos et Zarece, 1937 m. (RECLUS, o. c.).

Tous les cours d'eau de ces vallées se jettent dans l'Eurotas, qui, depuis sa source jusqu'à son confluent avec l'Enos, court dans une vallée très profonde et très étroite; celle-ci, aux environs de Sparte se resserre à tel point qu'elle ne laisse guère d'espace que celui qui est occupé par le lit du fleuve (Id.).

(1) *Esprit des lois,* livre XVII.

formation et le maintien d'un empire despotique, parce que si la servitude n'y était extrême, il se produirait une division que la nature du sol ne pourrait comporter, et c'est ainsi que, en Asie, on n'aura jamais que l'héroïsme de la servitude.

En Europe, au contraire, la division naturelle apportée par les fréquentes chaînes de montagnes, formant de nombreuses régions, favorise le développement des divers Etats dans lesquels l'amour de la liberté est tel qu'il rend le despotisme beaucoup plus difficile et beaucoup plus instable, spécialement de la part de l'étranger. (Id.).

Une autre raison qui empêche la sédition dans les grandes plaines, c'est, comme l'a remarqué Rousseau dans son *Contrat social*, que plus la superficie occupée par un même nombre d'habitants est grande, plus les révoltes y deviennent difficiles, parceque les rebelles ne peuvent pas prendre promptement et secrètement leurs dispositions, tandis qu'il est toujours facile au gouvernement de surveiller leurs menées, de faire obstacle à leurs projets, et d'en empêcher l'exécution en mettant en œuvre ses armées, qui, dans la plaine, ont une complète liberté d'action.

On pourrait comparer les révoltes, dans les grandes plaines, à des efforts minimes contre des masses énormes, tandis que, dans les régions limitées par la configuration naturelle du sol, l'effort, même d'un petit nombre, ne trouve pas une résistance proportionnée.

Il existe pourtant des exceptions : par exemple, la République Argentine, qui a une plaine de cent lieues, fut et est encore très révolutionnaire; mais, à cela, ont contribué d'autres facteurs, et spécialement l'air sec (1), l'exhubérance de la vie dans les grands centres, et l'imitation des révolutions européennes; la Pologne et la Hollande le furent pour d'autres causes (voir ci-après), de même que le

(1) Sarmiento, *Civilisation y barbaria.* Buenos-Ayres, 1869.

furent et que le sont toutes les grandes plaines dans lesquelles se trouvent de grandes villes commerciales et sillonnées de grands fleuves.

9. *Configuration du sol. — Ports. — Voies.* — A l'apathie des habitants de la plaine contribue aussi très fortement l'uniformité de la nature; la sensation demeurant la même, le misonéisme se perpétue. C'est pour le motif opposé qu'on a voulu aussi attribuer aux grandes beautés et aux variétés de leurs territoires le goût esthétique et les tendances novatrices de Florence et d'Athènes: mais il va sans dire que la variété doit être belle et non terrible, parce que, suivant Bückle (o. c.), dans les régions sujettes aux grands cataclysmes volcaniques ou météoriques, comme l'Espagne, l'Écosse, l'Inde, la terreur qu'inspirent ces phénomènes et les graves dommages qu'ils entraînent, poussent facilement les peuples à l'exagération du sentiment religieux et au misonéisme.

Une autre influence qui dérive de la forme du sol, c'est celle qui provient de la position concentrique ou excentrique.

Elie de Beaumont voyait sur la terre une grande quantité de cercles passant par les axes des systèmes de montagnes : la terre était ainsi divisée, par lui, en un *réseau pentagonal*, dont les mailles avaient des points d'intersection principaux.

Personne, aujourd'hui, n'admet plus cela; mais, nous communique le prof. Uzielli, un de ses élèves, M' De Chancourtais, soutient que les points de rayonnement du réseau sont des points politiquement et socialement importants; il va jusqu'à dire que c'est pour ce motif que, là, ont été établis les archevêchés. Idée juste dans une théorie fausse. En effet, là où convergent les vallées, convergent aussi les populations pour leurs besoins moraux, politiques, industriels. Le développement commercial florissant de Milan est évidemment en connexion avec le fait que, toutes les

grandes vallées des Alpes septentrionales lombardes et piémontaises ont leur axe qui converge vers Milan : Val d'Aoste,
Biellese, Val Sosia, Val d'Ossola, Val Ticino, Val Tellina,
etc., et, par conséquent, y convergent aussi les voies fer-
rées, etc.; et ainsi en est-il de Bologne.

La Pologne dut peut-être la précocité de sa civilisation,
comme ensuite ses malheurs, à sa position de coin ou de
pont entre les Slaves, les Allemands et les Byzantins.

Les philosophes Grecs (1) furent profondément frappés
de la différence qui existe entre une ville de l'intérieur et
une ville maritime; dans la première, simplicité et vie uniforme, fidélité aux vieilles habitudes et aversion pour les
nouvelles ou les étrangères, peu d'idées et de faible portée;
dans la seconde, variété et nouveauté de sensations, imagination expansive, tolérance, et parfois préférence pour les
usages étrangers, plus grande activité chez les individus et
par conséquent mutabilité de l'Etat.

Dans les pays du littoral, la mer détermine l'amélioration des classes sociales, et spécialement dans ceux qui se
livrent au commerce, comme on le vit chez les Phéniciens
et chez les Carthaginois qui fondèrent de libres républiques
dans les temps les plus reculés. C'est ainsi que les rives
de la Méditerranée furent le berceau des libertés politiques
et de l'activité maritime.

Et nous notons ici que les grandes civilisations ont commencé à l'embouchure des grands fleuves: le Nil, le Gange,
le Fleuve Jaune, le Tigre, l'Euphrate.

Les ports des littoraux les plus accessibles ont une influence semblable; la Grèce (Athènes en particulier) et
l'Italie, par leur position sur la méditerranée, furent en
condition de profiter, les premières, de l'évolution des
autres peuples, Phéniciens, Egyptiens, Indiens, de béné-
ficier de chacun de leurs progrès et d'en recevoir l'héri-

____

(1) GROTE, *History of Greece*, II, 296.

tage, et aussi de voir d'autres races venir plus facilement
se greffer sur la leur; et nous verrons combien sont fructueux ces mélanges de races.

Les départements de la France situés le long des grands
fleuves, la Seine, le Rhône, la Loire, ou possédant de
grands ports, ont, indépendamment des autres causes, une
grande génialité et un grand nombre de votes républicains. Dans *l'Homme de génie*, nous avons déjà démontré
la plus grande génialité des cités maritimes: Gênes, Naples,
Venise.

10. *Géologie*. — Selon Trémaux (1), la perfection des êtres
est proportionnelle au degré d'élaboration du sol où ils vivent, et le terrain est d'autant plus élaboré qu'il est de
formation géologique plus récente; ainsi les pays jurassiques donneraient une bonne race; les tertiaires, une race
petite et maigre.

Au point de vue du progrès, les terrains primitifs donneraient des races infimes — telles sont ceux de la région
équatoriale, de la Laponie, des vallées des Nilgherris, des
montagnes du Brésil, des Botocoudos (mais ici l'influence
du climat l'emporte évidemment sur celle du sol), tandis
que les terrains récents de Bombay, de la Perse, de la
Médie, donnent une race belle et accessible au progrès.

En Afrique, les terrains siluriens donnent des populations difformes et tristes (les Bechuana), tandis que Livingstone trouva les terrains récents plus fertiles et plus
civilisés.

La Hongrie éminemment révolutionnaire, a un sol récent,
tandis que, dans le reste de l'Autriche, prédomine la terre
antique; et ainsi dans la Russie.

Quand, des montagnes granitiques, écrivait Saussure (2),
nous passons aux montagnes calcaires, nous sommes frap-

---

(1) Trémaux, *Origine et transformation de l'homme*, 1868.
(2) Saussure, *De l'influence du sol*, 1809.

pés de la différence des végétations; les terrains calcaires excellent par la variété de leurs plantes et par leur prospérité, et ainsi en est-il des animaux; ceux qui se nourrissent sur le sol granitique sont plus petits, plus maigres, ils ont moins de lait que ceux qui paissent dans des terrains calcaires, bien qu'ils vivent des mêmes plantes.

Tschouriloff confirme ses observations (1) et déclare que, dans les 30 départements de la France qui donnent les statures les plus basses, les terrains argileux et sablonneux prédominent.

Dans le Doubs et dans le Jura (qui sont aussi rangés parmi les pays les plus froids et les plus salubres de la France), dans Saône-et-Loire, dont les habitants sont les descendants des Bourguignons à la taille élevée, dans ces départements, dis-je, qui donnent les hommes de plus haute stature de la France, prédomine le terrain jurassique,

« La race des Comtois, qui se trouve sur les hauts plateaux jurassiques du Doubs, du Jura, de Saône-et-Loire, salubres pour les indigènes, mais trop froids pour les étrangers, a le torse court, les bras grands, les jambes longues; toutefois, sur les terrains siliceux, ces mêmes populations deviennent chétives; les montagnes donnent de hautes statures que les plaines de la Bresse détruisent par leur mortalité (2) ».

Egalement, la Côte-d'Or, la Meuse, la Haute-Marne, la Moselle, le Nord, les Deux-Sèvres, qui sont riches de hautes statures et de génies, sont doués de terrains calcaires. Le grand plateau central français qui donne peu de hautes statures (Puy-de-Dôme, Cantal, Lot, Tarn, etc.), outre qu'il est très montagneux, est encore pauvre de terrains calcaires et riche de terrains granitiques. Dans la Bretagne (3),

---

(1) *Revue anthropologique*, 1876.

(2) E. Reclus, *France*, pag. 566. Paris, 1887.

(3) *Oh! terre de granit recouverte de chênes* — chantait d'elle son poète Brizeux.

qui fournit peu de génies et de rebelles, le terrain est primitif, comme il l'est dans la Vendée, dans les Alpes et dans les Pyrénées, et chez nous en Calabre et dans la Sardaigne, régions habitées par des populations très misérables.

Durand a remarqué que parmi les habitants de la même race, de la même province, par ex., en Auvergne, les uns, à Ségalas, sur les terrains siliceux et cristallins, sont maigres, petits, à squelette mince, tête grosse, dents cariées, vifs et très intelligents, tandis que leurs voisins de Caux, habitants un sol calcaire, sont athlétiques, robustes, mais peu intelligents; et ainsi en est-il des bœufs, faibles et petits à Ségalas, gros à Caux, bien que provenant de la même race d'Aubrac (1).

DIAGRAMME IV.

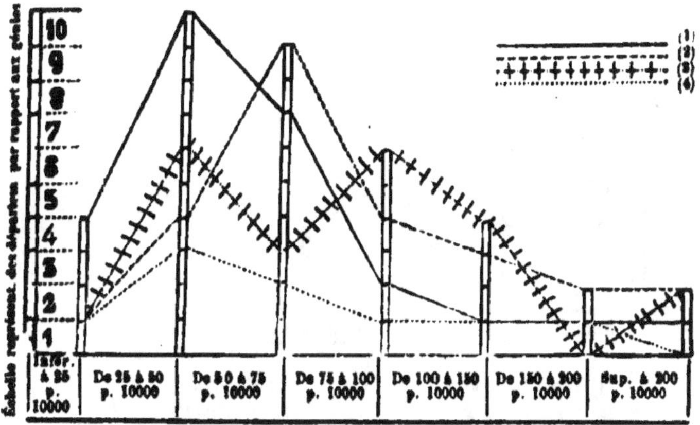

(1) Ligne de développement des terrains granitiques.
(2) » » » alluviaux.
(3) » » » jurassico-calcaires.
(4) » » » crétacés.

(1) *Bulletin de la société d'anthropologie*, 1860-65. — LOMBROSO, *Uomo bianco*, 1870.

On ajoute même, maintenant, que dans les parties de ces pays, où les conditions du sol ont été améliorées au moyen des engrais artificiels et du chaulage, la stature moyenne s'est relevée de 2 et même de 4 centimètres (1).

Cependant, en étudiant, sur une grande échelle, la distribution de la génialité en France, par rapport aux terrains, on ne trouve de bien évident que ceci, savoir, que le *minimum* de génialité coïncide avec le *maximum* des terrains crétacés (voir Diagramme IV).

Dans ces terrains il y a aussi une prédominance, bien que légère, des votes monarchiques ou antirévolutionnaires (voir Diagramme V) et, conséquemment, le *minimum* de rebellions, de crime politiques.

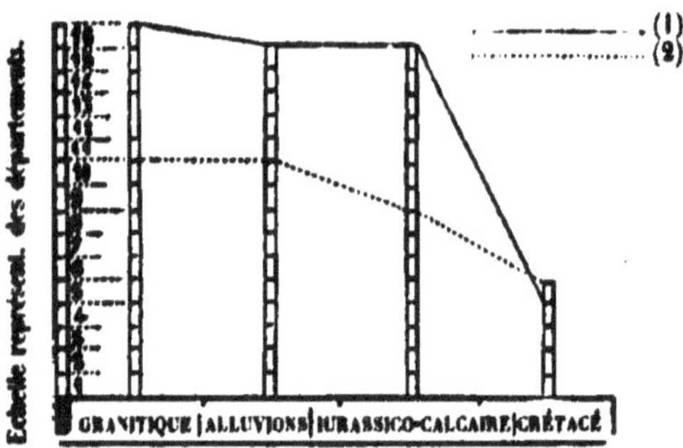

DIAGRAMME V.

(1) Ligne de la diffusion des principes républicains.
(2) »   »   »   monarchiques.

Dans tous les autres terrains prédominent les départements républicains, dans la proportion d'environ 3 à 2. Toutefois la proportion *maxima* des départements républicains

(1) De Quatrefages, *L'espèce humaine*, 1877.

est donnée par les terrains jurassico-calcaires. — Mais les exceptions sont trop nombreuses.

Cependant on voit des cotes très élevées de génies dans la Côte-d'Or, dans la Meuse, dans la Moselle, terrains calcaires, et très faibles dans le Nord, dans les Deux-Sèvres également calcaires; de très élevées dans le Doubs, dans le Jura, dans la Meurthe, jurassiques, et de très faibles dans les Hautes-Alpes, dans la Charente également jurassiques; dans le même département de Saône-et-Loire, Châlon, terrain récent donne ses votes aux libéraux, tandis, qu'Autun, terrain antique donne les siens aux cléricaux, — ce qui montre le peu de sûreté de ces conclusions.

Il est peut-être impossible de préciser l'influence géologique, parce que l'on ne connaît pas toujours la géologie des terrains, et, quand on la connaît, on ne peut pas distinguer exactement, parmi les influences concomitantes, celle qu'elle peut avoir : d'ailleurs, le terrain cultivable les masque et les prédomine.

11. *Fertilité.* — En effet, une influence très marquée est fournie par la fertilité du terrain.

Suivant Draper (o. c.), la civilisation fut si étendue en Egypte, à cause de la plus grande facilité et précocité des récoltes, qu'on ne pouvait avoir au même degré dans les autres régions du monde.

Le fait est que l'homme ne peut penser si, tout d'abord, il ne mange pas, et s'il ne mange pas en suffisance; peut-être est-ce pour cela que, en France, le Var, Vaucluse, l'Hérault, donnent des chiffres très élevés d'hommes de génie, comme en donnent également les terres fertiles du Languedoc. Mais quand la richesse et la fertilité sont excessives, elles deviennent plutôt une cause d'infériorité, et nous voyons par le Diagramme VI (pag. 187) les plus fertiles départements français donner un nombre moindre de génies et de républicains, certainement parce que la richesse excessive tend à la conservation (1), surtout quand elle est agricole, tandis que les terrains moins fertiles, mais plus industriels, soit parce qu'ils sont montagneux, soit parce qu'ils sont habités par des populations moins agricoles, donnent les cotes les plus élevées de génies et de républicains.

C'est pourquoi les faits qui, en apparence, sont contradictoires, en réalité ne le sont que dans leurs excès.

Lorsque les terrains sont fertiles, dit Montesquieu (op. cit.), les populations essentiellement agricoles pensent à la cultivation, sont tranquilles et s'accommodent facilement du gouvernement d'un seul : ainsi la stérilité du terrain de l'Attique y établit le gouvernement populaire.

Gênes eut un gouvernement aristocratique et un sol stérile; Genève est républicaine avec un sol très pauvre, tandis que la Suède, avec des terrains stériles, resta longtemps sous le régime monarchique despotique (VOLTAIRE).

12. *Salubrité et haute stature.* — Mais une influence est donnée aussi par la salubrité. Déjà, dans l'*Homme de génie,* on a démontré par des chiffres que, en général, en Italie, là où sont les grandes intelligences, sont aussi les hautes statures (Florence, Naples, Lucques, Sienne, etc.), et les basses statures là où elles sont plus rares (Sassari, Grosseto, Lecce, etc.); et cela un peu à cause de la race, mais beaucoup plus, comme je l'ai prouvé exactement dans un autre ouvrage (2), parce que la stature élevée est l'indice le plus délicat de la salubrité du pays, tellement qu'elle

---

(1) Suivant É. Reclus, les pays qui donnèrent le plus de froment donnèrent aussi une proportion plus grande de monarchistes, savoir :

monarchistes	républicains
36,6 0|0.	23,3 0|0.

Dans les pays où on avait récolté moins de froment, on eut une proportion presque égale d'électeurs monarchistes et d'électeurs républicains.

Monarchistes	Républicains
22,9 0|0.	24,3 0|0.

(2) LOMBROSO, *Sulla statura degli italiani,* 1875. — ID., *Sull'influenza orografica nella statura,* 1882.

disparaît même chez des races naturellement grandes, là
où règne la malaria et le goître (Sondrio, Sassari).

La marécageuse Grosseto n'a donné aucun homme de
génie ni de très grande taille, et elle a fourni, au contraire,
une série d'exemptions pour la taille presque double de
Florence (50 à 70 contre 35 à 40), etc.; et c'est là une
autre raison pour laquelle la Sardaigne donne plus de basses
statures et moins de génies que Livourne, 51 contre 36;
voilà pourquoi les marécageuses Matera et Lanciano ont très
peu de génies et 254 à 119 exemptions, tandis que Potenza
et Aquila en donnent à peine 158 et 84, et ont, la dernière
surtout, un grand nombre de génies.

Et les génies ainsi que les révolutions fleurissent dans
les Romagnes et dans la Ligurie, qui sont rangées parmi
les terres les plus salubres de l'Italie.

En France, le parallélisme apparaît encore plus clairement, car il y a — dans 75 départements sur 86 — prédominance simultanée du génie et de la haute stature; et
même, sur les 11 seules exceptions, 3 seraient justifiées par
le fait qu'il s'agit de trois villes capitales (Paris, Lyon, Marseille), où la stature s'abaisse (1).

Dans l'*Atlas* de Lombard, nous trouvons une distribution
de la *malaria*, en France, qui correspond à l'augmentation des monarchistes, dans les Landes, dans la Creuse,
dans la Charente-Inférieure et dans la Vendée, et, jusqu'à
un certain point, aussi dans l'Eure; non, toutefois, dans

(1) Indices de génialité dans les départements.	Départements avec mortalité		
	minima	moyenne	maxima
Inférieure à 25 p. 10000	1	5	1
De 25 à 50 p. 10000	6	11	6
De 50 à 75 p. 10000	8	5	8
De 75 à 100 p. 10000	6	2	5
De 100 à 150 p. 10000	4	1	4
De 150 à 200 p. 10000	1	3	—
Supérieure à 200 p. 10000	1	1	3

les Bouches-du-Rhône, où il y a beaucoup de *malaria* et
peu de monarchistes, en raison de l'industrie et de la
densité.

13. *Mortalité*. — Cependant, si nous voulons étudier les
rapports entre la génialité, la révolution et la mortalité
dans les départements français, nous trouverons une influence inverse.

En effet, de l'examen des données statistiques, on constate que la mortalité la plus faible et la moyenne se rencontrent principalement dans les départements qui ont des
indices plus bas de génialité.

Au contraire la mortalité *maxima*, bien qu'elle ne présente pas, en général, de grands écarts, est cependant plus
diffuse dans les départements qui ont un indice de génialité plus élevé.

On peut en dire autant des révolutions : en effet, il résulte de ces chiffres (1) que la mortalité *minima* prédomine dans les départements de principes monarchiques, et
plus encore la mortalité moyenne.

Au contraire la mortalité *maxima* a sa plus grande diffusion parmi les départements de principes républicains,
le rapport 21/6 étant (même apparemment) beaucoup plus
grand que 3/2.

Ceci s'explique bien par le fait que les monarchistes sont
moins nombreux dans les grands centres et dans les centres industriels qui donnent la mortalité *maxima*. Et cela
n'est point en contradiction avec notre assertion que la
salubrité est plus grande dans les pays de génialité plus
grande et de révolutions plus nombreuses, parce que, comme nous l'avons dit plus haut, la stature est un indice

(1)

Mortalité par départements.	Principes politiques.	
	Républicains	Monarchiques
Mortalité *minima*	15	12
Mortalité *moyenne*	14	14
Mortalité *maxima*	21	6

plus délicat que ne l'est la mortalité de la salubrité d'un
pays (1).

Ainsi la grande influence du goitre, qui trasforme l'état
hygiénique d'un pays, ne se remarque pas dans la mortalité, mais bien dans la stature (v. s.) qui, même à race
égale, s'abaisse.

Aoste, Biella, Saluces, Suze, avec 112 à 200 exemptions
pour nanisme, sur 10.000 habitants, ont une race analogue
à celle de Turin qui a seulement de 60 à 70 exemptés: et
Sondrio, avec 102, a la même race que Côme qui a seulement de 30 à 50 exemptés.

On peut en dire autant des miasmes.

Levroux, pays fertile et salubre, donne 50 pour 1000 de
basses statures, et, au contraire, Mézières, stérile et marécageuse, en donne 115. De même, Perrug dans l'Aude,
Moillié dans la Haute-Loire (2).

Et c'est là une autre cause pour laquelle la Bretagne,
spécialement dans le Morbihan, où la mer s'avance dans
les terres, donne peu d'hommes de grand taille et peu de
génies; et voilà pourquoi, dans les Landes, nous trouvons
un chiffre si petit de génies et si grand de basses statures;
là, l'influence miasmatique est indiquée par le nom même
du département et par les proverbiales fièvres du Médoc.

Cela se confirme chez les animaux domestiques; en effet,
le cheval, transporté de l'Espagne et de l'Arabie en Sardaigne, après quelques générations, y devenait petit, avec
la bouche allongée, tandis qu'au contraire, en Hollande, on
vit devenir gigantesque, en quelques années, le petit bœuf
du Jutland, lequel devient encore plus petit lorsqu'il est
transporté dans les Célèbes.

En Sardaigne, les bœufs et les chiens sont petits; de
même en Calabre, dans la Basilicate, dans les Abruzzes.

(1) Lombroso, *Sull'influenza orografica nella statura*, 1882.
(2) Topinard, *Études sur la taille*, 1876.

C'est à Pise que se trouvent les plus grandes races de bœufs
de la Toscane.

Les races bovines piémontaises sont petites à Aoste, où
elles sont à demi sauvages, naines, et avec un museau
écrasé; elles deviennent plus grandes à Bra et à Savigliano
(m. 1,70 de haut.). Les chevaux, petits en Valteline et dans
le Bergamasc (m. 1,45 de haut.), se font hauts à Milan, à
Udine, à Crema et à Naples (m. 1,51 et 1,63) (1), de même
que cela a lieu pour l'homme.

En général, on aurait observé que les races des animaux
domestiques diminuent de taille dans les pays montagneux,
comme dans les Vosges; en Italie les bœufs d'Avellino et
des Abruzzes sont beaucoup plus petits que ceux de la Terre
de Labour et de Pouille. En Islande la taille du cheval descend à m. 1,20 (2).

Dans les terres miasmatiques de la Vendée et du Médoc,
écrit Cristin (3), et dans l'intérieur de la Bretagne, le cheval
normand devient plus petit; de même, dans les plaines marécageuses de la Camargue et de Cherbourg.

Une influence, qui, de l'homme, s'étend jusqu'aux animaux, doit être bien grande, bien générale; l'on conçoit,
dès lors, qu'elle soit d'un plus grand poids dans le fait statistique que celle, plus grave en apparence, de la mortalité, laquelle, d'ailleurs, peut échapper complètement aux
causes topographiques. Qu'il suffise de rappeler la mortalité apportée dans les grands centres par les bréphotrophes
et par les hôpitaux, mortalité qui peut être indépendante
de leur population. Et ainsi s'explique le fait étrange, que
le génie et la révolution soient en rapport direct avec la
stature et avec la salubrité, et en rapport inverse avec la
mortalité.

(1) *Giornale delle razze ed animali utili,* Naples, 1862.
(2) Valle, *Trattato di ippologia,* Naples, 1864.
(3) Cristin, *Sulle produzioni migliori dei cavalli,* 1864

Chapitre V

—

Alimentation. — Disette. — Alcoolisme.
Leur influence sur les révoltes
et sur les révolutions.

1. *Alimentation.* — Sans aucun doute l'alimentation a une grande influence sur l'évolution et par conséquent sur les révolutions.

« On croit, écrit Rätzel *(Anthropo-géographie)*, que l'abondance des aliments obtenus avec peu de fatigue est défavorable à l'évolution. Il y a du vrai en cela, mais pas autant qu'on le pense : les divers peuples à demi civilisés du Pacifique, les Hawaïens, les Taïtiens, les Tongans, les Samoans, les Fidjiens prouvent que, dans les pays où une fertilité plus grande rend la vie relativement facile, le progrès est plus grand. A Sumatra et à Madagascar, où le sol est très fécond, le développement social fut assez accentué, et les Cafres, qui ont de riches et immenses pâturages, offrent un contraste avantageux avec les tribus voisines. Dans l'Afrique centrale, les races indigènes les plus avancées (celles des Achantis et des Dahoméens) vivent au milieu d'une végétation luxuriante; et qu'il suffise de rappeler, dans l'Afrique encore, la fertile vallée du Nil, qui fut le berceau de la plus antique civilisation que nous connaissions ».

Le classique onagre, ce frère généreux du cheval, en
passant des libres steppes de l'Asie dans les étables du trop
économe paysan européen, qui lui donne une ration plus
abondante de coups que de nourriture, est devenu le chétif
et proverbial âne.

Les chevaux d'une même race, par ex., ceux de Flandre
ou de Bretagne, deviennent aptes à la voiture ou au char
selon que la nourriture est abondante ou mesquine; alors
ils se ressemblent aussi peu que s'ils étaient de races différentes. Pour une raison semblable, certainement, les chefs
de tribu, dans la Polynésie, sont plus grands et plus gras
que leurs subalternes; chez les Bechuana d'Afrique, les
chefs, outre la stature plus élevée, ont aussi la peau plus
claire (1).

Gould observa que les soldats de Potomac, auxquels était
échue une bonne intendance, présentaient une taille plus
élevée (m. 1.707) que ceux qui en eurent une mauvaise,
hauts seulement de m. 1.690.

Suivant Latham (2), les Fuégiens, devenus, grâce au froid
et à la faim, presque des pygmées, descendraient de la
même race que les gigantesques Patagons, qui habitent des
lieux un peu moins froids et qui se nourrissent de viande
de cheval.

L'infériorité, la grossièreté de la nourriture, chez les
sauvages, est démontrée par le développement excessif des
zygomas; comme l'irrégularité de leurs repas, c.-à-d. le
passage de la faim, fréquente chez eux, à une rare et excessive repaille est prouvée par le volume exagéré des in-
testins (3).

2. *Révolution.* — Nous avons vu, plus haut (p. 107) que
la fertilité n'a qu'un léger parallélisme avec le génie, et

(1) BASTIAN, *Das bestandige den Menschenrassen*, Berlin, 1868.

(2) LATHAM, *Pat. Hist.* 1850.

(3) SPENCER, p, 69.

aucun avec les votes révolutionnaires (ibid.); mais les faits qui précèdent démontrent que cela arrive, non parce que la fertilité est antirévolutionnaire, mais par une raison indirecte, parce qu'elle ne peut se manifester que dans les pays agricoles dont la population est peu agglomérée.

L'influence de la disette se confond également avec d'autres interférences.

3. *Disette.* — On a observé que pour qu'un peuple se soulève, il est nécessaire qu'il se trouve dans un état de bien être relatif, parce que, dans l'excès de prostration, le peuple, comme l'homme, n'a plus assez d'énergie pour réagir; de telle sorte que le comble de l'infortune humaine, au moins en ce qui regarde les révoltes, a presque une influence plutôt inhibitrice que le comble de la félicité. — C'est pour cela qu'une si grande partie de l'Afrique reste dans l'état primitif sans chercher à se soustraire à la servitude.

C'est pour cela que, dans le Moyen-Age, éclatèrent des révoltes en nombre plus considérable dans les villes déjà constituées en Communes, que dans les pays où régnait le système féodal, dans lesquels le peuple était aux prises avec la plus dure misère.

Le Kasnadar, de Tunis, disait que, dès que les Arabes ont de quoi manger ils achètent un fusil et se mettent en rébellion.

Quand les forces du peuple sont consumées par la faim, il est moins disposé à user de l'énergie qui lui reste pour entreprendre des luttes sanglantes; elles ne feraient d'ailleurs qu'aggraver son état, diminuer encore le travail et par conséquent ses ressources pour subsister.

Nous en avons un exemple en Italie, où les conditions du paysan, bien que très misérables, ne donnèrent lieu à aucune sédition, pas même en Lombardie, où des milliers d'habitants vivent d'une substance putréfiée qui les empoisonne.

Dans les Rapports des Intendants de France de 1698, on lit que certaines régions avaient perdu, par la faim et par la misère, un quart, un tiers, la moitié même de leurs habitants; et ceux qui restaient étaient si pauvres que leurs enfants ne pouvaient vivre, tant ils étaient faibles et malades (1). — Et cependant le peuple aimait son Roi imprévoyant; il baisait les chevaux du courrier qui apportait de bonnes nouvelles de sa santé et il pleura quand il le crut en péril (2).

D'ailleurs, dans ces crises, le peuple est moins poussé à la sédition pour ce motif encore que, dans ces occasions, à présent du moins, les Gouvernements lui viennent en aide, dans l'intérêt de leur propre conservation, par tous les moyens, se rappelant l'antique cri de la décadence romaine : *Panem et Circenses !*

L'Angleterre, par ex., en 1846-47 chercha à soulager les misérables conditions du peuple Irlandais en lui fournissant du pain et du travail; aussi, à cette époque, il n'y eut pas de révoltes sérieuses.

La disette qui régna en Italie en 1588 fut combattue spécialement par des importations de Hambourg et de Dantzig, faites par les gouvernements de Toscane et de Venise, dont l'exemple fut suivi en masse par les commerçants privés (3).

Dans la famine de 1816-1817, le Gouvernement français fit acheter du grain à l'extérieur et le vendit à un prix inférieur au prix d'achat, perdant ainsi plus de 21 millions; en outre, il dépensa, en secours, plus de 70 millions (4); puis, à Paris, s'établit l'usage de distribuer des *bons de pain,* et, en moins de 20 ans, cette distribution fut faite

(1) Michelet, *Hist. de la Rép. franc.,* I. 53.

(2) Id., *Ibid.,* p. 60.

(3) Roscher, *Sul commercio dei grani (Bibl. dell'Economista,* II, 8).

(4) J. B. Say, *Traité d'Economie politique,* trad. Ital. *(Bibl. dell'Economista,* I, 6, p. 154).

cinq fois. Or, sans vouloir discuter la valeur économique de semblables mesures, il est certain qu'elles apaisent les colères du peuple.

Mais si, à la disette, s'ajoute l'oppression politique, qui augmente l'exaspération populaire, alors seulement, mais pas toujours, succèdent de terribles réactions; plus encore, si des mesures inconsidérées des gouvernements eux-mêmes viennent encore aggraver les conditions misérables créées par la disette, comme, par ex., lorsque Alexandre Sévère et Commode à Rome, Julien à Antioche aggravèrent la famine en taxant les grains, de telle sorte que les producteurs refusèrent de vendre; — la même chose arriva en Allemagne en 1771 (1) et en France en 1793 — ou, quand une faiblesse excessive dans le Gouvernement donne lieu, en temps de disette, à une complète anarchie, comme la Chine et l'Espagne en offrent des exemples.

En Chine, quand le peuple meurt de faim, il se disperse pour chercher de quoi vivre. Il se forme, de toutes parts, des bandes de trois, quatre ou cinq pillards, qui, pour la plupart, sont exterminées dès le principe. Mais dans un si grand nombre de provinces, et si éloignées, il peut arriver que quelque bande fasse fortune. Elle se maintient, se fortifie, se constitue en corps d'armée, va droit à la capitale, et, alors, le chef monte sur le trône.

Ainsi il arrive que, là, le mauvais Gouvernement est vite puni (2).

En Espagne, en 1664, les menaces ne suffisant pas pour faire affluer les vivres vers la capitale, il fut décidé que le gouverneur de la Castille, suivi du bourreau et accompagné de soldats, obligerait les habitants des villes voisines à porter des vivres à Madrid.

---

(1) Verri P., *Meditazioni sulla economia politica (Biblioteca dell'Economista*, I, 3, pag. 581).

(2) Montesquieu, *Esprit des lois*, livre viii, chap. xxi.

Beaucoup d'habitants étaient sans toit, parce qu'on les
en dépossédait pour leur faire payer les impôts; ils se trouvaient alors exposés aux intempéries et mouraient de faim.
Dans plus d'une ville, à la fin du xvii° siècle, les deux tiers
des maisons furent complétement détruites. Poussés par la
faim (1680), ouvriers et commerçants de Madrid s'organi-
sèrent en bandes pour saccager les maisons. Cet état d'a-
narchie dura pendant vingt ans dans la capitale. La société se désagrégeait, il n'y avait plus ni gouvernement, ni
frein d'aucune sorte; la police de Madrid n'étant pas payée
se débandait. En 1693 le paiement des pensions fut sus-
pendu; la famine augmentait continnellement, et chaque
jour il survenait des tumultes et des rixes pour obtenir
du pain. En 1700 l'Espagne tomba sous la dynastie française (BUCKLE, o. c.).

Nous ne manquons pas d'autres exemples de révoltes survenues à une époque de disette : celle de Masaniello, en
1647, par exemple, fut précédée de la famine de 1646;
mais rappelons avec Faraglia (1), que si, en 1647, le grain
était peu abondant sur les marchés, les fruits, la viande,
le lard et le fromage se vendaient en grande quantité;
nous verrons, d'ailleurs, que d'autres causes s'ajoutèrent à
celle de l'alimentation, entre autres la folie de Masaniello, la
saison chaude (la révolte éclata le 7 juillet), les cruels trai-
tements infligés par le duc d'Arcos, qui répondait à ceux
qui se plaignaient des gabelles et des droits d'entrée exhor-
bitants : « Vendez l'honneur de vos femmes et de vos filles,
et payez ».

De même, la grande Révolution française de 1789 fut
précédée d'une mauvaise récolte, qui ne fut pas une des
moindres causes; elle augmenta en effet le paupérisme
déjà énorme, tellement que l'on calcula que le nombre des
indigents était triplé à Paris, le Faubourg St. Antoine en

---

(1) *Storia dei prezzi in Napoli*. Naples, 1878, pag. 155.

comptant 30 mille à lui seul; rappelons cependant, avec Roscher (1), que, dans les premières années de la Révolution française, *presque tous* les mouvements de Paris étaient préparés par des bruits de disette répandus à dessein, ou par des renchérissements artificiels des grains; et que des disettes et des famines bien plus graves et bien plus désastreuses ne produisirent pas de si violents soulèvements, et, parfois, pas même les plus légers désordres.

Ainsi, en 1794, la disette, en France, fut telle qu'elle causa la mort d'un million d'hommes; et cependant il n'y eut pas de véritable révolution. Dans l'Allier, remarque Taine (2), les boucheries et les auberges restèrent fermées longtemps, et, dans la Lozère, les riches eux-mêmes manquèrent de pain pendant 6-8 jours; malgré cela il n'y eut pas de sédition. Paris était moins patient, et tout ce qu'un gouvernement absolu pouvait faire pour lui donner satisfaction fut mis en œuvre; cependant, il y eut quelques séditions; toutefois, ce n'étaient là que de petites émeutes, réprimées en quelques jours, comme celles de Devrais le 28 janvier, de Dieppe le 14 prairial, de Lille le 4 messidor, de Verville le 9 prairial; à Dieppe et à Dervine, parce que la Mairie, à laquelle le pain coûtait de 7 à 8 francs, en éleva le prix à 25 et jusqu'à 50 francs.

Le 12 germinal, les provisions, que l'on faisait en énormes quantités pour Paris, étaient presque épuisées et la ration fut réduite à 1/4 de livre. La population envahit alors la Convention, mais elle fut repoussée et la ration réduite à 4 onces, à 5 ou 6 au plus (3). Une autre sédition eut lieu le 1ᵉʳ prairial, mais elle fut également réprimée.

Du précieux ouvrage de Faraglia (cité plus haut), qui nous donne presque pour 9 siècles, année par année, le

(1) Roscher, *Econom. dell'agricoltura, etc.*, p. 935, en note.
(2) Taine, *Les origines de la France contemporaine*, vol. III, p. 496.
(3) Id., *Ibid.*, p. 536.

prix des vivres, on apprend que les plus grandes disettes qui atteignirent Naples furent celles des années : 1182, 1192, 1257, 1269, 1342, 1496-97, 1505, 1508, 1534, 1551, 1558, 1562-63, 1565, 1570, 1580, 1586-87, 1591-92, 1595, 1597, 1603, 1621-22, 1623-25, 1642, 1672, 1694-97, 1759-60, 1763, 1790-91, 1802, 1810, 1815-16, 1820-21.

Or ces 46 années ne présentent, avec les révolutions, une coïncidence, même lointaine, que 6 fois, savoir, en 1508, 1580, 1587, 1595, 1621-22, 1820-21 ; mais, il faut remarquer que, de ces révolutions, les deux premières ne méritèrent vraiment pas ce nom ; ce furent de simples clameurs populaires, sans graves conséquences ; en 1820-21 il y eut les causes politiques que l'on connaît et qui probablement expliquent tout à elles seules.

Il n'y eut pas de révolte dans la terrible disette de 1182, qui dura 5 ans, et pendant laquelle les hommes trouvaient à peine de quoi se nourrir dans les herbes des champs (1) ; il n'y en eut pas davantage dans celle de 1496-97 qui détermina una peste cruelle, au point que les habitants des villes durent fuir dans les campagnes (2) ; ni dans celle de 1565, dans laquelle la misère vint à un tel point que les feuilles de chou pourries se vendaient comme si elles eussent été saines et fraîches ; ni dans celle de 1570, pendant laquelle les pauvres partaient, par bandes, des provinces et s'en allaient vers Naples, affamés, en haillons, malades, espérant trouver de quoi vivre, et en si grand nombre que les routes en furent misérablement remplies (3) ; ni enfin dans celles de 1586 et de 1802, pendant lesquelles les Napolitains ne reçurent qu'une ration de pain déterminée.

L'Inde est un pays dans lequel nous avons pu suivre presque de nos yeux les conséquences terribles des disettes.

(1) Faraglia, op. cit., pag. 69.
(2) Id.   Id.   pag. 85.
(3) Id.   Id.   pag. 136.

Celle de 1865-66 fit périr, à Orissa, 25 0/0, et à Puri, 35 0/0 de la population; et cependant, ces années-là, il n'y eut pas d'insurrections.

Les disettes les plus célèbres, pendant les cent dernières années, au moins à Nellore, dans l'une des provinces qui y sont le plus exposées, à cause du manque fréquent de pluies et de la densité de la population, eurent lieu dans les années suivantes : 1769-70, 1780, 1784, 1790-92, 1802, 1806-7, 1812, 1824, 1829, 1830, 1833, 1836-38, 1866, 1876-78 (1). — Pendant la famine de 1769-70, un tiers de la population périt; en 1877-78, on calcula que, par suite de la disette, il mourut, outre la moyenne normale, plus de 5 millions d'habitants sur 197 millions (2).

Et cependant aucune de ces famines n'a donné lieu à des soulévement ni à des tumultes.

La grande insurrection Indienne de 1857-58 fut due (3), en grande partie, à la répugnance contre les innovations (télégraphe, vapeur, etc.), introduites par la civilisation; aux conjurations des princes détrônés, et, suivant Kaye, en très grande partie aussi, à ce que les Cipayes du Bengale avaient entendu dire et avaient cru, que l'on voulait enduire les cartouches avec de la graisse de porc (4). — Donc la famine prolongée fut moins puissante que la superstition.

Les autres révolutions que nous connaissons n'ont point non plus de rapport avec la cherté des vivres : ainsi l'insurrection de Bokilla en 1744, celle de la secte des Seikhs dans le Pendjâb en 1710, des Cipayes en 1764, les petites insurrections semi-dynastiques des Sint en 1843, celle des Seikhs en 1848.

(1) Hunter, *Imperial Gazette of India*, 1881.
(2) Id., *The Indian Empire*, 1882.
(3) Id., op. cit.
(4) Kaye, *History of the Sepoi sedit.*

Il est à remarquer encore que la province d'Orissa, la plus atteinte par les disettes, fut celle qui donna le moins de soulèvements.

Enfin, dans les 142 révoltes de ce siècle étudiées plus haut (1), la disette n'entre parmi les causes que pour 11,2 0/0, c.-à-d. en sixième lieu, avec une prédominance dans l'été (6 sur 16), qui fait soupçonner, pour le moins, la complication avec l'influence thermique.

Donc, dans les révoltes, l'œuvre de la faim est seulement secondaire et occasionnelle.

La disette, dit Roscher, ne produit, par elle-même, que des tumultes locaux; mais tout ce qu'il y a de matière inflammable est prêt, alors, à prendre feu.

Il est vrai que le même économiste se contredit bientôt, en concluant, d'après un petit nombre d'exemples, que « toutes les plus grandes révolutions ont été préparées par la disette (2) ». Mais les exemples même qu'il apporte à l'appui, le contredisent.

Ainsi, parmi les exemples de révolutions provoquées par la disette, il cite la croisade que la France entreprit en 1095; mais une croisade n'est pas une révolution, pas plus que l'émigration, qu'il cite également; toutes deux, au contraire, devraient être plutôt considérées comme des soupapes de sureté contre l'excès de population.

Et, quand même on voudrait considérer les croisades comme des révolutions, la cause économique ne passerait encore qu'en seconde ligne, comparativement au fanatisme religieux, entretenu par d'ardents apôtres et par d'habiles papes, et favorisé par l'ignorance et par la superstition.

Enfin, si la disette existait au moment où quelques croisades furent prêchées, elle avait cessé lorsque les croisés se mirent en route pour la terre sainte, parce que tous

(1) Voir la Planch. vii et le tableau numérique, pag. 76.

(2) Roscher, *Sul commercio dei grani*, etc. *(Biblioteca dell'Econom.)*.

étaient désireux de vendre leurs biens et qu'ils ne trouvaient pas d'acheteurs. « Les croisés dédaignaient tout ce qu'ils ne pouvaient emporter avec eux; les produits de la terre se vendaient à vil prix; ce qui ramena tout d'un coup l'abondance, là où, auparavant, la disette était à son comble (1) ».

Le mouvement politique Suédois de 1772, que Roscher mentionne comme une révolution déterminée par la disette, ne fut en réalité qu'un coup d'Etat aussi rapide qu'inoffensif et qui vint même mettre fin à la crise révolutionnaire que la Suède traversait alors. « Le roi, qui, le matin, était le monarque le plus empêché de toute l'Europe, en deux heures se trouva aussi despotique que celui de France ou que le grand Sultan; le peuple vit, avec plaisir, la puissance d'une insolente aristocratie passer dans les mains d'un roi qui possédait l'estime et l'amour de la nation (2) ».

Suivant Lingard, la grande révolte des barons en 1258, qui eut une influence si décisive sur la Constitution anglaise, a été grandement facilitée par la disette de 1257-58. Mais la révolte des barons (qui éclata — qu'on le remarque — le 11 juin) était déjà préparée dès l'an 1227, et tendait à la réforme politique de l'Etat — non à sa réforme économique — au maintien de la *Magna Charta* et à la diminution de l'influence étrangère à l'intérieur; d'autre part, ce fut la révolution des *mieux nourris,* c'est pourquoi, si la disette eut une influence, ce fut de rendre les masses indifférentes à ce mouvement, sans qu'elles fissent rien, soit contre les barons, soit en leur faveur; tellement que Lingard lui-même, en parlant de cette révolte, dit qu'elle fut *facilitée* par la disette, mais non qu'elle fut *préparée* ou *suscitée* par elle.

---

(1) Michaud, *Histoire des croisades,* trad. it., pag. 111.

(2) Sheridan, *Histoire de la dernière révolution de Suède.* Londres, 1788.

La disette qui survint en Russie, au XVII siècle, n'eut pas une action différente dans les succès du faux Démétrius. Par suite de la famine, on vendait à Moscou, de la chair humaine; et, dans cette seule ville, il mourut un million de personnes. Les Russes, épuisés par la faim, et, plus encore envahis par la croyance superstitieuse que la série de mauvaises récoltes était un châtiment de Dieu infligé au Czar régnant, demeurèrent passifs en face des menées des Cosaques et des Polonais qui ne souffraient pas de la disette; et la révolution fut accomplie par les Cosaques et les Polonais bien plus que par les Russes; cela est si vrai, que, grâce à l'appui de ceux-là, alors même que la famine eut cessé, les faux Démétrius continuèrent à pulluler (1).

Il est à remarquer, ensuite, que les disettes provoquent des effets différents, suivant les conditions diverses des nations.

« Les peuples, écrit J. B. Say, seraient moins exposés aux disettes s'ils mettaient plus de variété dans leur alimentation et dans leurs produits. Quand un seul produit fait le fond de la nourriture de tout un peuple, celui-ci sera dans la misère dès que ce produit viendra à lui manquer (2) ». C'est ce qui a lieu quand la récolte du riz dans l'Hindoustan, ou celle des pommes de terre en Irlande, viennent à faire défaut.

Alors, les conséquences politiques de ces disettes sont également plus graves. En 1845, la récolte des pommes de terre ayant manqué en Irlande, il en résulta un épouvantable paupérisme, qui coûta la vie à plus d'un million d'habitants (il y eut un nombre égal d'émigrants) et qui fut la cause d'une série d'agitations, dont le parti de la

---

(1) Rossi et Lombroso, op. cit.
(2) J. B. Say, op. cit., pag. 150.

jeune Irlande chercha à tirer profit pour l'indépendance de ce pays (1).

4. *Alcoolisme.* — C'est là un grand facteur alimentaire, bien que certaines férocités alcooliques, que l'on vit dans les bouleversements politiques, devraient trouver leur place dans l'influence des anomalies psychiques; elles ont en effet la même physionomie que celles que la psychiatrie indique comme propres à l'épilepsie alcoolique, dans laquelle la demi-impuissance et la lubricité trouvent de nouveaux excitants dans la colère et dans la vue des tortures, et où l'homme ne se contente pas d'être seulement cruel, mais devient cynique, et, par l'excitation momentanée, par l'impulsivité alcoolique, est entraîné à l'action la plus incohérente. — Cela n'échappa point aux chefs de révoltes, et souvent ils cherchèrent à s'en servir pour leurs visées personnelles: c'est ainsi que, dans l'Argentine, Don Juan Manuel, alcooliste lui-même, trouvait une aide efficace à sa politique dans les explosions de la fureur populaire, dues à l'abus des alcooliques, et que, à Buenos-Ayres, ce furent là des armes politiques dans les mains de Quiroga, de Francia, d'Artigas et de ses féroces satellites, dont un grand nombre, comme Blacito et Ortoguez, étaient en proie au *délirium tremens* (RAMOS-MEJIA).

L'abus que l'on fit des alcooliques, à Buenos-Ayres, en 1839, est incroyable: dans cette seule année il y fut consommé plusieurs centaines de fûts d'eau-de-vie, 3836 *frasqueras* de genièvre, 262 barils et 2182 dames-jeannes de la même boisson, plus de 2246 tonneaux de vin, 246 barils de bierre, et d'autres de cognac et de Porto (ID.).

Durant la Révolution française, ce fut l'alcoolisme qui attisa les instincts sanguinaires de la populace et des représentants du Gouvernement révolutionnaire; parmi ces derniers, rappelóns Monastier qui, étant ivre, faisait guil-

(1) ROSSI, op. cit.

lotiner Lassalles, et, le lendemain, ne se souvenait plus.de l'ordre qu'il avait donné; les commissaires envoyés dans la Vandée, qui vidaient, en trois mois, 1974 bouteilles, et qui comptaient dans leur nombre Rossignol, un ouvrier bijoutier, devenu général en chef, dont toute la vie avait été adonnée à la crapule, et Vacheron qui violait les femmes et les fusillait quand elles se refusaient à sa lubricité excitée par l'alcool.

La France jouit d'une triste prédominance dans la consommation de l'alcool : suivant Rochard (1) la production de l'alcool en France, qui était de 369.000 hectolitres en 1788, s'élevait, en 1850, à 891.500, et, en 1881, à 1.821.287 hectolitres. — Partant, il est naturel qu'elle en ressente davantage les effets dans le champ politique, et que, comme l'a dit Caro (2), l'absinthe fasse des orateurs et des politiques à Paris, comme l'opium crée les extatiques en Chine.

On a affirmé que, dans le coup d'état du 2 décembre aussi, d'abondantes distributions de vin avaient été faites aux troupes. Ce qui est certain, c'est que l'alcoolisme, qui n'avait pas été étranger aux mouvements de 1848 (et parmi les chefs, selon l'attestation de Chenu (3), on comptait deux ivrognes, Caussidière et Grandmesnil), repullula avec la Commune, à cause de la grande quantité d'alcool qui se trouvait dans la ville assiégée et, par conséquent, à la portée de ceux qui y étaient renfermés.

Despine (4) note, à ce propos, que la dipsomanie recruta le plus grand nombre des soldats de la Commune, attirés par le désir de satisfaire leurs mauvaises passions au moyen de la paye et du pillage, et que l'alcoolisme rendait insouciants du péril et de leurs propres blessures.

(1) *L'alcool (Revue des Deux Mondes*, avril 1886).
(2) *La fin de la Bohême (Revue des Deux Mondes*, juillet 1871).
(3) *Les conspirateurs*, 1849.
(4) *De la folie etc.* Paris 1875.

Le général Cluseret lui-même, n'en fait pas mystère dans ses *Mémoires*. — « Jamais, comme dans ce temps, écrit-il, les marchands de vin ne peuvent se vanter d'avoir fait de l'argent ». Lui-même dut souvent arrêter des chefs de bataillon, ivres, non seulement du soir au matin, mais encore du matin au soir.

« Alors que les choses tournaient mal pour les insurgés assiégés; quand les Versaillais menaçaient de près le fort d'Issy, qui faisaient les défenseurs? Les cabarets et les buvettes de cette bourgade regorgeaient de clients abrutis par l'ivresse. Dans Asnières, et précisément la veille de sa capitulation, la garde nationale, suivant sa louable coutume, fumait, dormait, mangeait et buvait ».

Laborde cite deux véritables dipsomanes parmi les principaux communards : L.... irascible et vain, plusieurs fois condamné pour violences et outrages, et déjà soupçonné d'aliénation; R.... membre de la cour martiale, et alcooliste avec antécédents héréditaires; et, avec eux, Genton, ancien menuisier, qui présida la même Cour alors que furent jugés les otages, grossier, avec la physionomie brutale de l'ivrogne; Dardelle, gouverneur militaire des Tuileries, dont l'alcool avait rendu la voix rauque, et Protot, délégué au Ministère de la justice, qui, du cabinet du garde des sceaux avait fait une buvette.

Mêmes causes, mêmes effets: — il n'y a pas longtemps, l'anniversaire de la Commune marquait, dans une région de la Belgique, le commencement d'un mouvement anarchique, — avec de lointaines visées politiques — qui détruisait par le pillage et l'incendie ces immenses verreries d'où plusieurs milliers d'ouvriers tiraient leurs moyens d'existence : or, d'après les calculs faits, il résulta que cette région précisément, participa plus largement à l'énorme consommation d'alcool faite en Belgique cette annnée-là, 1884, calculée, par les chiffres officiels, à 500 mille hectolitres, mais dépassant probablement 600 mille hectolitres, chiffre qui correspond à la consommation d'alcool en Italie, où la population est cinq fois plus nombreuse.

Déplorable épuisement d'énergies précieuses pour la richesse économique d'un pays! On en peut juger en songeant que, d'après un calcul de Laveleye pour l'Angleterre (1), si les ouvriers renonçaient aux boissons alcooliques, ils pourraient, en vingt ans, acquérir toutes les manufactures où ils ne sont que des salariés.

5. *L'alcoolisme dans l'évolution.* — Dans l'*Homme de génie* j'ai démontré qu'un certain nombre de génies et de leurs parents furent des alcoolistes (Alexandre, Avicenne, Beethoven, Byron; Murger), mais on peut dire que c'est moins là une cause, qu'une triste complication et concomitance du génie, dont la vaste et excitable écorce a toujours besoin de nouveaux excitants. On peut en dire autant des peuples, qui sont d'autant plus en proie à l'alcoolisme qu'ils sont plus civilisés, spécialement les peuples du Nord: et ici encore, cependant, ce n'est pas une cause, mais une complication malheureusement nécessaire de l'excitabilité plus grande, laquelle provoquant la dégénérescence, le crime, la microcéphalie, l'épilepsie, presque toujours arrête l'évolution plus qu'elle ne la favorise.

Toutefois, quand on étudie la légende de la Pomme d'Eve, qui fait allusion aux alcooliques et à l'amrîta, à la vénération pour l'ambroisie, pour la *saoma* et l'eau de la vie, pour le *med* ou boisson de l'Edda, ou pour le *coca* du Pérou, on comprend que, à l'état naissant, aux temps de leur première découverte, les substances enivrantes furent réellement de puissants excitants de l'évolution; et pendant longtemps, pour ce motif, elles restèrent un privilège des chefs, des prêtres et des castes supérieures les plus élevées (2).

---

(1) *Les troubles en Belgique. (Revue pol. et litt.,* avril 1886).

(2) Lombroso, *L'homme criminel,* II, 2e partie.

Donc l'abondante alimentation favorise l'évolution civile, mais non point l'évolution politique, et peu l'évolution géniale; elle n'a pas beaucoup d'action par rapport à la révolte, laquelle n'est même pas très influencée par la disette. Le contraire a lieu pour l'alcoolisme, excitant direct et concomitance fréquente des émeutes, mais en même temps obstacle dans chaque grande évolution, sauf, peut-être, dans son état naissant.

———————————

Chapitre VI

—

Race. — Population.
Sa génialité; culture intellectuelle;
folie et criminalité.

1. *Race.* — Parmi les facteurs anthropologiques des crimes politiques, le premier qui se présente à nous est la *race;* cela ressort avec évidence de la comparaison de l'esprit révolutionnaire très accentué dans certains pays, avec l'apathie absolue que l'on rencontre en d'autres, même à égales conditions de climat et d'organisation sociale. — Nous en aurions une preuve, au sentiment de Le Bon, dans les caractères spéciaux qui distinguent, en France, les populations selon la prédominance du type *brachycéphale* ou du type *dolichocéphale:* le premier est frugal, laborieux, prudent, attaché aux traditions et aimant l'uniformité; le second a de grands besoins et travaille pour les satisfaire; il perd et il gagne beaucoup, il est très audacieux et il aime le progrès. Ainsi, sur 89 grands novateurs et révolutionnaires, il en trouva vingt brachycéphales (Helvétius, Pascal, Mirabeau, Vergnaud, Pétion, Marat, Desmoulins, etc.), contre 69 dolichocéphales (Racine, Voltaire, Lavoisier, Diderot, Rousseau, Condorcet, St. Just, Charlotte Corday, Richelieu, Sully, Turenne, Condé, etc.).

D'où il conclurait que les races dolichocéphales sont les
plus révolutionnaires. On remarqua, en effet, que les peuples dolichocéphales du Nord de la France résistèrent davantage aux Romains et furent les seuls qui se révoltèrent
contre eux (1). César disait, des Gaulois, qu'ils étaient très
remuants; et nous les voyons revivre dans leurs descendants les Celtes d'Irlande et les Parisiens actuels, de l'instabilité politique desquels nous sommes journellement témoins.

Celtes aussi sont les Wallons en Belgique, enclins aux
violences et aux excès, tellement, que, comme ils constituent le plus fort contingent des ouvriers du district car-
bonifère de Liége, on a voulu attribuer à leur caractère
violent une des causes des insurrections anarchiques de ces
dernières années (2).

Les Ligures furent également au nombre du petit nombre
de peuples italiques qui opposèrent une résistance opiniâtre
à la domination Romaine, à tel point qu'on ne parvint à
les réduire qu'en les transportant dans d'autres pays.

Cette thèse est également soutenue par Lapouge (3), qui
attribue à la race dolichocéphale blonde la formation des
classes supérieures en Egypte, en Chaldée et dans l'Assyrie, et plus encore dans la Perse et dans l'Inde, ainsi
que la plus grande influence sur la civilisation Greco-Ro-
maine.

Blonds. — Il est certain que dans les monuments de
l'Egypte, de la Chaldée et de l'Assyrie, les personnages de
haut rang ont des yeux bleus, des cheveux blonds et une
haute stature; les Grecs représentés sur les peintures égyp-
tiennes sont de taille élevée, dolichocéphales et blonds.

(1) *Revue d'anthropologie*, 1867, pag. 78.
(2) Laveleye, *Les troubles en Belgique. (Revue pol. et littér.,* avril 1886).
(3) Lapouge, *De l'inégalité parmi les hommes. — Revue d'anthropologie,*
1888, Tomo iii, fasc. ii. — Voir aussi Morselli, *Lezioni d'antropologia,*
Turin 1889.

Un passage du physiognomoniste Polémon, reproduit par Adamantin, représente les Grecs purs et de classe élevée, comme μεγάλοι, εὐρότεροι ορθοι, εὐπαγης, λευκότεροι την χροάν, ἑαυτου.

Le type héroïque de la Grèce était blond, sans aucun doute. Les dieux et les héros d'Homère sont toujours grands, blonds et ont les yeux clairs. Seul, Hector le Teucrien, qui fut vaincu (qu'on remarque bien), est représenté avec les cheveux noirs dans le XII chant de l'*Iliades*. Dans le premier chant, Minerve saisit Achille, le héros par excellence, par ses *blonds cheveux;* et l'expression *blond* est répétée au chant XXIII, quand le héros offre en hommage, aux mânes de Patrocle, sa propre chevelure. Le roi Ménélas est blond. Méléagre, Amyntor, Rhadamanthe de l'*Odyssée* sont blonds. Virgile nous représente, comme blonde, jusqu'à Didon *(flaventes abscissa comas)*, qui cependant devait être Phéni-cienne, par conséquent brune, et blonds Minerve, Apollon, Mercure, Camerte, Turnus, Camille, Lavinie (1).

Toutes les courtisanes et tous les débauchés de Sapho, d'Anacréon, d'Ovide, de Catulle sont blonds. Dans la légende chrétienne elle-même, qui a eu une si grande part dans l'évolution de nos sentiments, le type blond est représenté par Jésus.

Dans l'aristocratie romaine également, doivent avoir prédominé les blonds, si l'on en doit juger d'après les noms de *Flavius, Fulvius, Ahenobarbus,* comme aussi de la description des personnages marquants, tels que Caton, Sylla et Tibère (MORSELLI, op. cit.).

Dante et Pétrarque ont loué la blondeur de Béatrice, de Mathilde et de Laure. Mais il y a plus: il suffit de parcourir une galerie artistique qui contienne des tableaux à partir de la Renaissance pour y voir toujours le nombre des individus blonds, plus spécialement chez les femmes, de beaucoup supérieur à celui des bruns (MORSELLI, op. cit.).

(1) MORSELLI, *Lezioni d'antropologia*, 1889.

L'évolution du Catholicisme, le Protestantisme, se propagea davantage parmi les peuples blonds que parmi les
peuples bruns de l'Europe (Latins, Irlandais).

Lapouge va jusqu'à conclure que la civilisation des peuples est presque exactement proportionnelle à la quantité
d'éléments dolichocéphales blonds qui entrent dans leurs
classes dirigeantes; tels furent les éléments Gaulois et
Francs, qui donnèrent à la France sa splendeur (1); c'est
également à la prépondérance de ces éléments que l'Angleterre et les Etats-Unis devraient leur supériorité; et le
seul élément dolichocéphale, le Saxon, descendant des conquérants Scandinaves, grands et blonds, aurait formé la
force de l'Allemagne.

Eu somme, les brachycéphales, bruns, et leurs produits
de croisement dans l'évolution de l'humanité n'auraient
fourni que la masse des soldats à un état major de dolichocéphales, trop heureux quand ceux-ci ne furent pas
leurs ennemis; par exception seulement, une race croisée
sub-brachycéphale donna un produit stable et définitif dans
l'Europe.

« Qui, écrit Morselli (2), peut refuser aux Anglais, aux
Germains du Nord, aux Francs, aux Belges, aux Hollandais et aux Américains des Etats-Unis, la première place
dans l'échelle hiérarchique de la civilisation moderne?

» Mais cela ne suffit pas: prenons les statistiques anthropologiques de la France, de l'Allemagne, de l'Angleterre,
de l'Italie, de la Suisse, de la Belgique, en un mot, de
tous les pays d'Europe qui, aujourd'hui, sont à la tête du

(1) Topinard (*Anthropologie*, Paris, Reinwald, 1884) affirme aussi que ceux
qui conduisirent les expéditions à Delphes, à Rome, en Galicie, et attirérent surtout l'attention des Romains, étaient les Gaulois, grands et blonds,
qui portaient le nom de Belges et de Cimbres.

(2) Morselli, *Letteratura*, avril 1888. — *Lezioni d'antropologia*, Turin,
1889.

mouvement civil; dans chacun de ces Etats, ce sont toujours les régions habitées par un plus grand nombre de blonds qui montrent le plus d'aptitude à la civilisation; c'est chez elles que l'on trouve un plus grand développement de l'industrie, du commerce, de l'instruction publique, de la viabilité, le plus petit nombre de criminels homicides, en un mot, le degré le plus élevé d'intelligence et de moralité. Il suffit, pour s'en convaincre, de jeter un coup d'œil sur la carte ethnologique de la France dressée par Broca, sur celle de la Suisse par Kollmann, de l'Allemagne par Virchow, de la Grande-Bretagne par Beddoe, etc. En France, par ex., ce sont presque tous les départements de la moitié septentrionale; en Suisse ce sont les cantons Allemands; en Allemagne ce sont les pays habités par les Saxons, par les Frisons et par les vrais Tudesques; dans la Grande-Bretagne, les comtés où les Anglo-Saxons prédominent sur les Celtes. Relativement à l'Italie, on n'a qu'à faire le rapprochement des deux cartes graphiques du suicide et de l'homicide (1) ».

Au contraire, presque tous les peuples bruns qui entourent la Méditerranée sont inférieurs; ce sont les Ibères, les Celtes de l'Europe occidentale, les anciens Ligures, les Aryo-Romains, les Sémites, les Iraniens de la Perse, les Iraniens de l'Inde, ainsi que les Zingares, les Berbéres, les Cophtes et les Abyssiniens, qui représentent presque exclusivement la période de la civilisation antique, de la Chaldée à l'Assyrie, à l'Egypte, à la Phénicie, à l'Ellénisme, au Romanisme et à l'Arabisme du moyen-âge.

Telle est l'opinion des auteurs. Nul doute que, comme l'hérédité, chez les individus, l'influence de la race ne doive être grande chez les peuples, spécialement sous le rapport de l'évolution.

(1) Morselli, op. cit.

Il est certain, par exemple, pour ce qui nous concerne,
que, en Italie, la génialité, qui est l'expression la plus pure
de l'évolution, émerge partout où posèrent le pied la race
Etrusque (1) et la race Grecque, tandis qu'elle se montre plus
inférieure là où se trouvent, plus exclusivement, la race Celtique et la race Sémitique.

La loi de Lapouge, du moins quant à la plus grande
évolution des blonds, nous est confirmée par l'étude de
ces types régressifs, atavistiques, de notre race, qui sont
les crétins, les épileptiques (dans lesquels les blonds sont
rares) et, surtout, les criminels. En effet, avec Marro, Bono
et Ottolenghi, nous avons trouvé que la proportion des
blonds y est très faible, et que celle des noirs est énorme;
tandis que, chez les Piémontais normaux, la proportion des
noirs ne va pas au delà de 27 p. 0/0, celle des criminels
s'élève à 43 p. 0/0, presque le double (2).

Chez les blonds, au contraire, tandisque les normaux
vont à 80 0/0, les criminels arrivent à peine à 10 0/0, sauf
ceux de luxure, qui s'élèvent à 35 0/0. En fondant les rouges avec les blonds, l'infériorité est encore plus accentuée,
quoique en dise le proverbe sur les rouges.

Dolichocéphales. — Quant aux indices crâniens, on ne
peut encore accepter cette loi avec une certitude complète,
bien que l'on doive avouer que les psychopathes, les crétins et les criminels inclinent, en grande majorité, à l'ultra-
brachycéphalie; mais, ici, une certitude absolue est impossible, parce que nous manquons absolument de races ayant
un indice exclusivement prédominant, sauf dans quelques

(1) Voir Lombroso, *L'Homme de génie*, 1889, p. 175. Le phénomène est
surtout marqué à Mantoue, à Modène, à Lucques, à Catane, où l'influence
du climat de plaine n'a pu limiter le nombre des génies, qui furent très
nombreux dans ces pays.

(2) Lombroso, *L'homme criminel*, 1889, vol. I, IV éd. — Marro, *Caratteri
dei delinquenti*, 1886.

vallées, par exemple, en Sardaigne, dans la province de Lucques.

D'autre part, on trouve une dolichocéphalie exagérée chez des peuples peu avancés, et encore moins révolutionnaires, et noirs, comme les Egyptiens, les Nègres, les Australiens et les Sardes; *viceversa,* de véritables brachycéphales, comme les Auvergnats, spécialement dans les départements de la Creuse et dans une partie du Puy-de-Dôme, sont évolutionnistes, comme on le voit par la carte électorale de France (Pl. v, vi, fig. 4); de même, dans le Jura et dans le Doubs, qui donnèrent une cote si élevée de génies et de révolutionnaires, prédomine l'ultra-brachycéphalie — 85.

Chez nous également, si les races Vénitienne et Piémontaise sont ultra-brachycéphales et ultra-conservatrices, Palerme, Gênes et Livourne, au contraire, où la dolichocéphalie prédomine, sont révolutionnaires; et nous voyons les Romagnols, les Ravennates spécialement, brachycéphales, tendre à l'évolution, tandis que les Lucquois, les Toscans et les Sardes, bien que dolichocéphales, sont conservateurs. Ces derniers manquent de génies, tandis que les deux premiers en ont abondamment; et, ici, l'on voit une des causes de contradiction — le dolichocéphale Toscan étant d'origine Etrusque, le Sarde d'origine Berbère et Sémitique.

Il y a eu, dans les temps modernes, trois révolutions qui ont abouti: celle des Pays Bas au xvi° siècle, celle d'Angleterre au xvii°, celle d'Amérique au xviii°; toutes trois ont été effectuées par des peuples blonds de race germanique (1). Et cette race a donné Guttemberg et Luther.

En synthétisant, on peut dire que les races blondes (Germaniques, Anglaises) sont plus évolutives et plus révolu-

____

(1) VALBERT, *Revue des Deux Mondes*, 1889.

tionnaires — les races brunes (Espagne, Irlande, Italie) plus rebelles à l'évolution et plus conservatrices.

Il est clair, pourtant, que pour pouvoir démontrer complétement cette influence, il faudrait des preuves plus nombreuses.

France. — Nous avons essayé, pour notre compte, de mieux résoudre ce problème, en dressant, à l'exemple des anthropologues les plus renommés (Reclus, Topinard, Lagneau) des cartes (V. Pl. v-vi) dans lesquelles, à côté de la distribution des races en France (Fig. 2), nous avons la proportion des votants républicains et réactionnaires (Fig. 4) sur le total des électeurs inscrits dans les élections politiques de 1877, 1881 et 1885.

DIAGRAMME VI.

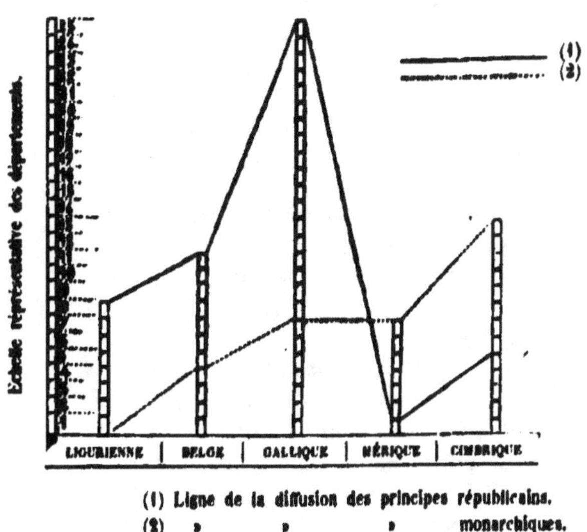

(1) Ligne de la diffusion des principes républicains.
(2) »   »   »   monarchiques.

La seule inspection de la Planche nous ferait entrevoir un parallélisme entre les races Liguriennes, Galliques et

Belges et les côtes des républicains. Cependant, avec le calcul proportionnel, chiffré, résumé dans le Diagramme VI, les seuls départements de race Ligurienne (dolich.) apparaissent républicains, ce qui est conforme à l'histoire (v. s.); en ce qui concerne la race Gallique, il y a une forte prévalence de républicains (les départements monarchiques y étant dans la proportion de 28, sur 100 républicains); pour la race Belge les départements monarchiques atteignent seulement la proportion de 38, sur 100 départements républicains. Le nombre des monarchistes est, au contraire, fortement prédominant dans la race Cimbrique (dolich.), et presque exclusif dans la race Ibérique, avec un parallélisme assez clair par rapport à la génialité, quoique beaucoup moins évident que celui que donne l'orographie.

Dans les détails, cependant, nous voyons, ici, des contradictions très marquées : Le Pas-de-Calais, ultra-monarchique, est cependant de race Belge, dolichocéphale; il en est de même du Nord; et si la race Celtique se montre réactionnaire dans la Vendée, dans les Côtes-du-Nord, dans le Morbihan, elle l'est peu ou point dans la Loire-Inférieure, dans la Haute-Vienne, dans la Creuse, dans Loir-et-Cher, etc.

Et la race Ibérique constamment réactionnaire dans les Hautes-Pyrénées, dans le Gers, ne l'est plus autant dans l'Aude et dans la Haute-Garonne; et, bien souvent, la race Belge est en contraste avec la race Cimbrique avec laquelle elle a de très grandes affinités.

2. *Race et génialité.* — En confrontant la fig. 3 avec la fig. 2 (Pl. v-vi), il ressort avec évidence que la génialité, et, par conséquent, l'évolution, ont un étroit rapport avec la race; on voit, en effet, que le génie prédomine là, où prévalent la race Belge ou la race Ligurienne (Marne, Meurthe-et-Moselle, Haute-Marne, Aisne, Somme, Seine-et-Oise, etc.), et qu'il est rare là, où prévalent la race Ibérique (Basses et Hautes-Alpes, Ariège, Gers, Landes, etc.),

et la race Celtique plus pure (Morbihan, Vendée, Deux-
Sèvres, Vienne, Charente, etc.).

En réunissant les grands chiffres, comme dans le Diagramme VIII, nous voyons, il est vrai, que la race qui donne
le *maximum* de départements fournissant des génies, 5 sur
8 (66 0/0), est la Ligurienne (dolich.), comme pour les
républicains; puis vient la race Belge avec 33 0/0 (dolich.);
toutefois, celle-ci ne montre aucun parallélisme avec la
race Cimbrique, avec laquelle, au point de vue ethnologique, elle a des affinités. Celle-ci a un seul département,
sur 18, avec des cotes élevées de génies, et 9 avec les plus
faibles. La race Gallique vient après la Ligurienne et la
Belge, donnant environ 19 0/0 de départements avec génialité *maxima*.

DIAGRAMME VII.

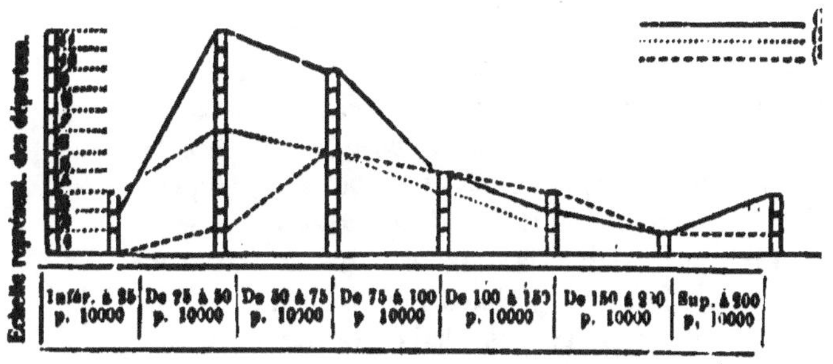

(1) Ligne de la diffusion des génies dans la race Gallique.
(2)   »   »   »   Cimbrique.
(3)   »   »   »   Belge.

La race Ibérique donne des chiffres aussi faibles que la
Cimbrique, avec laquelle, cependant, elle n'aurait aucune
affinité.

Mais, ici encore, les contradictions ne manquent pas, parce que, par exemple, les descendants des Burgondes, ou Bourguignons, qui ont beaucoup de génies dans le Jura et dans le Doubs, en ont peu dans Saône-et-Loire; avec la même race la Haute Garonne (0,0001033) donne dix fois plus de génies que l'Ariége (0,00001919), plus de deux fois plus que le Gers (0,00003835) et cinq fois plus que les Landes (0,00002451). Dans la Guyenne, la Gironde donne (0,00008006) le double du Lot (0,00002782), et dans le Languedoc, l'Hérault donne 7 fois plus de génies (0,0001536) que la Lozère (0,00002872).

Tout cela démontre que, s'il y a une influence de race dans les révolutions, elle est très faible, comparativement à la prévalence d'autres causes dues aux conditions sociales ou locales; parmi celles-ci vient certainement, en première ligne, l'influence du climat, qui neutralise, à elle seule, celle de la race : pour le comprendre il suffit de comparer le Diagramme VII avec le Diagramme II.

C'est que l'influence du climat est plus constante que l'influence ethnologique : en effet, bien que les races plus antiques prévalent toujours dans les générations actuelles, cependant, elles ne peuvent pas échapper à l'influence des invasions successives, des nouvelles stratifications, qui, souvent, à la race précédente, substituèrent, dans la même région, une race tout à fait différente; ainsi nous voyons, dans la Planche v-vi, la race Ligurienne remplacée, au Sud, par les Latins et les Grecs, la race Cimbrique par les Bretons et les Normands, etc.

Et ceci nous explique l'absence de tout parallélisme entre les races Belges et les races Cimbriques, qui, cependant, ethnologiquement et crâniologiquement, ont de grandes affinités entre elles, tandis que l'histoire justifie la plus grande abondance de républicains que de génies dans les races Galliques.

3. *Évolution.* — Selon Vernial (1), « l'évolution de tout être vivant, quel qu'il soit, est soumise à des lois identiques qui régissent de même les phénomènes de régression et de dégénérescence. C'est donc dans l'étude comparée des lois naturelles que nous retrouverons les causes de la progression ou de la régression de telle ou telle race humaine.

» Les espèces à évolution rapide, qui subissent des modifications organiques, lesquelles donnent lieu à de nouvelles espèces fixes, les Aryens par exemple, ont une existence courte, transitoire.

» Quelle que soit l'époque à laquelle elle appartient, chaque espèce se développe, se différencie, atteint un *maximum* de variation, puis subit une évolution rétrograde, pendant laquelle les variétés les plus inférieures et les plus perfectionnées disparaissent; les races moyennes seules subsistent ».

Dans ses exodes, l'Aryen est constamment modifié, donnant naissance à des races nombreuses qui perdent vite tout caractère commun avec la race mère, et même entre elles; les principales sont, au Nord occidental, les Gaulois, les Germains, les Slaves, les Lithuaniens; au centre, les Grecs et les Latins; à l'orient, les Indiens et les Perses.

« Les Chinois, au contraire, après avoir atteint leur *maximum* de civilisation, il y a plusieurs milliers d'années, ont subi une décadence et ne bougent plus. Évidemment les générations qui ont créé cette civilisation étaient plus intelligentes que les générations actuelles qui ne créent rien ».

Pour M. Vernial, les Chinois actuels sont des Chinois de l'*état moyen*. De même, la race juive est stationnaire, elle reste à l'*état moyen*.

---

(1) VERNIAL., *De l'extinction des races latines. Étude d'histoire naturelle...* 1890).

« Partout où il va, le Juif conserve son autonomie, ne se mélange pas à la race envahie et ne subit pas l'influence du milieu; sa diffusion lente, mais continue, dans l'Europe, est telle, qu'il se trouve actuellement réparti sur tous les États, en nombre plus ou moins grand.

» Mais, tandis que les races chinoise et juive restent indifférentes à tout ce qui n'est pas elles, la race latine éprouve les plus profondes modifications, non seulement morales, mais physiques, suivant le milieu où elle se trouve, victime d'une loi d'évolution qu'elle subit inconsciente ».

« Nous avons donc en présence, dit le D.ʳ Vernial dans sa conclusion, trois races bien différentes quant à leur période d'évolution.

» Les deux premières (chinoise et juive), depuis les temps historiques, ont montré une fixité absolue de caractères, tant au point de vue physique qu'au point de vue moral, une évolution terminée.

» La race latine, au contraire, est en voie de modification constante. Elle se mélange au peuple qu'elle envahit et finit par se confondre avec lui. Elle est absorbée, elle ne conserve pas son caractère ethnologique ».

4. *Croisements*. — Le croisement d'une race avec une autre offre une action ethnologique plus manifeste; elle peut en effet les faire devenir toutes deux plus progressives : c'est un phénomène qui se rattache à celui qui a été découvert, dans le monde végétal, par Darwin — et suivant lequel la fertilisation, même chez les plantes hermaphrodites, doit être croisée — et à la loi de Romanes, selon laquelle la première cause des évolutions serait la variation indépendante.

Nous en avons un exemple dans les Ioniens qui, tout en ayant de grandes affinités avec les Doriens, furent révolutionnaires et donnèrent les plus grands génies (Athènes), certainement aussi parce que, précocement mélangés avec les Lydiens et avec les Perses dans les colonies de l'Asie

mineure et dans leurs îles, ils subirent un double croisement, — de race et de climat.

La première, et peut-être la plus grande des découvertes
humaines, l'alphabet, est due, semble-t-il, au croisement
Sémitico-Égyptien : aux Hycsos ou pasteurs Sémitiques, qui
par suite de la nécessité de transcrire les noms sémitiques en Égyptien, furent poussés au phonétisme, à faire
un choix des caractères hiéroglyphiques et à ne leur laisser
que le caractère de son (1). Et, à son tour, cet alphabet
devint européen par le croisement Sémitico-Grec.

Les Doriens, qui habitèrent les régions septentrionales
et montagneuses, et n'eurent pas de mélange de race, conservèrent un caractère âpre, belliqueux, très attaché aux
coutumes, et ne donnèrent ni révolutions ni grands hommes; cependant, ces mêmes Doriens (et c'est là une admi-
rable confirmation de la loi), en Sicile et dans la Grande
Grèce, s'étant mélangés aux Italiotes, aux Sicules et aux
Pélasges, y devinrent, à leur tour, révolutionnaires, donnèrent un grand nombre d'hommes de génie (Archimède,
les Pythagoriciens — non Pythagore, cependant, qui était
Jonien) et portèrent le ferment de la révolution dans l'art
étrusque. Si cette florissante civilisation et cet esprit novateur ne se reproduisirent plus dans la suite, ce fut parce
que le mélange, à l'état naissant, donne les plus grands résultats, mais aussi les moins durables, spécialement quand
ils sont imprévus; l'Irlande et la Pologne nous donnèrent
précisément, par des causes analogues, le phénomène d'une
civilisation qui s'était développée avec une étrange rapidité
au contact étranger, et qui disparut non moins rapidement,
peut-être aussi faute d'autres facteurs physiques et sociaux
favorables au développement.

____

(1) Rouat, *Origines égypt. de l'alphabet phénicien,* 1859. — Acad. des
Inscriptions.

Même chez les nègres, qui sont si peu révolutionnaires, le mélange avec les blancs éleva l'indice révolutionnaire, à Cuba : mais il faut remarquer, ici, que tandis que les croisements avec les races supérieures donnèrent les meilleurs résultats, les croisements avec les races inférieures donnèrent de mauvais produits, comme cela eut lieu, par exemple, en Amérique, pour les mulâtres et les blancs qui, dans les Antilles, furent désorganisés et démoralisés par les nègres devenus citoyens (1).

Les Japonais, au contraire, qui, par origine, sont cependant inférieurs aux Chinois, dont ils ne possèdent ni le génie commercial et financier, ni l'extraordinaire activité, se montrent maintenant bien plus disposés à l'évolution et à la révolution que ces derniers, ayant pris, en peu de temps, à l'Europe, ses vêtements, ses instruments, ses chemins de fer, ses universités, et presque jusqu'à sa forme de gouvernement (2); et cela, indubitablement, grâce au grand mélange avec les races Malaises, tandis que les Chinois, bien qu'ils appartiennent à une race jaune supérieure, sont beaucoup moins mélangés.

Le mélange de la race Germanique, rendu plus puissant parce qu'il était à l'état naissant, explique le phénomène du rapide et gigantesque développement de la civilisation polonaise au milieu des autres Slaves encore grossiers, et alors que ces mêmes Allemands, qui leur portèrent les premiers germes de civilisation, n'étaient pas eux-mêmes très civilisés (3).

(1) *Revue d'anthropologie.* — Paris 1888.

(2) Lanessan, *L'évolution des peuples de l'extrême Orient.* 1888.

(3) Il semble qu'il y ait eu déjà, en Pologne, à des époques préhistoriques, un mélange avec la race germanique; il est certain que dans les sépultures préhistoriques de la Pologne, comme en Volhynie, on trouve des crânes dolichocéphales, orthognathes avec les caractères germaniques. *(Dict. d'anthrop.).*

Toutes les villes de la Pologne eurent, en effet, pour origine l'émigration allemande, qui fonda de nombreuses colonies sur des territoires inhabités et déserts, y apportant les statuts municipaux, les sciences et les arts allemands, auxquels les Polonais demeurèrent d'abord étrangers (1), tellement que les termes de commerce et les termes techniques étaient allemands, et que les écoles se faisaient en allemand à Cracovie; les premiers codes furent ceux de Magdebourg; dans la seconde moitié du XIII siècle, on chantait en allemand dans les églises, et les jugements s'appelnient *ortila,* du mot allemand *Urtheilen.*

Et, à l'élément germanique, s'ajouta celui de beaucoup d'autres races. En 1772, on comptait en Pologne, suivant Stanislas Plater (2), sur 20 millions d'habitants :

6.770.000 Polonais.	1.640.000 Allemands.
7.520.000 Ruthéniens.	180.000 Russes.
2.110.000 Juifs.	100.000 Valaques.
1.900.000 Latins.	

En France, les exilés italiens, qui, vers la moitié du XIVe siècle, firent connaître les réformes des Communes italiennes, furent, d'après Perrens (3), une des causes de la révolution d'Etienne Marcel.

Le mélange des émigrés religieux et politiques italiens et français (Burlamaqui, Saussure, Rousseau, etc.) porta en Suisse une source de génialité et une tendance aux idées libérales, que l'on remarqua exclusivement dans les régions où eut lieu ce mélange. De même, plus récemment, l'intromission des éléments sémitiques et allemands en Russie, y porta, ou du moins, y accéléra la diffusion des idées socialistes.

(1) NITCHMANN, *Geschichte der Politische Literatur,* 1889.
(2) *Géographie de l'Europe orientale,* 1800.
(3) *Et. Marcel.,* 1888.

C'est sans doute au mélange de sang allemand que l'on doit l'étrange fréquence, dans la Franche-Comté, en ces derniers temps, des plus grands révolutionnaires scientifiques (Nodier, Fourrier, Proudhon, Cuvier) (1).

Le peuple le plus évolué de l'Europe, et qui a donné les trois plus grands génies de l'époque, c'est, le peuple Anglais, issu du mélange des Celtes, des Germains et des Latins. L'Irlande, au contraire, chez laquelle le mélange est moindre, donna plus de rebelles, mais fut beaucoup moins révolutionnaire et produisit très peu de génies: il s'arrêta au lyrique.

En Sicile, il y a une plus grande tendance évolutive que dans les pays de Naples, parce que le sang est plus mélangé; et cela s'observe spécialement à Palerme, où le mélange du sang normand et du sang sarrasin fut plus considérable. — Trieste, où le sang slave se mêle au sang latin et allemand, nous donne une très forte cote de génies (Lustig, Tanzi, Revere, Fortis, Ascoli, Beisso, Tedeschi).

Greffe climatique. — Le seul fait d'un changement de climat tient lieu, comme dans les plantes, des croisements favorables héréditaires.

Le moderne Américain du Nord n'est pas seulement physiquement différent de l'Anglo-Saxon, dont il est issu (peau plus obscure, cheveux plus noirs et plus luisants, cou plus long, tête plus arrondie, zygomas plus saillants, doigts plus allongés), mais il est l'est aussi, et plus encore, moralement, et il représente le *maximum* de l'évolution humaine.

En effet, à la vénération pour les traditions anciennes, que l'Anglais pousse jusqu'au ridicule, s'est substitué, dans les Etats-Unis, un code si nouveau qu'il n'a pas encore de nom, la loi du Lynch; à la réserve exagérée de la femme, une liberté illimitée; à l'intolérante orthodoxie anglicane,

____

(1) *Revue des Deux Mondes*, 1882.

l'hétérodoxie la plus bizarre, incarnée dans le Mormonisme, dans les Shakers, et une tolérance portée jusqu'à l'ironie, qui fait que l'on entend prêcher, tour à tour, dans la chapelle de l'anglican, le prêtre catholique et le rabbin. Au respect cérémonieux pour les nobles, pour les représentants du Gouvernement, a succédé une étrange indifférence, poussée parfois jusqu'à l'injure, non seulement envers le chef politique de l'Etat, mais même envers les représentants de la Nation. L'intelligence, et plus encore l'or, sont seuls respectés et puissants; la presse est un instrument de pouvoir plus fort que celui du Gouvernement.

Et qu'on ne nie point, sous le prétexte qu'elles sont souvent employées par une main sacrilège, que ces nouvelles forces ne soient le signe d'une véritable évolution. Les gloires de nos ancêtres s'obtinrent presque toujours par des moyens bien plus brutaux que l'éloquence et l'astuce. C'est ainsi que nos titres de noblesse sont dues aux rapines, et la parole *prædium* signifie possession.

La prédominance de l'or et de la parole sera, si l'on veut, un triomphe des forts contre les faibles; mais une force intellectuelle, cérébrale, quelque mal employée qu'elle soit, sera toujours plus digne de l'homme, plus loin de la brute, que la force des muscles. Nous préférons les Mirabeau, les Fox, ou même les Rotschild, aux Alcides et aux Roland. Grâce à la prévalence de cette force, en Amérique, à l'action du gouvernement se substituait l'action de l'individu; et celle-ci fut centuplée par les associations, par le capital, par les machines. La machine y remplaçait désormais les animaux domestiques; maintenant elle imprime, elle coud, elle cuisine, elle peint et fait la guerre; elle a donné au Yankee la puissance qu'avait acquise, comparativement à l'homme de couleur, le premier blanc qui parvint à dompter le cheval et le bœuf (1).

(1) Lombroso, *L'uomo bianco et l'uomo di colore*, Padoue 1870.

C'est ainsi que, comparativement au blanc d'Espagne et d'Italie, imbu de préjugés, pauvre d'associations, de capitaux et de machines, et surtout d'activité, qui malgré sa grande valeur individuelle, se défie toujours de lui et des autres, se venge de sa propre impuissance par un dénigrement réciproque, et est toujours dans la dépendance d'un gouvernement qu'il se plaît ensuite à ébranler lui-même, le plus qu'il peut, le blanc de l'Amérique du Nord s'élève d'une manière aussi gigantesque que le blanc d'Espagne en comparaison du Mongol.

L'Américain du Nord marque donc une transformation de la race blanche, une véritable race nouvelle, à la hauteur de laquelle nous ne nous éléverons pas avant de longs siècles (Ibid.).

Et comment tout cela s'est-il produit ?

Non pas tant par suite de croisements étrangers, qui n'abondèrent que très tard, que parce qu'une race, déjà des plus robustes parmi les races blanches, fut transportée dans un climat différent; à cela s'ajouta la lutte pour l'existence, dans des terres incultes et au milieu de tribus ennemies, lutte qui en détruisant les plus faibles, 'donna lieu a un plus grand développement des forts, et mit en activité des facultés qui gisaient inertes dans le crâne du pacifique habitant de la grande Bretagne, tant qu'il attendait, tranquille, au foyer de la famille.

Les Juifs nous offrent un exemple tout aussi éloquent de l'action modificatrice exercée par le climat (Ibid.).

Il est certain qu'une bonne partie des Juifs répandus à travers l'Europe conservent, sans changements, les caractères de leur origine reculée, comme la dolichocéphalie, la noirceur des cheveux, le prognathisme du visage, l'abondance des sourcils qui se croisent à la racine du nez, l'épaisseur des lèvres, le défaut de longueur des jambes en proportion du tronc; mais il y en a un grand nombre qui ne présentent aucun des caractères de la race primitive,

et qui offrent, au contraire, beaucoup des caractères des
races (de l'Anglaise principalement) parmi lesquelles ils
vivent.

Presque tous les statisticiens d'Europe ont affirmé, en
chœur, que le Juif donne un nombre plus considérable de
mâles, une mortalité beaucoup moindre que le Chrétien
du même pays, d'Allemagne (1), de France et de Hongrie;
mais une étude attentive sur les Juifs de Vérone nous a
démontré que la différence est très petite; elle dépend de
l'augmentation fictive de mortalité que l'institution des bréphotrophes, et, jusqu'à un certain point, des hôpitaux fait
porter tout entière sur la population catholique, tandis qu'au
contraire elle devrait être répartie, dans une certaine proportion, sur la population judaïque (2).

Cette même raison et la rareté apparente et fictive d'il-
légitimes Juifs expliquent la plus grande abondance d'enfants mâles Juifs en Prusse et en France (120 pour 100),
quand on sait que l'excès des enfants mâles se remarque
plus facilement dans les naissances légitimes.

Venons aux qualités morales. Beaucoup des qualités et
des vices du Juif moderne se trouvent indiquées, en germe,
dans son antique histoire; par exemple: la tenacité, portée
parfois jusqu'à l'obstination, et l'amour très vif de la patrie,
dont il a donné, dans les temps anciens, comme maintenant, des preuves magnanimes, et, plus encore, l'avarice,
l'avidité de l'or, la crédulité théologique, la foi exagérée

(1) En Prusse 113 mâles Juifs pour 100 femmes; en Livonie 120 mâles pour
100 femmes. (Babbage, *Edimb. Journ. of Science*, 1825). — En Prusse 1
mort sur 34 chrétiens; 1 sur 40 Juifs.

(2) C. Lombroso, *Studi statistico-igienici su l'Italia*, Bologne 1867. — Chez
les Catholiques de Vérone on compte un illégitime sur 5 légitimes; chez
les Juifs à peine 1 sur 100; c'est pourquoi la mortalité des enfants Juifs
est moindre, c.-à-d. de 30 p. 0/0; tandis que, chez les catholiques elle est
de 60 p. 0/0. Chez les adultes Juifs, au contraire, la mortalité est de 65 0/0,
et, chez les Catholiques, de 39 0/0 seulement.

dans les traditions, si étranges et si bizarres qu'elles fussent, la tendance aux associations, l'astuce et la finesse; qualités qui les placèrent si haut dans le monde commercial. Leur incapacité pour les arts plastiques est, chez eux, comme chez tous les Sémites, si invétérée, qu'on l'entrevoit dans les rigides lois iconoclastes de la Bible.

Toutefois on ne peut nier que, chez un grand nombre de Juifs modernes, on ne remarque des aptitudes contraires aux anciennes; et déjà on commence à voir, parmi eux, des peintres et des sculpteurs, et, ce qui est plus extraordinaire, des incrédules et des prodigues. En général, les aptitudes des Juifs sont analogues à celles qui prévalent dans les pays où ils se sont établis : savants en Allemagne, ils sont très superstitieux en Pologne, parleurs dans la Vénétie, sobres et taciturnes dans le Piémont; et Acosta et Spinoza, les deux Juifs qui combattirent le plus fortement les préjugés et les croyances judaïques, naquirent en Hollande, où surgirent, précisément, les plus tenaces adversaires de l'orthodoxie catholique.

Mais ils ont perdu aussi quelques-unes de leurs grandes qualités historiques. Le courage, le mépris de la vie était un des caractères saillants de cette robuste race: on la vit verser à flots son propre sang sur les murailles de Massada, et le triomphateur, en entrant dans la ville vaincue, put contempler ce spectacle nouveau, même pour un cœur romain, d'un peuple entier qui s'était suicidé pour ne pas survivre au déshonneur commun. Or, la rareté des suicides et des hommes de guerre remarquables, parmi les Juifs de nos jours, montre que cette vertu n'excelle plus chez eux comme autrefois, et qu'elle fait souvent place à une peur instinctive de la mort.

Par contre, ils acquirent des qualités qu'ils ne possédaient pas avant de mettre le pied en Europe. L'amour de la famille, qui, dans les races européennes, va en s'attiédissant toujours d'avantage, a pris, chez eux, de grandes propor-

tions; l'inertie proverbiale de l'Asiatique, sa complète indifférence pour tout ce qui ne touche pas son or et son
Dieu, l'ignorance, qui en est la conséquence, disparurent,
donnant lieu à une activité fébrile dans toutes les branches
où s'exerce l'activité humaine. C'est ainsi qu'excellèrent :
dans la politique, Abrabanel, etc.; dans la dialectique, Spinoza; dans l'ironie, Heine; dans le journalisme, Yung,
Weill, etc. ; dans la musique, Meyerbeer, Halévy, Cohen;
en Allemagne, les plus illustres médecins ou physiologistes,
Casper, Hirsch, Schiff, Valentin, Cohnheim, Traube, Fraenkel
sont d'origine juive. En somme, proportionnellement au
nombre, ils ont offert, comparativement à leurs concitoyens
non Sémites, une liste au moins égale, sinon même plus
considérable, de producteurs intellectuels; et, qu'on le remarque, même dans les sciences pour lesquelles la race sémitique (1) montra toujours, auparavant, peu d'aptitude,
comme, par exemple, dans les sciences exactes. Dans les
seuls arts plastiques et mécaniques ils ne donnèrent aucun
homme de valeur.

Donc, non seulement ils dépassèrent le niveau inférieur
de la race sémitique, à laquelle il est refusé d'atteindre à

(1) « Les Sémites, dit Renan, manquent de curiosité : *Dieu est grand* c'est
toute leur explication. Voyant en tout l'action inflexible de l'Etre Suprême,
leur science finit au proverbe et au lyrique, comme en Grèce, à l'époque des
sept sages ». *(Histoire des langues sémitiques*, i, Paris 1855).

Quant à l'inertie et à l'apathie des Sémites, il suffit de rappeler avec Despine que « les Arabes, en Afrique, laissèrent tomber en ruines les nombreuses
constructions hydrauliques des Romains qui l'avaient fertilisée. En temps
de disette, l'Arabe se laissera mourir de faim, mais il ne redoublera pas son
travail, pas plus qu'il ne cherchera à suppléer par de nouvelles récoltes à
celle qu'il a perdue. Les Arabes aiment l'or, mais par avarice, non pour
jouir des avantages qu'il procure, et ils l'enfouissent dans la terre. Napoléon, Monge, en Egypte, cherchèrent à frapper les Arabes par le spectacle
de grandes expériences de physique et de mécanique; mais l'électricité qui
secouait les cadavres ne les émouvait pas, et l'aérostat qui fendait les airs
les laissait indifférents ». (Despine, *Psychologie naturelle*, Paris 1868).

la coupe intellectuelle de la race blanche au delà du lyrique et de l'épopée, mais ils s'élevèrent quelquefois au-
desssus des Aryens; toujours ils marchèrent d'un pas égal
avec eux. Voilà donc une autre race qui, sous nos yeux,
tout en conservant en partie le type primitif, s'élève à
des degrés supérieurs et se transforme.

On sait parfaitement comment cela s'est produit. L'émigration forcée soumit cette race, qui serait demeurée très
peu progressive, comme toutes les autres populations sémitiques, à l'action de climats tout à fait différents de celui
d'origine; la persécution continue, séculaire, faisant l'office, comme dirait Darwin, de *sélecteur* de l'espèce, aviva
l'intelligence de ceux qu'elle ne put éteindre (et ils auront
été nombreux) et perfectionna leur esprit. Et comme l'astuce et l'activité, l'apparence de la misère, et par conséquent l'avarice, pouvaient seules les soustraire à de trop
féroces persécutions (1), contre lesquelles toute résistance
serait demeurée impuissante, ces vices s'accentuèrent chez
eux, en même temps que l'on vit s'éteindre peu à peu des
qualités qui auraient été plus nuisibles qu'utiles, comme
le courage et la générosité. Puis s'y ajouta, mais plus tard,
comme nous le verrons, le névrosisme.

Cette action combinée du climat et des circonstances ressort mieux en voyant que les Juifs n'ont pas progressé d'un
pas sur ceux qui habitent le même sol, dans les pays chauds
et dans ceux où manqua la persécution. Ainsi, en Abys-
sinie, ils n'ont progressé en rien, bien que, contre leur
coutume, ils y aient fait de nombreux prosélytes, et qu'ils
n'y aient souffert aucune persécution — peut-être même à
cause de cela; — et ils se sont abrutis dans leur terre na-
tale, où cependant ils sont comblés de faveurs par leurs
dévots coreligionnaires de toute l'Europe.

(1) Lombroso, *L'uomo bianco*, 1870

A Bombay, les Juifs maçons, agriculteurs, charpentiers,
soldats, prétendent descendre des tribus emmenées en exil
par les Assyriens au temps d'Osias : ils se marient entre
eux; ils observent le sabat, la circoncision; ils vénèrent
la Bible, sans la comprendre; réunis, avant l'arrivée des
Européens, en corporations sous des chefs spéciaux, ils ne
s'élevèrent pas au-dessus du niveau des infimes castes in-
diennes.

Dans l'Atlas, parmi les Berbères, Davidsohn trouva des
Juifs très pauvres et nullement supérieurs aux autres habitants peu civilisés; et ainsi dans la Chaldée, où ils se trouvent encore depuis l'époque de Nabuchodonosor.

En Chine, où ils sont établis depuis plus de 2000 ans,
ils n'ont fait aucun progrès, bien qu'ils n'aient jamais été
persécutés. Ils ont oublié boucoup de rites et d'usages de
leurs pères; comme les Chinois, ils ne prononcent pas le
b et l'*r*, et c'est certainement à leur imitation qu'ils ont
adopté les pratiques en mémoire des morts comme, par
exemple, celle d'exposer dans les temples, sur des tablettes,
les noms des ancêtres.

4. *Manque d'affinité.* — Une cause importante de trouble
politique, c'est le manque d'affinité qui se rencontre entre
populations coexistant dans un même pays par suite de conquête ou d'immigration.

Déjà Aristote (1), avait observé que la diversité d'origine,
parmi les populations qui vivent dans le même pays, donne
lieu à des révolutions, jusqu'à ce que les races s'assimilent ou que l'une s'impose à l'autre : ainsi les Achéens,
après s'être réunis aux Trezénates pour fonder Sybaris,
en chassèrent ces derniers après être devenus plus nombreux. Les Sybarites tentèrent d'en faire autant à Thurium
où ils recevaient l'hospitalité; ainsi les Zancliens furent
chassés par les Samiens et les habitants d'Amphipolis par

____

(1) ARISTOTE, *Politicon*, liv. v.

les colons de Chalcis, qu'ils avaient généreusement accueillis (Ibid.).

Et l'on peut expliquer par le manque d'affinité de race, les haines des Slaves contre les Turcs, des Czèques contre les Hongrois, des Basques contre les Espagnols, des Européens contre les Juifs.

Les Musulmans du Nord de Sumatra sont en révolution permanente contre les Hollandais; ce n'est pas le climat qui peut en être cause, non plus que le Gouvernement, qui, tolérant, intelligent, leur laisse une liberté presque absolue; et de fait les Bouddhistes de Java y sont soumis et tranquilles; cela ne peut provenir que de la différence de races, dont la diversité de religion est seulement un signe (1).

5. *Densité de la population.* — L'étude sur le rapport entre la densité de la population et la réaction monarchique en France (V. Pl. v-vi, fig. 5), nous a démontré que, dans les départements où la population est plus agglomérée, l'esprit public est plus enclin aux idées républicaines, et *vice versa.* En effet, les Basses-Alpes, les Landes, l'Indre, le Cher et la Lozère, qui ne dépassent pas le chiffre de 40 habitants par kilomètre carré, ont donné, dans les élections politiques de 1877-81-85, une cote élevée de votes au parti monarchique; il en est de même des départements de la Vendée, du Nord, des Hautes-Pyrénées, du Gers, du Lot et de l'Aveyron, dont le nombre d'habitants dépasse à peine 60 par kilomètre carré (2).

(1) Lanessan, o. c.
(2) Jacoby.

DIAGRAMME VIII.

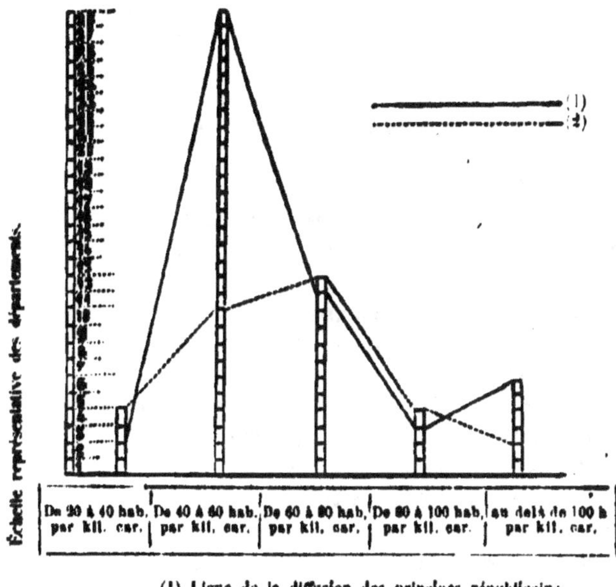

(1) Ligne de la diffusion des principes républicains.
(2)   »   »   monarchiques.

Au contraire, là où la population atteint un haut degré
de densité, comme dans le Rhône, dans la Loire, dans
Seine-et-Oise et dans la Seine, on voit l'esprit républicain
atteindre un plus grand développement. C'est ce que Jacoby avait déjà observé le premier (op. cit.).

Cela apparaît plus clairement par le Diagramme VIII. La
proportion *maxima* de républicains est fournie par les départements à densité *maxima,* puis par ceux qui s'approchent de la densité moyenne, bien qu'ils soient au-dessous.
— Dans les départements à densité *minima* prévalent les
monarchistes : dans les autres départements les deux partis
se contrebalancent.

On comprend facilement que, là où la population urbaine est plus accumulée, les agitations politiques se produisent plus fréquemment. Cela se voit spécialement à Paris, où, comme écrit Viollet-le-Duc (1), tout le monde civilisé déverse son écume, faisant de cette capitale une ville cosmopolite, dans laquelle une foule sans toit, sans patrie, sans principes, dispose audacieusement des élections et profite des malheurs du pays pour en ruiner le Gouvernement et s'élever elle-même.

Ce fut ainsi que, après la Commune, sur 36,000 arrestations, le nombre des étrangers s'éleva à 1725, et celui des provinciaux à 25.648.

« C'est là, ajoute Maxime Du Camp (2), le vice des pays trop centralisés, où la vie provinciale ne trouve qu'un développement imparfait.

» Les grandes capitales sont nuisibles au calme politique ; elles produisent l'effet d'une pompe aspirante : elles attirent et retiennent. La France a la tête trop grosse, et, comme les hydrocéphales, elle est sujette à de véritables accès de fureur maniaque. La Commune en fut un.

» Le Parisien pur sang ne s'est mêlé à ces violences que dans une faible mesure ; l'écume de la province fermentait à Paris ; tous les impuissants, les vaniteux et les envieux y arrivent gonflés d'eux-mêmes, et se croient aptes à gouverner le monde parce qu'ils ont été exaltés dans les cabarets de leur village. Paris doit réaliser leur rêve ou périr ; Paris ne sait pas même leur nom, et pour expier un si grand crime, il doit tomber ».

6. *Rapport avec le génie.* — Quant à la génialité, quoi qu'en dise Jacoby, auquel cependant nous devons beaucoup dans ces études, son rapport avec la densité est très peu marqué, comme on le voit très bien par le Diagramme IX,

_____

(1) Viollet-le-Duc, *Mémoires sur la défense de Paris*, 1871.

(2) Maxime du Camp, *Les convulsions de Paris*, 1871.

complètement contradictoire. Même dans les Planch. v-vi,
si le parallélisme est évident pour les grands centres, pour
les capitales et les villes voisines des ports et des grands
fleuves (Paris, Lyon, Marseille), il ne l'est plus pour les
centres moyens (Nord, Haut-Rhin, Pas-de-Calais, Loire), qui
ont une grande densité mais peu de génies.

DIAGRAMME IX.

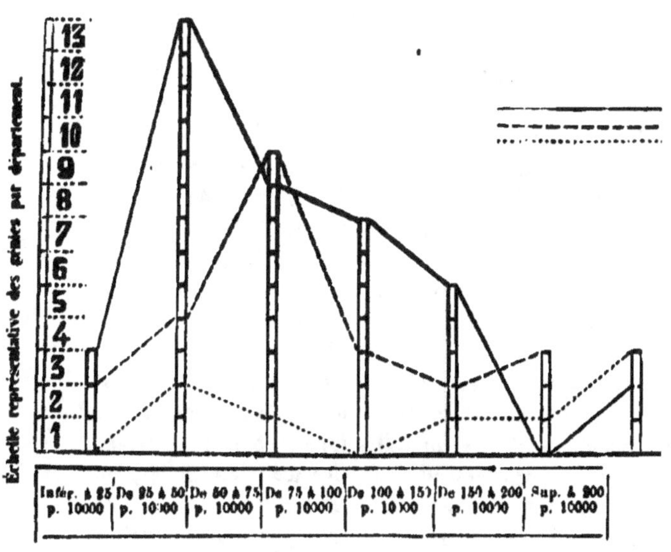

(1) Ligne de la diffusion de la densité de 40 à 60 habit. par kilom. car.
(2)   »   »   de 60 à 80   »   »
(3)   »   »   supér. à 100   »   »

Et encore, la grande fréquence des génies dans les grands
centres est plus apparente que réelle; nous avons démontré
que la plus grande partie des génies meurent, il est vrai,
dans les villes, mais qu'ils naissent dans la campagne, et
qu'ils n'apparaissent dans les grandes villes que parce qu'ils

y trouvent l'occasion et le moyen de s'y manifester. Cela fait croire que les grands centres sont plus favorables à leur renommée qu'à leur production (1).

Si, dans les premières époques de l'évolution, la densité de la population fut une cause de progrès, nous ne voyons pas qu'ils en soit de même maintenant en Chine, en Égypte, et, tenant compte des proportions diverses, à Madrid et à Naples.

En résumé, la densité est favorable aux troubles et aux évolutions, mais plus aux premières qu'aux secondes; ce qui ressort avec plus d'évidence encore en voyant son peu d'influence sur le génie qui représente le *maximum* de l'évolution.

7. *Progrès agricole et industriel.* — On doit ajouter, ici, les effets produits par le développement industriel ; la création des grands centres ouvriers a augmenté artificiellement les inconvénients et les avantages des agglomérations, en offrant aux idées nouvelles une facile propagation. Si les nouveaux et rapides moyens de communication, les chemins de fer, le télégraphe, peuvent aider à la répression, ils favorisent aussi les rassemblements des révoltés; aussi n'est-ce pas pour rien que les Gouvernements despotiques se sont toujours montrés hostiles aux chemins de fer et aux moyens de communication, même épistolaires.

Généralement, les nouvelles découvertes scientifiques, en même temps qu'elles apportèrent un puissant secours aux industries, fournirent aussi des armes aux forces révolutionnaires; ainsi le pétrole et la dynamite, semblent destinés à renouveler, contre les classes bourgeoises, la révolu-

(1) LOMBROSO, *L'Homme de génie*, ch. v, p. 199 et suiv. — La même opinion est exprimée par W. BAGEHOT : « Du sol épuisé des métropoles, très peu de grands hommes sont sortis », par CARLYLE, par GOTHE *(Autobiographie,)* par SMILES *(Vie et travail*, p. 375) et par RICHTER dans l'*Autobiographie :* « Aucun poëte ne naît dans les capitales ».

tion que la poudre a opérée, en faveur de ces dernières, contre la noblesse.

Du Diagramme X, il ressort avec évidence que les pays industriels ont donné, en France, le *maximum* des votes républicains et le *minimum* des votes monarchiques, et *vice versa* dans les pays agricoles; c'est pourquoi la carte des pays du froment et de la vigne, de Reclus, correspond, sauf quelques exceptions, à la carte des pays monarchiques (1).

DIAGRAMME X.

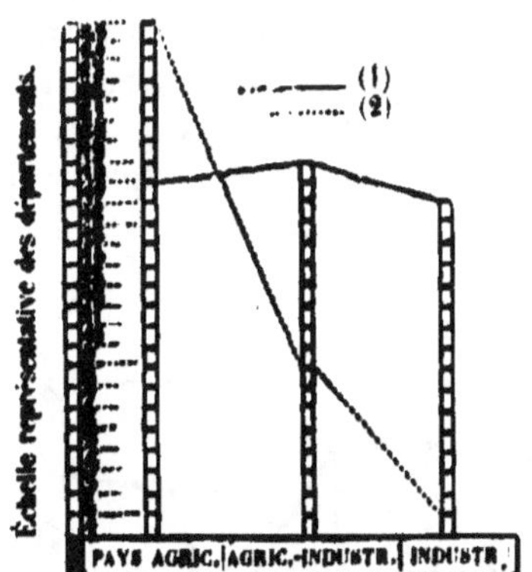

(1) Ligne de diffusion des principes républicains.
(2)   »   »   monarchiques.

Dans les pays mixtes, agricolo-industriels, les tendances s'équilibrent, avec quelque prévalence des monarchistes.

On pourrait en dire autant de la génialité qui prédomine dans les pays industriels; mais comme elle prédo-

---

(1) Dans *La Terre*, ZOLA montre que toutes les populations agricoles sont monarchiques: « Ils étaient pour le bon ordre, le maintien des choses, l'obéissance aux autorités qui assuraient la vente », pag. 156.

mine encore plus dans les pays de montagnes, qui souvent, sont industriels parce qu'ils ne peuvent pas se prêter à l'agriculture, cette concordance pourrait être masquée par l'action orographique.

Ce serait la même raison pour laquelle, dans les pays industriels, la cote des abstentions est plus forte.

Cette prévalence de l'évolution dans les pays industriels est tout à fait conforme à la loi historique de Spencer, qui signale la période industrielle comme la dernière évolution de l'humanité, et qui montre la plus grande évolution là où il y a la plus grande richesse.

8. *Instruction.* — Il est naturel, après cela, que là où l'instruction est plus répandue, l'évolution soit plus accentuée; et en effet (Diagramme XI) les départements qui donnent le *maximum* d'instruction (de 90 à 95 °/₀ sachant lire) sont tous républicains; dans les départements qui ont une forte cote d'habitants sachant lire et écrire les républicains l'emportent également sur les monarchistes.

DIAGRAMME XI.

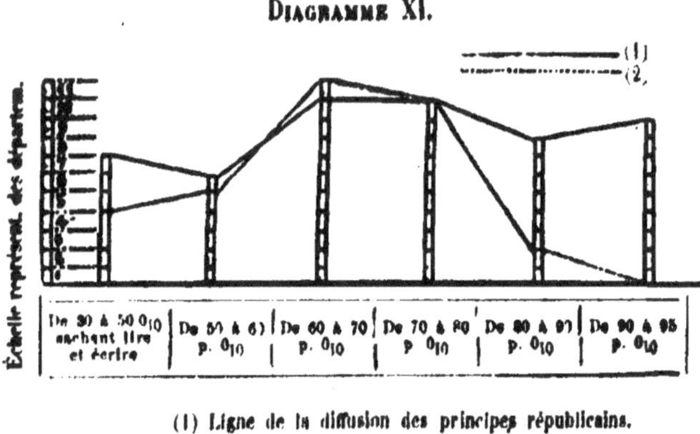

(1) Ligne de la diffusion des principes républicains.
(2)   »   »   monarchistes.

Dans les départements avec cote moyenne d'instruction, les républicains et les monarchistes se contrebalancent.

Le seul fait qui soit en contradiction avec ce parallélisme, c'est que, dans les départements qui donnent la cote
la plus faible d'habitants sachant lire et écrire, les républicains prédominent, ce que nous ne saurions expliquer.

9. *Génialité.* — Sans exception, comme l'avait entrevu
avec perspicacité Jacoby (1) et comme le montrent plus
exactement le Diagramme XII et l'étude des fig. 3 et 4 de
la Planche v-vi, est le parallélisme entre la diffusion de la
génialité et des tendances républicaines.

DIAGRAMME XII.

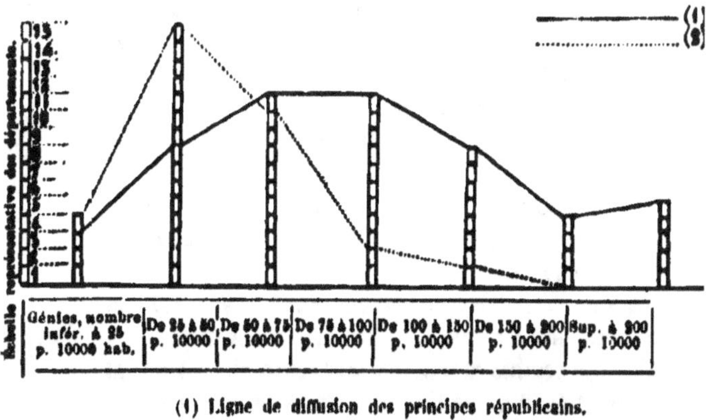

(1) Ligne de diffusion des principes républicains.
(2)   »   »   monarchiques.

Ainsi nous voyons le département de la Seine donner un
maximum de génialité et un *minimum* de votes réactionnaires; de même, les départements républicains du Var, du
Rhône, de Seine-et-Oise, de l'Yonne, de Seine-et-Marne,
etc., féconds en génies; tandisque la Vendée, le Morbihan,
le Pas-de-Calais, le Nord, les Basses et Hautes-Pyrénées, le

(1) JACOBY, *De la séleçt.*, pag. 577.

Gers, la Dordogne, le Lot, sont réactionnaires et donnent
très peu de génies. Cette analogie est si grande et si complète que, peut-être, elle masque et confond celle de la race,
de la densité, etc. — Et cela est naturel.

La génialité est tout à la fois un caractère et un indice
de l'évolution, moins parce qu'elle en provient, que parce
que l'évolution seulement sert à la mettre en lumière.

Carlyle (1) a écrit que le meilleur indice de la culture
intellectuelle d'une époque, c'est la manière dont elle ac-
cueille ses génies.

La Grèce a eu un si grand éclat artistique et littéraire,
parce que, par les concours Olympiques, par l'éducation
esthétique, par les fréquentes révolutions, elle préparait le
peuple à apprécier le génie, — pourvu toutefois qu'il ne
fût pas trop avancé; — Socrate en est un exemple.

Dans mes voyages, écrit Le Bon, j'ai pu m'assurer que
les couches moyennes, chez les Chinois et les Hindous, ne
sont pas inférieures aux couches correspondantes chez les
Européens, mais où la différence s'accentue, c'est en ce qui
regarde les hommes supérieurs à la moyenne, beaucoup
plus nombreux chez nous (2).

Toutefois, on voit, dans les études de A. Lyall sur les
mœurs de l'extrême Orient, que dans les Indes mêmes, où
le lien du sang semble de prime abord le ciment social
unique, le prestige d'un individu célèbre, d'un ascète re-
nommé par ses austérités, d'un brigand redouté, suffit pour
rallier autour de lui une clientèle de compagnons et former une nouvelle caste.

Selon Renan, c'est, au prophétisme, la seule forme de
génialité des Juifs, que sont dues leurs deux grandes révolutions religieuses : le judaïsme et le christianisme (3).

(1) CARLYLE, *Les Héros,*
(2) LE BON, *Les premières civilisations,* 1889.
(3) RENAN, *Histoire du peuple d'Israël,* II.

Ce n'est pas une observation nouvelle, que les peuples qui ont une plus grande vivacité d'esprit sont également plus enclins aux séditions; ce fut précisément le cas, non seulement des Parisiens en France, mais aussi des Florentins en Italie. Genève, qui, en 1500 était appelée la ville des mécontents, était certainement la plus cultivée de toute la Suisse; on en peut dire autant des Athéniens, qui dans la florissante période de leur civilisation arrivèrent à compter 56 poètes célèbres, 21 orateurs, 12 historiens et lettrés, 14 philosophes et savants et 2 illustres législateurs, comme Dracon et Solon, tandis que Sparte n'eut point, ou presque point, de révolutions et très peu de génies fameux (pas plus de 6 selon Schoell) (1); toutefois, ici, comme nous le verrons, il y avait une complication des influences orographiques.

Nous voyons en Italie les principes républicains fleurir dans le pays où, pour parler le langage d'Azeglio, *la plante homme croît plus belle et plus vigoureuse que dans le reste de l'Italie* (2) — la Romagne.

Pologne. — Mais on en a une preuve plus complète dans la Pologne, qui aurait eu tous les éléments contraires à la tendance révolutionnaire, puisque c'est un pays de plaine, à température froide, habité par une population de race slave et brachycéphale, et qui compta pourtant parmi les pays les plus séditieux de l'Europe.

Cela ne s'explique pas suffisamment par les formes de gouvernement, par les luttes pour l'élection des rois et par l'existence du *liberum veto* (causes secondaires et survenues après les premières séditions), mais bien plutôt par la précoce et extraordinaire extension de la culture intellectuelle, due à son tour à la position géographique intermédiaire de la Pologne, entre les Slaves du Nord, les Al-

(1) Schoell, *Histoire de la littérature grecque.* 1827-30.

(2) M. D'Azeglio, « Dove la planta uomo cresce più bella e vigorosa che nel resto d'Italia ».

lemands et l'Orient Byzantin, qui commençait alors à se désagréger, ainsi qu'au mélange d'un grand nombre de races.

Ce fut Boleslas le Grand qui donna la première impulsion à la culture intellectuelle de la Pologne, en y appelant, en 1008, l'ordre des Bénédictins; puis Casimir Ier, en y amenant, de Liége, de nombreux lettrés français. Au commencement du xiie siècle, les écoles et les bibliothéques y étaient très florissantes, et, un siècle après, non seulement les Polonais fréquentaient les universités de Padoue, de Bologne et de Paris, mais beaucoup d'entre eux y étaient devenus professeurs et recteurs, comme Nicolas de Cracovie, Jean Grot de Slupcé et Przeclaw.

Et, déjà, depuis un siècle, avaient paru les chroniqueurs Martinus Gallus (1110-1135), Matthias Cholewa, Vincent Kadlubek, Martinus Polonus et Vitévius, célèbre physicien et mathématicien.

En 1364 l'université de Cracovie, la première qui s'est fondée dans le Nord, en 1347, était déjà rangée parmi les plus célèbres de l'Europe, et, au siècle suivant, au Concile de Basilée, les docteurs Polonais obtenaient le second rang après ceux de Bologne.

Vers la même époque, Grégoire de Sannok se distinguait comme philosophe et comme naturaliste; Matthieu de Cracovie dictait l'*ars moriendi*, imprimé à Harlem en 1460.

Erasme de Rotterdam, dans sa lettre à Severino Bouar, appelle la Pologne *la patrie des savants.*

On dit que la première typographie européenne fut établie à Cracovie, en 1474; il est certain que les typographes Polonais qui se répandirent dans l'Europe furent très nombreux: Adamus à Naples, en 1478, Skrazetzky à Vienne, etc.

Le règne des deux Sigismond (1502-1622) fut très fécond en hommes illustres, et parmi ceux-ci, on compte Copernic et l'historien Jean Dlugoz.

L'instruction avait pénétré jusque dans les dernières classes du peuple; malgré les grands privilèges de la noblesse, chacun pouvait s'élever très haut par ses propres talents: Clément Junicki, Dantiscus, Kromer, Hosius étaient tous d'origine obscure.

Les œuvres de Bernard de Lublin et de Jean de Pilzno, relatives à la jurisprudence, offrent de nombreux points de contact avec les œuvres de Beccaria et de Filangeri (1).

La misère, fruit des guerres et des luttes intestines, et l'introduction des Jésuites dans les écoles, spécialement dans les écoles universitaires (1528), sous Sigismond III, commencèrent la décadence, précipitée par les persécutions et par le départ des meilleurs; toutefois, Sianczinski, dans le *Dictionnaire des hommes illustres de la Pologne* du temps de Sigismond III, y comptait encore

> 1149 hommes illustres,
> 711 écrivains,
> 110 guerriers.

Mais la décadence s'accentua peu à peu, et, sous Wladislas III, c'est à peine si l'on compte un prédicateur (?) et un poéte, Sarbinoski (2).

Et, en Pologne, comme à Athènes, comme à Florence, la grande, la trop grande génialité dégénéra en continuelles révoltes.

C'est que la culture intellectuelle a des effets malfaisants quand elle est trop grande, trop précoce et mal dirigée; ainsi, chez nous, à une certaine époque, le classicisme pastoral, le culte de la forme et le patriotisme classico-archaïque instillé par les Jésuites, ne contribuérent pas peu à attiédir, dans l'âme des jeunes gens, l'élan révolutionnaire et la haine contre l'étranger et contre le prêtre. Actuel-

(1) C. Forster, *La Pologne*, 1850. — Nitschmann, *Geschichte der Polnische Literatur*, 1889.

(2) Forster, op. cit.

lement, les études classiques, cultivant peu la morale, et
n'offrant pas, d'autre part, comme les sciences exactes et
mécaniques, un dérivatif aux luttes de la vie, augmentent
les déclassés et aggravent ainsi la disproportion qui existe
entre l'état de civilisation et les moyens de subsistance, ce
qui constitue une menace perpétuelle pour la paix sociale.

Nihilistes. — Selon Scheer (1), l'exagération de la culture
intellectuelle de la femme, en Russie, fut une des causes
qui la jeta dans les bras du nihilisme; en effet, si, tout
d'abord, l'émulation et le désir de s'instruire poussa les
jeunes filles russes à entrer dans les gymnases et dans les
universités que leur avait ouvertes Alexandre II, bientôt,
la plus grande partie y alla uniquement pour se conformer à la mode, et celles qui y entrèrent par vocation, s'a-
donnant exclusivement à l'étude des sciences naturelles,
devinrent anarchistes.

A ce résultat concourut peut-être une cause ethnique;
Bourget (2) démontre, en effet, que les effets du pessimisme,
qui est un fruit du contraste entre la réalité et les songes
d'une culture intellectuelle trop avancée, s'exagèrent encore
chez les Slaves, dans lesquels circule une plus grande abondance de sang asiatique qui exalte leurs facultés imagina-
tives.

C'est ainsi que l'on vit des jeunes filles de 15 à 18 ans,
des meilleures familles, s'en aller au loin pour y suivre
leurs instincts d'émancipation et leur aspiration vers une
culture intellectuelle plus moderne, se joindre à des étudiants, courir d'une aventure à l'autre, et se jeter, avec
eux, dans le nihilisme.

Babysme. — Rien de plus dangereux, d'ailleurs, pour
un peuple, qu'une culture intellectuelle contraire à ses traditions, ou, ce qui est pis encore, trop précoce. On le vit

(1) *Les Nihilistes*, trad. ital. de V. Artom. — Turin 1887.
(2) BOURGET, *Études psychologiques*, 1889.

dans l'Inde, où les écoles régies par les Anglais, suivant la
manière européenne, formèrent, parmi les indigènes, les
Babys qui se comptent par milliers, singent la culture intellectuelle européenne sans la comprendre et sont moralement et intellectuellement méprisables.

Les paroles que le Baby connaît, expriment pour lui des
idées qu'il ne comprend pas; c'est un aveugle au milieu
des couleurs. La Reine d'Angleterre, son premier ministre
et le Prince de Galles, il les conçoit comme une seconde
Trinité indienne. Il a oublié sa propre langue, sa propre
littérature et sa propre religion, sans avoir acquis aucune
qualité européenne, tandis qu'au contraire il a perdu en
moralité.

Lâches vis à vis des Européens, au point de se laisser
bâtonner, les Babys sont despotiques et arrogants vis à vis
des autres Hindous; ils ont en main l'administration de
l'Inde; ils espèrent en avoir le gouvernement et poussent
aux conjurations et aux révoltes.

Ils forment un éloquent contraste avec les Pandits indigènes, dont l'éducation a été faite dans les écoles des
Hindous, et qui sont graves, honnêtes, instruits. Le vice-
roi, qui établit dans l'Inde l'enseignement européen, fut le
plus grand ennemi de l'Angleterre, parce que les Babys, qui
commencent, maintenant, par écrire les journaux pamphlets,
seront un jour ceux qui soulèveront les populations en faveur de la Russie (1).

10. *Presse et littérature.* — L'influence des chefs révolutionnaires et de la culture intellectuelle serait beaucoup
moindre, si elle n'avait, comme puissant auxiliaire, la
presse, qui, on peut le dire, dirige aujourd'hui l'opinion
publique, et qui fut la principale alliée des grands agitateurs, spécialement en ce siècle.

____

(1) Lanessan dans la *Revue scientifique*, 1885.

C'est grâce à elle que les Encyclopédistes préparèrent la ruine de l'ancien régime; déjà ils avaient eu pour précurseurs Mably, Brissot, auquel on doit le mot: *La propriété c'est le vol*, et l'abbé Morelly qui prêchait le communisme dès le commencement du XVIII° siècle. Il est passé en proverbe, — et cela est très vrai (Taine l'a prouvé) — que c'est à eux qu'est due la rapidité, peut-être excessive, des mouvements de 1789: *C'est la faute à Voltaire*, etc. *Depuis l'Évangile jusqu'au Contrat social, ce sont les livres*, dit Bonald, *qui ont fait les révolutions*. Ce fut au moyen de la presse que Marx et Lasalle purent jeter les premiers germes de l'émancipation des classes ouvrières, et Herzen, Tschernyschewsky et Bakounine commencer la lutte contre le despotisme des Czars. De même, dans le champ scientifique, le darwinisme put détruire les derniers vestiges des superstitions religieuses.

S'il faut en croire un écrivain anglais (1), la guerre civile de l'Irlande contre l'Angleterre aurait aussi, dans la presse, un de ses plus puissants appuis.

En effet, tandis qu'autrefois on ne voyait là, entre les mains du peuple, autre chose que des vies de bandits et des histoires de sorcières, en ces derniers temps commença à se répandre une littérature populaire, avec les biographies des héros de l'indépendance irlandaise, dans le but de raviver le sentiment national et patriotique; puis, le *Mémoire historique sur l'Irlande* de O'Connell vint attiser de nouveau la haine, non seulement de race, mais encore de religion, et, ensuite, d'autres histoires sans grande valeur, mais visant au même but, comme celles de D'Arcy, de Gee, de Sullivan, etc., ainsi que les poésies anti-anglaises de Thomas Davis, le plus robuste poète nationaliste.

Parmi le peuple, sont également en grande vogue les almanachs, comme le *Nugent's Almanac*, l'*Old Moore*, qui

(1) *The Irish Problem*, London 1881. — *Edimburgh Rev.*, January, 1882.

font de fréquentes allusions à la révolution irlandaise, absolument comme en Italie, le *Nipote del Vesta Verde*, tenait éveillées les espérances révolutionnaires en Lombardie.

Mais par dessus tout se fait sentir l'influence de la presse périodique: en effet, pas moins de 59 journaux irlandais, sur 153, favorisent la propagande nationaliste; sans compter les journaux fénians de New-York, comme l'*Irish Worlds*, qui est très répandu parmi le peuple.

On ne peut donc pas dire que la mission de la presse soit toujours pacifique, ni, comme l'écrit Quetelet (1), qu'elle ait une action régulatrice, en empêchant, comme une sorte de soupape de sûreté, les forces révolutionnaires de constituer un danger grave, par leur concentration.

Et nous le voyons, aujourd'hui encore, par les innombrables journaux et opuscules qui, spécialement en Allemagne et en France, passent par les mains du peuple et ne font que fomenter les haines des classes. L'anarchisme se signale particuliérement par une véritable inondation de ces publications qui ont souvent un titre et un caractère criminel. Il suffit de citer *L'Explosion, Le Journal des assassins*, et ce seul entrefilet de la *Freiheit:*

« Allons, égorgez! Que la vengeance soit terrible! Tel
» doit être le refrain des chants révolutionnaires. Tel sera
» le cri que lancera le Comité exécutif après la victoire du
» prolétariat. Dans les moments de crise il faut qu'un ré-
» volutionnaire convaincu ait toujours devant lui ce di-
» lemme : Ou faire tomber, en plus grand nombre possible,
» les têtes de ses ennemis, ou se préparer à être lui-même
» décapité. La science fournit ajourd'hui les moyens de
» détruire gracieusement et en grand cette race de mons-
» tres ».

Et cet autre du *Ciclone,* paru à Mantoue il y a quelques années :

____

(1) *Physique sociale,* Livre v.

« Cette masse.... comprend bien qu'il est de son avan-
» tage d'égorger le propriétaire, de brûler l'infect galetas,
» de s'emparer des beaux palais qu'elle a construits elle-
» même, de défoncer les coffres-forts, de renverser toute
» autorité en pendant roi, ministres, sénateurs, députés,
» avocats, commissaires de Police, préfets et toute leur sé-
» quelle. Cette masse avilie ne sera la majorité que le jour
» de la révolution même... ».

Les effets de semblables publications sur une multitude
ignorante et épuisée par les privations, ne peuvent être
douteux.

11. *La passion dans les révoltes et dans la révolution.*
— Un des mobiles les plus puissants, aussi bien des révoltes que des révolutions, c'est la passion : plus noble, plus
généreuse dans celles-ci, plus inhumaine et plus féroce
dans celles-là, violentes dans toutes, et, par là même, de
brève durée, mais d'une efficacité toujours très grande :
c'est que, en effet, elle est comme une force explosive qui
projette un peuple bien au delà de son but naturel, ce qui,
par réaction, le ramène bien en deçà de son point de départ.

« Dans ces jours de crise terrible, écrit Valbert (1), les
vérités auxquelles on croyait le jour d'avant n'ont plus de
sens. La sagesse semble folie; la folie, sagesse. Les pacifiques poussent des cris de guerre. La plupart sentent leur
cœur s'endurcir; les modestes deviennent violents. La loi
de cause et d'effet paraît suspendue; l'œuvre d'un siècle
s'accomplit en une heure.

» Ne demandez pas aux révolutions d'être sages; ce serait demander à la tempête de ne rien briser ».

Le conventionnel Baudot disait: « Il y a des hommes qui
ont la fièvre pendant vingt-quatre heures; moi, je l'ai eue
pendant dix ans ».

______

(1) VALBERT, *Le centenaire de 1789. — Revue des Deux-Mondes*, 1839.

La vie de l'homme, dit Macaulay, court avec une extrême
rapidité dans les temps de révolution; on acquiert, en quelques heures, toute l'expérience d'un grand nombre d'années. Les habitudes invétérées sont violemment brisées, et
les nouveautés, qui, à première vue, inspirent des craintes
et des répugnances, deviennent, en peu de jours, familières
et attrayantes.

C'est ainsi qu'on a vu des Parlements ultra-monarchi-
ques, comme en Angleterre, devenir presque républicains;
Clarendon, après s'être abandonné au désespoir en voyant
son fils passer du service de Jacques II à celui de Guillaume,
se fait lui-même rebelle au bout de quinze jours. St. Paul,
d'ennemi acharné, devient apôtre du Christ.

Dans toute révolution, écrit Renan (1), les créateurs sont
absorbés et supprimés par ceux qui leur succèdent. Le premier siècle de l'Hégire, vit l'extermination des parents et
des amis de Mahomet, qui prétendaient confisquer, à leur
profit, la révolution dont ils étaient les auteurs.

Dans le mouvement Franciscain, les vrais disciples de
Saint François d'Assise, après une génération, furent re-
gardés comme des hérétiques dangereux et jetés au bûcher
par centaines.

C'est que l'idée, dans les premiers jours d'activité créatrice, marche à pas de géant, — justement en vertu de
la loi d'inertie, que nous avons étudiée, et d'après laquelle
le mouvement commencé continue à s'accélérer toujours
davantage — et l'initiateur devient un rétrograde, un obstacle à sa propre idée qui veut avancer malgré lui.

On comprend, dès lors, pourquoi, dans les époques de
révolutions (Athènes, Florence), les grands hommes qui
sont cependant toujours méconnus, trouvent si facilement
un accueil; c'est la passion qui suffoque le misonéisme et
qui fait rechercher et accueillir ces alliés naturels; et, en

____

(1) Renan, *L'Eglise Chrétienne.*

leur absence, on baptise comme génies des hommes qui
ne sont que de grands fanatiques, comme l'étaient les chefs
de 1789.

C'est le propre des grandes révolutions, écrit Laveley (1),
d'élever les âmes de tous les contemporains, de leur donner je ne sais quelle trempe inconnue auparavant et qui
ne tarde pas à se perdre. Les plus humbles, les plus obs-
curs, ceux même qui n'ont pris aucune part aux événements et qui les ont à peine suivis, expriment encore, longtemps après, des sentiments bien supérieurs à ceux que
comporte, d'ordinaire, leur condition. Il suffit d'avoir vécu
dans ces années ardentes pour sortir de ces flammes plus
purs et plus forts.

Et la passion suscitée et renforcée par l'imitation, par
le triomphe, par les obstacles, accomplit certains actes qui
sembleraient, et qui sont en partie, des formes de folie
épidémique.

Les officiers de Cromwell, écrit Macaulay, exerçaient les
fonctions spirituelles, les associant à celles de chefs militaires. Dans les intervalles de l'action, ils s'adonnaient aux
prédications, à la prière. Des ravissements et des extases
leur tenaient lieu d'étude et de méditations, et lorsqu'ils
donnaient libre cours à leurs pensées, dans des harangues
improvisées, ils étonnaient les assistants et eux-mêmes par
l'éloquence qui s'échappait de leurs lèvres.

Un sermon pélagien, un mur sur lequel était représentée
la Vierge avec l'Enfant-Jésus, suscitaient une telle colère
parmi la soldatesque puritaine, qu'il fallait toute l'autorité
des officiers pour la calmer. Une des plus grandes difficultés, pour Cromwell, était d'empêcher ses arquebusiers
d'envahir, à main armée, les chaires des ministres qui
prêchaient.

(1) Laveley, *Vie de Wiertz*. 1880.

Lorsque la bataille s'engageait, tout le camp retentissait du chant de psaumes spirituels. Dans une cause si sainte ils regardaient les blessures comme méritoires, la mort comme un martyre; les fatigues et les périls du combat, loin de dissiper les pieuses visions, contribuaient à les imprimer plus puissamment encore dans les esprits.

Les premiers chrétiens en arrivèrent à enseigner que le mariage était honteux, la beauté inutile, et le martyre obligatoire (1).

C'est par l'influence de la fièvre passionnelle, suscitée par les prédications de Savonarole, que l'on peut expliquer la rage iconoclaste du peuple le plus artiste de l'Italie, du peuple florentin; c'est cette fièvre qui explique la proposition du député Jean Debry, dans la séance du 26 août 1792, d'organiser un corps de 1200 volontaires qui « se dévoueront pour aller attaquer corps à corps, individuellement, les tyrans qui nous font la guerre et les généraux qu'ils ont préposés pour anéantir en France les libertés publiques »; c'est elle encore qui explique la férocité du pacifique peuple hollandais contre les frères de Witt, les atrocités des Juifs Zélotes contre les modérés qu'ils égorgèrent tous et dont ils détruisirent même les maisons, et l'anthropophagie chez des peuples modernes et civilisés, comme à Palerme et à Paris. C'est la puissance de la passion qui explique les prodiges de valeur de Milan dans les cinq journées; de Gênes, dans l'insurrection de Balilla; de la Sicile dans la journée des Vêpres, alors qu'un peuple sans armes, ou à peu près, défit les fortes phalanges françaises et autrichiennes.

Amari démontre (2) que, dans la révolte des Vêpres siciliennes, il n'y eut ni conjuration, ni influence de puis-

(1) Renan, *L'Église Chrétienne*.
(2) Amari, *Vespri Siciliani*, chap. vi.

sants ou de génies; le peuple fut uniquement poussé par l'antagonisme national.

« Les impôts pour l'entreprise de Grèce, les outrages de la semaine d'avant Pâque, à Palerme, l'intolérable insulte de Droetto comblèrent la mesure.

» Et le massacre fut si impitoyable, au dire du chroniqueur Malaspina, qu'il semblait que chaque homme eût à venger la mort d'un père ou d'un fils, et crût faire une chose agréable à Dieu en égorgeant un français ».

« Une foule, dit Tarde (1), est un phénomène étrange; c'est un ramassis d'éléments hétérogènes, inconnus les uns aux autres; pourtant, dès qu'une étincelle de passion jaillit de l'un d'eux, électrise ce pêle-mêle, il s'y produit une sorte d'organisation subite, de génération spontanée. Cette incohérence devient cohésion, ce bruit devient voix et ce millier d'hommes pressés ne forme bientôt plus qu'une seule et unique bête fauve, innommée et monstrueuse, qui marche à son but avec une finalité irrésistible. La majorité était venue là par pure curiosité, mais la fièvre de quelques-uns a rapidement gagné le cœur de tous, et, chez tous, s'élève au délire. Tel qui était accouru précisément pour s'opposer au meurtre d'un innocent est, des premiers, saisi par la contagion homicide, et, qui plus est, n'a pas l'idée de s'en étonner.

» Nous sommes pendant la commune; un homme en blouse blanche traversant une place passe auprès d'une populace surexcitée, il paraît suspect à quelqu'un; à l'instant, avec la vitesse du feu, ce soupçon se propage, et aussitôt qu'arrive-t-il ? Un soupçon suffit, toute protestation est inutile, toute preuve est illusoire, la conviction est profonde ».

L'influence de la passion se voit même dans la manière de supporter le martyre, comme s'il constituait une grande

(1) Tarde, *Philosophie pénale.*

jouissance, et dans l'influence que le martyre exerce dans
la révolution.

« On dirait, écrit Renan, que le chrétien vit en ayant toujours devant les yeux la perspective du supplice. Le martyre est la base de l'apologétique chrétienne. A entendre
les controversistes du temps, il est le signe de la vérité du
christianisme. L'Eglise orthodoxe seule a des martyrs; les
sectes dissidentes, par exemple les montanistes, font d'ardents efforts pour prouver qu'elles ne sont pas dénuées de
ce critérium suprême de vérité.

« Les persécutions ont été un élément de premier ordre
dans la formation de cette grande association d'hommes
qui, la première, fit triompher son droit contre les prétentions tyranniques de l'Etat.

» On meurt en effet pour des opinions, non pour des
certitudes; pour ce qu'on croit, et non pour ce qu'on sait.
Les plus belles conquêtes du christianisme, la conversion
d'un Justin, d'un Tertullien furent amenées par le spectacle du courage des martyrs, de leur joie dans les supplices et de l'espèce de rage infernale qui poussait le monde
à les persécuter (1) ».

Parmi les lettres qu'Ignace écrivit de Smyrne il y en eut
une adressée aux fidèles de Rome, à l'imitation de St. Paul.
Le style en a une saveur âpre, quelque chose de fort et de
populaire; la foi la plus vive, l'ardente soif de la mort
n'ont jamais inspiré d'accents si passionnés. L'enthousiasme
du martyre, qui, durant deux cents ans, fut l'esprit dominant du christianisme, a reçu de l'auteur de ce morceau
extraordinaire son expression la plus exaltée.

« L'affaire est bien entamée, dit-il; pourvu seulement que
rien ne m'empêche d'atteindre le but qui m'est échu, d'être
mis à mort. C'est de vous, à vrai dire, que viennent mes
inquiétudes; je crains que votre affection ne me soit domi-

____

(1) RENAN, *L'Eglise chrétienne*, pag. 122.

mageable. Vous autres, vous ne risquez rien; mais, moi, c'est Dieu que je perds si vous réussissez à me sauver. Jamais je ne retrouverai une pareille occasion; et vous, à condition que vous ayez la charité de rester tranquilles, jamais vous n'aurez contribué à une œuvre meilleure. Si vous ne dites rien, en effet, j'appartiendrai à Dieu; si, au contraire, vous aimez ma chair, me voilà de nouveau rejeté dans la lutte.

Ah! il m'est doux de m'endormir en Dieu. Vous n'avez jamais fait de mal à personne; pourquoi commencer aujourd'hui?

Laissez-moi être la pâture des bêtes, grâce auxquelles il me sera donné de jouir de Dieu. Je suis le froment de Dieu; il faut que je sois moulu par les dents des bêtes, pour que je sois trouvé pur pain du Christ. Caressez-les plutôt, afin qu'elles soient mon tombeau et qu'elles ne laissent rien subsister de mon corps, et que mes funérailles ne soient ainsi à charge à personne.

J'espère les trouver dans de bonnes dispositions; au besoin je les flatterai de la main pour qu'elles me dévorent sur le champ et qu'elles ne fassent pas, pour moi, comme pour certains, qu'elles ont craint de toucher. Que, si elles y mettent du mauvais vouloir, je les forcerai.

Feu et croix, troupes de bêtes, dislocations des os, mutilation des membres, broiement de tout le corps, que tous les supplices du démon tombent sur moi... pourvu que je jouisse de Jésus-Christ (1) ».

Pour trouver une parole marquée au coin d'une si chaude éloquence il faut venir jusqu'à nos jours, au chant de cette nihiliste mourante qui arracha des larmes à ses juges et à ses bourreaux :

« Hâtez-vous, juges, condamnez-moi sans plus tarder; mon crime est grand, il est horrible! Vêtue d'un grossier

____

(1) RENAN, *Les Evangiles*, 493.

vêtement de coton, sans souliers, je m'en allais là où gémissent nos frères, où la misère et le travail sont éternels. A quoi bon les phrases et les discours? Ne suis-je pas déjà une criminelle convaincue? Ne suis-je pas le crime en personne? Voyez, j'ai encore les épaules enveloppées dans des vêtements de paysanne, les pieds nus, les mains calleuses, je suis brisée par le travail; mais la plus grande preuve contre moi, je la porte dans mon amour pour mon pays. Si coupable que je sois, cependant, vous juges, vous êtes impuissants contre moi; oui, je suis inaccessible à quelque châtiment que ce soit, parce que j'ai *une foi* que vous n'avez pas, la foi dans le triomphe de mes idées. Vous pouvez me condamner à vie, mais mon mal, comme vous le voyez, fera que ma peine sera brève. Je mourrai *le cœur plein de ce grand amour,* et les bourreaux eux-mêmes, jetant à terre les chefs de ma prison, éclateront en sanglots et prieront à mon chevet (1) ».

Soixante ans après la mort d'Ignace la phrase caractéristique de sa lettre: « *Je suis le froment de Dieu* » était traditionnelle dans l'Eglise; on la répétait pour s'encourager au martyre; de même, maintenant, le chant de la nihiliste mourante enflamme les martyrs Russes.

L'influence de la passion explique un fait qui n'a pas été assez remarqué dans l'histoire, à savoir, que chaque soulèvement, chaque révolution fut précédée ou accompagnée de chansons qui exerçaient une sorte de fascination que n'explique certainement point la valeur de la musique ou des paroles; telles furent le *Ça ira* et la *Marseillaise* en 1789, l'*Hymne de Garibaldi* en 1860, le *Su figli d'Italia, su in armi, coraggio!* qui accompagna les mouvements de 1831, le *Fratelli d'Italia* qui accompagna ceux de 1849, et, plus récemment, la chanson des *Pioupious d'Auvergne* et *En re-*

____
(1) STEPNIAK, op. cit.

venant de la revue, répandues pour préparer un soulèvement Boulangiste et la *Chanson des Rebelles et des Vagabonds* des Anarchistes de Chicago (1).

Rien n'est plus connu que le chant populaire, ou *Scolion,* en l'honneur des deux meurtriers d'Hippias. Autant est obscur le nom du poëte Callistrate à qui on l'attribue, autant l'œuvre elle-même est devenue célèbre: c'était comme la Marseillaise du peuple athénien.

« Je porterai le poignard sous la branche de myrte, comme
» Harmodius et Aristogiton, lorsqu'ils tuèrent le tyran et
» rendirent Athènes à la liberté.

» Cher Harmodius, on dit que tu n'es point mort, mais
» que tu vis encore dans les îles des bienheureux, auprès
» du rapide Achille et de Diomède le fils de Tydée.

» Je porterai le poignard sous la branche de myrte, comme
» Harmodius et Aristogiton, lorsque, dans les fêtes d'A-
» thènes, ils tuèrent le tyran Hipparque.

» Votre gloire durera toujours sur la terre, cher Har-
» modius, cher Aristogiton, parce que vous avez tué le tyran
» et rendu Athènes à la liberté ».

Aux temps de Jacques II, une très mauvaise poésie de Thomas Warton eut une si grande influence que celui-ci, poëte sans talent d'ailleurs, se vantait d'avoir à lui seul amené l'expulsion du roi.

Le chant qui accompagnait, à l'origine, tous les actes des sauvages et même chacune de leurs paroles, se reproduit, par impulsion atavique, dans l'excitation de la pas- sion, dans toutes les grandes émotions; mais, à son tour, il en devient une cause dynamogène, comme les couleurs du drapeau, comme les cris, les gestes violents, qui, bien que n'ayant aucun sens, ou presque aucun, entraînent les mas- ses vers une résultante fixe.

---

(1) Schaak, *Anarchie and Anarchis.* Chicago, 1890.

Le chant, précisément par son caractère indéterminé, répond à toutes les aspirations de la foule et les fond ensemble. C'est une espèce de totalisateur qui synthétise, qui réduit à un dénominateur commun, malgré leur diversité, ces aspirations des individus; et il est, tout à la fois, un effet et une cause de la fermentation générale.

Ces passions ont souvent, pour point de départ, un sentiment fort et généreux; mais elles peuvent aussi, spécialement dans les rébellions, être très ardentes sans être justes, ni proportionnées à la cause; et cela est naturel parce que la passion ne naît pas de l'intelligence, mais du sentiment; et le sentiment est aveugle.

Un même peuple, peut, à bref intervalle de temps, sous l'empire de la passion, éclater en révoltes féroces pour des causes minimes, et rester ensuite apathique en présence de causes très graves. Ainsi, dans la Commune de Paris, le plaisir de réagir contre la bourgeoisie rend héroïques des citoyens qui ne s'étaient pas émus en face de l'invasion étrangère et qui ne s'opposèrent pas aux violences brutales de la canaille.

L'imitation, comme aux temps de E. Marcel, de Cola di Rienzi, la faim, comme à l'époque de Masaniello et de 1789, ont une très grande influence pour élever ou abaisser ce diapason, surtout lorsque le ferment est à l'état naissant.

Le français, si énergique en 89, resta apathique en 1815; et l'enthousiasme italien de 1848 ne fut point égalé en 1859, moins encore en 1866. Que furent Ficuzza et Mentana, en comparaison des premières entreprises des Mille? Et, cependant, le peuple, le capitaine, les acteurs, les temps étaient presque les mêmes.

Les persécutions féroces contre les espions prussiens réels ou imaginaires, en 1870, à Paris, contre les *untori* au temps de la peste de Milan, n'avaient pas d'autre raison que la colère contre l'arrogance allemande, et que la peur, d'autant

plus grande, en présence de la contagion, que la cause en
était plus inconnue et plus insaisissable.

A Constantinople (1) il y eut de graves révoltes pour les
causes les plus futiles; même pour l'adjonction ou l'omis-
sion d'une syllabe dans les prières sacrées. Ainsi, une formule ajoutée au *Trisagion*, par un évêque, mit en péril
l'empire d'Anastase (058 après J. C.). Chanté par les uns,
il fut sifflé par les autres dans les églises; on en vint aux
mains. L'empereur crut, avec raison, qu'il était de son devoir de châtier les agresseurs; mal lui en prit. Le patriar-
che le déposa; la populace se jeta dans les rues, entraînée
par les moines qui l'invitaient au martyre, au combat. Une
autre émeute fut suscitée par la question de savoir si une
des personnes de la Sainte Trinité avait réellement péri
sur la croix. Un moine, ami d'Anastase, fut tué à cette
occasion; on brûla les maisons des hérétiques et Anastase
ne se sauva qu'en livrant ses ministres aux bêtes féroces.
Et, pendant ce temps, les Huns dépeuplaient la Thrace et
tuaient, autour de Byzance, 05.000 chrétiens.

On sait combien furent nombreuses les émeutes provoquées par les factions de l'Hippodrome pour des questions
de théâtre, pour des écuyères. Sous le règne d'Anastase,
le fanatisme de religion accrut cette frénésie populaire;
et les *Verts*, qui avaient lâchement caché des pierres et des
poignards dans des paniers de fruits, massacrèrent trois
mille *Bleus* au milieu d'une fête. La contagion se répandit, de la capitale, dans les provinces et dans les villes de
l'Orient, et deux couleurs, adoptées pour l'amusement du
public, donnèrent origine à deux factions puissantes, irré-
conciliables, qui ébranlèrent les fondements d'une administration affaiblie. Les dissensions populaires fondées sur
les intérêts les plus sérieux, sur les prétextes les plus saints
ont rarement égalé la persistance de cette discorde qui bou-
leversa des familles et divisa les amis et les frères.

(1) Voir Gibbon, II, 40.

On vit, à Antioche et à Constantinople, la licence sans la liberté de la démocratie, et pour arriver aux dignités civiles ou ecclésiastiques, l'appui d'une de ces factions devint nécessaire.

Sous Justinien, les *Bleus* enorgueillis de la faveur du prince inspirèrent une véritable terreur: ils dépouillaient et, souvent, assassinaient les *Verts,* et même les citoyens paisibles. Leur audace croissant avec l'impunité, ils osèrent pénétrer dans les maisons des particuliers; ils devenaient incendiaires pour faciliter leur attaque ou pour cacher leur crimes; ils obligeaient les créanciers à renoncer à leurs créances, les juges à révoquer leurs sentences, les maîtres à affranchir leurs esclaves, et de nobles matrones à se prostituer à leurs serviteurs, à tel point que quelques-unes se tuèrent pour échapper à l'infamie.

Les *Verts* persécutés et abandonnés par les magistrats, tentèrent d'user de représailles; mais ceux qui survécurent au carnage furent condamnés; d'autres se réfugièrent dans les bois, dans les cavernes, d'où ils sortaient pour s'attaquer, sans distinction, à tous les membres d'une société qui les avait chassés de son sein.

Plus tard, les deux partis s'étant coalisés, ils mirent en péril le trône de Justinien qui ne se sauva qu'en regagnant l'appui des *Bleus;* ceux-ci signalèrent leur rentrée en faveur par d'épouvantables férocités, et l'on calcule à plus de trente mille le nombre des personnes égorgées par eux, en un seul jour, dans le cirque.

Comme on le voit, les passions ignobles et féroces prédominent dans les révoltes, et les plus généreuses dans les révolutions.

12. *Folie endémique et folie épidémique.* — Le lien qui rattache la génialité à la névrose et à la folie, non seulement chez les peuples, mais aussi chez les individus, nous fait déjà présager *à priori* que l'une ne se manifeste pas sans l'autre, et que l'évolution, cause et effet de la névrose,

s'y associe toujours. Nous avions déjà observé (1) que, dans les premières chaleurs, où il y a plus de fous et où la folie s'accentue, on remarque aussi un nombre plus considérable d'œuvres géniales, et que les familles qui donnent des génies abondent également en fous, et *vice versa*. — Il est naturel que cela s'applique aussi aux populations entières.

C'est à Beard que l'on doit l'observation précise de ce fait. Beard démontre que, aux États-Unis, on observe une véritable névrasthénie endémique qui est cause et effet de cette évolution, par suite de laquelle, souvent, les habitants ne peuvent tolérer les bruits, les odeurs, ni supporter les alcooliques et les caféiques, dont ils sont cependant avides, et qu'on a appelés avec raison aliments nerveux (2). C'est à cela que l'on doit, en partie, les énormes dommages causés, dans nos populations, par les alcooliques; en effet, les sauvages et les nègres s'enivrent mais ils ne sont pas alcoolistes, de même que l'opium ne les rend pas morphinomanes, et, tant qu'ils ne deviennent pas civilisés, les nègres et les Indiens ont un nombre infiniment moindre de fous; — et dans les provinces américaines du Nord, où il y a plus d'amour du nouveau et où sont les plus grands orateurs, le nombre des fous est plus considérable qu'au Sud des États-Unis où les conservateurs prédominent; la folie y prend même une forme épidémique, comme nous le montrent les étranges sectes des Perfectionnistes, des Aboyeurs, des Secoueurs.

Nous avons montré (3) que, dans les pays de collines, il y a un plus grand nombre de fous et de folies épidémiques (Verzegnis, Marzines, M. Amiata), et nous avons vu qu'il y a également un plus grand nombre de génies et de révolutionnaires (v. s.).

(1) Lombroso, *L'Homme de génie*, pag. 150, éd. franç.

(2) G. Beard, *Le nervosisme américain, ses causes et ses conséquences*. (Trad. ital. S. Lupi, Città di Castello, 1888).

(3) Lombroso, *Pensiero e meteore*, 1878.

Les Juifs, qui donnent un nombre de génies (1) supérieur à celui qui est fourni par les autres concitoyens, ont un nombre énormément plus grand de fous, et, qu'on le remarque, d'après les études de Jacobs, en exacte proportion avec l'extension des génies (2).

Jacoby a démontré que le nombre des fous augmente avec le progrès de la civilisation : en 33 ans la population française augmenta de 11,2 p. %, et le nombre des fous, de 530,5 p. %, c'est-à-dire que l'augmentation, chez ces derniers, fut 47 fois plus rapide. En Angleterre, il y avait 1 fous pour 802 habitants, en 1844; en 1868, il y en avait 1 pour 432. Cette augmentation est véritablement une concomitance, une complication, plus qu'une cause de la civilisation, mais elle est aussi, à son tour, un de ses facteurs les moins remarqués et les plus puissants.

Par ce rapport entre le génie et les névroses (presque toujours dégénératives) nous pouvons expliquer comment des peuples ultra-conservateurs, en politique et en religion, donnent de grands révolutionnaires dans les différentes branches de l'activité humaine: ainsi en est-il justement des Sémites, qui nous offrirent, dans l'antiquité, la plus tenace résistance à la domination romaine, et les deux plus grandes révolutions religieuses avec le Christ et avec Mahomet. A l'heure présente, justement à cause de la sénilité de la race, ils sont, en grande majorité, ultra-conservateurs en politique; et cependant, même de nos jours, ils ont donné un grand nombre de vrais révolutionnaires dans les différentes branches de l'activité humaine, comme Neander, Klootz, Crémieux, Spinoza, Heine, Marx, Lasalle, etc,

(1) V. *L'Homme de génie.*

(2) D'après Jacobs (*Distribution comparée de la capacité (Ability) des Juifs*, Landres, 1885-86):

Les Anglais   ont 3,050 aliénés par million d'habitants. Génies 24.
Les Ecossais   »   3,400   »   »   »   »   26.
Les Juifs Anglais »   3,900   »   »   »   »   27.

Chez nous aussi, dans la Vénétie, dans la Toscane, nous voyons surgir, au milieu d'une race essentiellement conservatrice et inféodée à l'Eglise, des novateurs dans les lettres, dans les sciences et dans les religions : Trezza, Ardigò, Marzolo, Fusinieri, Carducci. Au contraire, des peuples essentiellement novateurs, comme les Russes, les Américains du Sud, n'eurent pas de grands révolutionnaires religieux, scientifiques; mais ils s'emparèrent rapidement des découvertes et des idées révolutionnaires des autres.

C'est ainsi que l'idée socialiste fleurit en Russie, et que l'école pénale italienne a, précisément en Russie, ses principaux partisans.

La France, l'Espagne et l'Amérique du Sud, peuples si fréquemment en état de sédition, ne comptent qu'un très petit nombre de créateurs de véritables révolutions politiques et scientifiques.

Cette singulière contradiction s'explique, selon nous, par le fait que les races plus vieilles, plus conservatrices, sont plus fréquemment exposées aux maladies mentales et au génie, qui, souvent, n'est que la transformation de celles-ci. Mais tandisque cette transformation ne se manifeste que chez un petit nombre d'individus, les traditions, et plus encore les habitudes et l'épuisement sénile lui-même, poussent toujours davantage la masse des vieux peuples à la stabilité, au misonéisme.

Au contraire, les nations plus jeunes, qui n'ont pas été torturées par les excès de la civilisation, n'ont pas, contre les novations, ces motifs de résistance; mais, par contre, elles ne trouvent pas, dans la vieillesse de la race, dans les rapports entre consanguins, dans les restes de la noblesse, etc., une cause qui favorise l'apparition d'un plus grand nombre de névrotiques et par conséquent de novateurs.

Ce rapport explique les épidémies, par imitation, de folie, de suicide, qui se manifestent dans quelques révoltes et dans le cours des grandes révolutions, et qui ont sans doute une part importante dans les événements, soit en poussant les partis aux extrêmes, soit en marquant des entreprises géniales, révolutionnaires, d'empreintes absurdes et bizarres, et souvent, hélas ! cruelles.

Esquirol (1) a observé que les commotions politiques « impriment une plus grande activité à toutes les facultés intellectuelles, fomentent les ambitions et les vengeances, multiplient les fous » ; ainsi les secousses politiques de 1789 produisirent de nombreux cas de folie et de suicides caractérisés par les événements qui signalèrent chaque page de la révolution.

En France, le D' Belhomme (2) relevait, à son tour, la grande recrudescence de fous suscitée par les révolutions de 1831, de 1832 et de 1848 à Paris; le D' Bergeret (3) faisait aussi cette observation pour la même révolution de 1848.

En France encore, suivant Lunier (4), les tristes événements de 1870-71 auraient provoqué, plus ou moins directement, du 1" juillet 1870 au 31 décembre 1871, l'explosion de 1700 à 1800 cas de folie.

Legrand du Saulle, lui-aussi, tout en attribuant la grande participation des fous dans les luttes politiques plus à la prédisposition individuelle qu'à toute autre cause, admet, cependant, que, dans les événements politiques, et spécialement dans les crises sociales, le délire porte l'empreinte des idées et des émotions du jour; et il remarque même que, durant la Commune on a observé les formes les plus aiguës de la folie, telles que le délire maniaque et mélancolique.

(1) Esquirol, *Traité des maladies mentales.*

(2) Belhomme, *Influence des commotions politiques, etc.* Paris 1849.

(3) Bergeret, *Cas nombreux d'aliénation mentale d'une forme particulière.* — Paris 1863.

(4) Lunier, *La politique et la folie. — Gazette des hopitaux*, avril et mars, 1886.

Ramos-Meija (1), en étudiant l'histoire de la confédération Argentine, attribue la rapide succession des révolutions à Buenos-Ayres, spécialement en 1816, à une véritable épidémie hystérico-morale, devenue du délire dans certains épisodes sanglants, comme les férocités commises par la *Commission civile de justice* et par la *Commission militaire exécutive,* qui rappellent celles des tribunaux communards.

Selon le même auteur, la révolte de 1820 peut être regardée, dans l'histoire Argentine, comme un accès d'exaltation maniaque; ce fut dans ces temps de la pire anarchie que Buenos-Ayres, en quelques heures, eut successivement trois gouverneurs, élevés au pouvoir et renversés par autant de séditions.

Et l'étrange augmentation de l'hystérisme que l'on remarqua alors, spécialement sous la tyrannie de Rosas, prouve que ce malheureux état d'esprit de la population Argentine était véritablement, en grande partie, l'effet d'une névrose. Tandis qu'une partie de la population était en proie à une véritable monomanie homicide, qui, fomentée par l'alcoolisme, se révélait dans les excès de la Mazorca, poussés jusqu'à la nécrophagie, une autre partie était plongée dans un état de dépression morale, névropathique et épidémique d'adoration fétichiste pour Rosas, au point, par ex., de peindre tous les objets en rouge par allusion à son nom.

Puis aux accès succédaient des périodes de prostration, comme cela se voit précisément dans la manie et dans les formes de folie avec accès d'exaltation violente; et il y eut une augmentation, du décuple, des cas de folie.

Toutes ces folies présentaient un caractère particulier, qui leur était imprimé par les idées révolutionnaires les plus avancées; ainsi, en 1848, en France, une femme de-

---

(1) Ramos-Meija, *Las necrosis de los hombres celebres en la historia Argentina.* — Buenos-Ayres, 1878.

venue folle se croit la mère de la République, avec la mission de rompre les chaînes des détenus politiques, pour détruire du même coup le despotisme. Une autre, honnête ouvrière et bonne mère, commente les journaux révolutionnaires par les rues. et, en proie à des accès de fureur, elle crie : *A bas la religion; les vrais prêtres de l'humanité sont Robespierre, Proudhon, Ledru-Rollin.* Tous, en un mot, reflètent, dans leur folie, les évènements dont ils sont témoins.

Flaubert, un romancier qui vaut beaucoup d'historiens, dans l'*Education sentimentale,* nous dépeint une journée de révolution à Paris, avec les assemblées populaires, dans lesquelles les mattoïdes prédominent et recueillent le plus de suffrages.

Une autre témoin, non suspect, Séguin, dans l'opuscule : *Le Ministère de la guerre sous la Commune* (1), nous dépeint les scènes insensées qui se passaient à ce ministère, dont il était secrétaire : « De 11 heures du matin à 7 heures du soir, dit-il, des députations d'officiers venaient déposer contre les généraux, des soldats contre les officiers, les candidats malheureux contre les élections, les élus contre les protestations; et surtout on voyait arriver les inventeurs. Un des plus curieux était certainement celui qui voulait que je construisisse un théâtre pour y faire chanter son fils, *« un garçon qui chantait si bien la Marseillaise qu'il vous faisait venir le frisson ».*

Barron (2) nous parle des idées folles que nourrissaient certains chefs de la Commune, par ex. Rossel : qu'il suffise de citer celle qui consistait à écraser les Prussiens, en passant sur le ventre des Versaillais, et cela, alors qu'ils ne disposaient pas d'un seul bataillon sûr.

---

(1) Paris, 1889.

(2) Barron, *Sous le drapeau rouge,* 1889.

13. *Suicide.* — Chez les peuples plus instruits, et dans les classes plus cultivées, on le sait, les suicides, avec la folie, s'accroissent au point de prendre un caractère épidémique.

En France la population, en 39 ans a augmenté de 1/5, et les suicides de 150 p. %.

Le suicide politique revêt parfois de véritables formes épidémiques, comme cela arriva durant la Révolution française.

« La destruction des privilèges, écrit à ce sujet Brière de Boismont (1), la destitution des autorités jusqu'alors respectées, la suppression des abus, la proclamation de la liberté et de l'égalité, l'avénement du peuple au pouvoir, l'exaltation du patriotisme, étaient autant de foyers qui mettaient les esprits en ébullition et devaient troubler longuement la tranquillité publique.

» Il n'est donc pas étonnant que, chez un peuple profondément sensible, les hommes qui se trouvaient en contact d'un semblable ferment en aient été exaltés jusqu'au suicide ».

Dans les journées de Septembre, il y eut de très nombreux suicides dans les prisons, où les détenus se frappaient avec des couteaux, ou se brisaient la tête contre les murs.

Ce fut même dans cette occasion que Fouquier-Tinville dut annoncer que, par un décret de la Convention, les suicidés déjà frappés d'un acte d'accusation seraient assimilés, ou point de vue fiscal, aux condamnés en jugement.

Sur 76 chefs de la Convention, il y eut trois suicides; sur 124 ambitieux politiques célèbres, 9 se suicidèrent, selon Des Etanges (2).

(1) Brière de Boismont, *Du suicide et de la folie suicide.* Chap. I, pag. 184-191. — Paris, Baillière.
(2) Des Etanges, *Sur le suicide politique contemporain,* 1860.

Victimes et bourreaux, accusés et juges, vainqueurs d'aujourd'hui et vaincus de demain, s'immolaient tour à tour; le prêtre Jacques Roux, surnommé l'*enragé* par Marat, lequel, avec un autre prêtre non moins féroce, avait eu la charge de conduire Louis XVI à l'échafaud, traduit plus tard devant le tribunal révolutionnaire et condamné à mort, se donna cinq coups de couteau et expira en arrivant à Bicêtre.

Parmi les nombreuses victimes de ces temps désastreux, nommons les Girondins : Valazé, Barbaroux, Buzot, Pétion, Lidon, Chambon, Roland.

Des chefs de la Commune, un seul, Ranvier, se suicida; mais cela s'explique par la rareté des véritables criminels par passion, parmi eux, et par le grand nombre des criminels-nés (voir après).

Certainement, ces suicides ne sont pas une cause concomitante, mais une complication de l'évolution; toutefois, ils doivent être notés ici, parce qu'ils fixent le tempérament névrotique, passionnel, souvent épidémique, de ceux qui y prennent part.

Cependant, quand le ferment révolutionnaire arrive à son paroxysme, les suicides deviennent rares, certainement parce que l'impulsivité au suicide trouve un dérivatif dans l'activité orageuse de la politique : ainsi en fut-il, par ex., durant les révolutions de 1830 et de 1848. En 1830, écrit Corre (1), le nombre des suicides tombe de 1.904 (en 1829) à 1.756. Le premier effet de la Révolution est une diminution apparente pendant les cinq derniers mois de l'année, les mois antérieurs ayant présenté un accroissement analogue à celui de la période correspondante de 1829. En 1831, malgré l'établissement d'un gouvernement régulier, le nombre des suicides s'élève à 2.084, soit 308 de plus. Voilà l'effet, clairement démontré, des souffrances individuelles infligées

(1) *Suicide et criminalité*, 1890. p. 386.

aux populations par la crise économique qui a suivi la crise politique.

En 1848, le nouvel établissement monarchique s'écroule à son tour, et, dans l'année de la crise, le nombre des suicides tombe de 3.647 (en 1847) à 3.301. Il se relève en 1849 (3.583) pour rester à peu près stationnaire dans les deux années suivantes (3.596 et 3.597) et reprendre ensuite une rapide progression ascendante.

Dans la période de 1848-49 il y eut même une diminution des suicides dans presque toute l'Europe, diminution qui fut plus sensible dans les pays où les luttes politiques furent plus aiguës, comme en Danemark, en Prusse, en France, dans le Wurtemberg, en Saxe, en Bavière et en Autriche; ils ne continuèrent à croître que dans la Scandinavie et en Belgique.

De même, pendant les événements désastreux de 1870-1871, le mouvement ascensionnel des suicides s'arrêta en France; ils diminuèrent de 1041 en 1870 et, en 1871, de 708, comparativement à la moyenne des quatre années précédentes 1866-69, laquelle avait été de 5198. Les années 1846 pour le Danemark, 1866 pour l'Autriche, 1870-71 pour l'Allemagne agirent dans le même sens (1).

14. *Hallucinations*. — Un assez grand nombre de révolutions religieuses et politiques sont dues, au contraire, à des hallucinations épidémiques, — comme quand, à Milan, pendant la peste, on criait à l'*Untore,* ou, à Paris, à l'espion prussien, — ou, pis encore, à des folies impulsives, comme lorsque les Communards se jetaient sur les otages et sur les miracles de l'art français, et lorsque les Piagnoni détruisaient les gloires les plus grandes de Florence, les œuvres d'art.

Or, si ces épidémies imitatives sont souvent favorisées par des conditions spéciales de milieu, comme des disettes,

____

(1) E. Morselli, *Il suicidio.* — Milan, Dumolard, 1879.

des guerres malheureuses, etc., elles le sont bien plus fréquemment par les vertus personnelles, étranges, morbeuses, de quelques apôtres, qui ont donné la première impulsion; leur force extraordinaire, leur insensibilité au froid, aux blessures, l'inspiration divine dont ils se vantent, ou l'éloquence et la véritable conviction dans ce qu'ils annoncent, entraînent les masses, ignorantes des phénomènes psychiatriques, plus encore que les classes cultivées.

Déjà, nous avons eu occasion de donner de nombreux exemples de ces épidémies de folie (1), spécialement dans le champ religieux; là, en effet, des *Santons* arabes et indiens aux démonomaniaques, dont les derniers survivants se sont rencontrés il n'y a pas longtemps en Italie (Verzegni) et en Espagne, et jusqu'aux Anabaptistes, aux Jansénistes, etc., on voit la transmission par contagion des plus étranges formes de folie, et parfois même de concepts grandioses, mais disproportionnés avec le degré de culture intellectuelle des populations.

Ainsi les Anabaptistes, à Münster, à Appenzell et en Pologne, croyaient voir des anges ou des dragons lumineux lutter dans le ciel les uns contre les autres, recevoir l'ordre de tuer leurs frères, leurs enfants les plus chers (manie homicide), ou de s'abstenir de nourriture pendant des mois, ou de paralyser les armées par leur souffle ou par leur regard; plus tard, comme l'a démontré Calmeil, les sectes des Calvinistes, des Jansénistes, qui firent répandre tant de sang, eurent une origine analogue.

Quand on y regarde attentivement, on trouve que les grandes révolutions, même littéraires, furent accompagnées ou précédées de délires épidémiques. La véritable renaissance allemande (1749-1833), on le sait, s'associait à deux mouvements insensés, dont l'un prit, non à tort, le nom de *Sturmisch*, c'est-à-dire, période de la tempête et de la bataille,

(1) Lombroso, *Homme de génie*, et *Pazzi ed anomali*, chap. xII.

précédé d'abord d'un autre de véritable fétichisme pour
Klopstock, représenté par la société du bain sacré (Kainbad),
qui nourrissait une haine folle pour Wieland. Mais cela est
encore plus vrai pour les révolutions religieuses.

La grande révolution du Christ fut précédée et accompagnée d'une véritable épidémie psychique, d'une vraie
manie religieuse épidémique : telles étaient la secte de Judas
le Gaulonite, celle de Teuda, qui promettait, nouveau
Josué, de faire traverser le Jourdain à pied sec, miracle
qui devait annoncer la libération (an 44); et, peu d'années
auparavant, la Samarie s'était émue à la voix d'un inspiré
qui prétendait connaître, par révélation, le lieu où Moïse
avait caché certains objets sacrés du culte. A partir de l'an
45, il s'était formé, dans Jérusalem, un étrange ferment
de théologo-sicaires : ils se mêlaient à la foule et tuaient
ceux qui, selon eux, avaient manqué aux prescriptions de
la loi (RENAN).

« Des imaginations analogues à celles de Teuda se re-
nouvelaient de toutes parts. Des personnages, qui se prétendaient inspirés, soulevaient le peuple et l'entraînaient
avec eux dans le désert, sous pretexte de lui faire voir,
au moyen de signes manifestes, que Dieu le délivrerait
bientôt. L'autorité romaine exterminait à milliers les victimes de ces agitateurs. Un Juif d'Egypte, venu à Jérusalem vers l'an 56, eut l'art d'attirer à lui, par ses prestiges,
trente mille personnes et quatre mille sicaires. Du désert
il voulut les conduire sur le mont des Oliviers, pour voir,
de là, disait-il, tomber, à sa parole, les murailles de Jérusalem. Félix, alors procureur, marcha contre lui et ané-
antit cette bande; l'Egyptien s'enfuit et ne reparut plus.
Mais, de même que, dans un corps malsain, les maux se
succèdent les uns aux autres, il se passa peu de temps
avant qu'on vit plusieurs bandes formées d'un mélange de
magiciens et de voleurs, qui excitaient ouvertement le peuple à se révolter contre les Romains, menaçant de mort

ceux qui se maintiendraient dans l'obéissance. Sous ce prétexte, ils assassinaient les riches, mettaient leurs biens au
pillage, brûlaient les villages et remplissaient toute la
Judée des marques de leur fureur. On annonçait une guerre
épouvantable; partout régnait un esprit de vertige qui tenait les imaginations dans un état voisin de la folie (1) ».

Un phénomène absolument semblable précéda et accompagna, en Russie, la Révolution nihiliste. C'est par centaines et par milliers que l'on compte les sectaires religieux et socialistes, assez souvent insensés, qui se répandirent en Russie pendant ces cinquante dernières années.
Tsakni calcule que leur nombre n'est pas moindre de 13
millions (2). Il y a les vagabonds ou soldats du Christ qui
ne veulent pas se fixer sur la terre, et les *Christs* qui
croient porter un Dieu en eux-mêmes; les Ascètes muets
qui exigent le silence et se laissent torturer plutôt que de
parler; les Némoliaki qui renient le prêtre; les Négateurs
qui nient tout; les Stundistes qui veulent que tout soit
commun et que le corps s'affaiblisse pour sauver l'âme;
les Cholaputs extatiques, adorateurs des esprits saints, qui
pratiquent le socialisme et qui renient tout commerce,
tout travail qui ne soit pas celui des champs; les Sckoptzi
qui se mutilent, etc.

On dirait, continue-t-il, répétant presque les phrases de
Renan, que la campagne est dans l'attente d'un grand évé-
nement; seulement l'agitation prend les formes de thèses
sacrées.

Tous ceux, écrit Rougabine, qui se trouvent dans les campagnes russes observent maintenant qu'il se produit dans
les masses une agitation sourde, confuse, mais continue.

« Les fausses croyances, écrit très justement Le Bon (op.
cit.) et les illusions se trouvèrent au nombre des princi-

(1) E. Renan, *Les Apôtres.*
(2) Tsakni, *La Russie sectaire.*

paux facteurs de la civilisation; ombres, certainement, mais ombres toutes puissantes dont l'homme ne peut se passer : ce fut par suite d'une illusion que surgirent les pyramides, et pendant 5000 ans l'Égypte se peupla de colosses de granit; et, au Moyen Age, s'élevèrent nos merveilleuses cathédrales. Ce ne fut pas dans la recherche du vrai, mais dans celle de l'erreur que l'homme se fatigua davantage; les buts chimériques vers lesquels il tendait ne furent jamais atteints, mais en y visant il arriva à des progrès auxquels il ne pensait nullement; comme Colomb qui rencontra l'Amérique en cherchant l'Asie ».

15. *Criminalité épidémique.* — A la folie et à la névrose épidémique s'associent les instincts criminels, avec lesquels elles ont tant de points d'affinité, et que nous avons vus poindre dans les manifestations antécédentes et devenir prédominants, spécialement dans les révoltes.

« L'instinct homicide qui couve dans l'enfant, écrit Andral, et qui souvent prend des proportions gigantesques dans l'adulte, peut devenir épidémique sous l'influence des passions politiques et religieuses ».

Les témoins des massacres de 1792 affirment que, le troisième jour, les égorgeurs ne pouvaient plus s'arrêter (1).

C'est la vue du sang qui fait naître l'idée d'en répandre encore (BARBASTE). L'instinct homicide est comme un feu qui couve sous la cendre, et qui éclate au premier souffle. Qu'un des éléments de la foule commence a être surexcité, et les autres sont pris de la contagion. Cette réunion de particules humaines hétérogènes, écrit un observateur de grèves, se trouve si bien cimentée par ses propres actes, qu'elle forme une masse cohérente; une foule, qui d'abord était seulement curieuse, est entraînée par un orateur, dont elle n'entend pas les paroles, et participe aux actes de ceux qui l'entourent sans savoir pourquoi (FLAUBERT).

(1) AUBRY, *La contagion du meurtre*, 1888.

Parfois, écrit Taine (1), quelqu'un venu avec de bonnes
intentions dans ce tourbillon sanglant, touché tout d'un
coup de la grâce révolutionnaire, se convertissait à la religion de l'assassinat. Ainsi, un certain Grapin, expédié par
la Section pour sauver deux prisonniers, s'assied à côté de
Maillard et reste avec lui, 63 heures durant, à prononcer
des condamnations.

« La foule, écrit Maxime Du Camp (2) à propos de la
Commune, devient inconsciente dans ses massacres, a bé-
soin de faire des victimes. Elle préfère tuer, même des
amis avec les ennemis, ou au moins avec ceux qu'elle croit
tels, plutôt que d'attendre qu'ils soient séparés. Pendant
que l'on fusillait les otages, un Communard, ayant jeté
son fusil par terre, saisit chacun des prêtres par le corps,
et, tandis que la foule applaudissait, les souleva et les
poussa au delà du mur indiqué pour l'exécution. Le dernier
prêtre opposa de la résistance et tomba entraînant avec lui
le fédéré : les assassins étaient impatients ; ils firent feu,
et tuèrent leur compagnon ».

C'est que, comme nous l'avons déjà dit ailleurs (3), ces
ferments primitifs du vol, de l'homicide, de la luxure, etc.,
qui couvent à l'état d'embryon en chaque individu tant
qu'il vit isolé, surtout s'ils sont contenus par l'éducation,
grandissent démesurément tout d'un coup au contact des
autres, et deviennent virulents dans les foules excitées.

Le criminel est, par sa nature névrotique et impulsive,
et par haine des institutions qui l'ont frappé ou qui l'en-
travent, un rebelle politique perpétuel, latent, qui trouve,
dans les émeutes, le moyen de satisfaire doublement ses
passions, en même temps qu'il les voit, pour la première
fois, approuvées par un nombreux public.

(1) Taine, *Les origines de la France contemporaine*, i, p. 30.
(2) Maxime du Camp, *Les convulsions de Paris*.
(3) Lombroso, *L'homme criminel*, chap.

Ces criminels sont naturellement, et par intérêt, antimisonéiques : ils haïssent l'état présent, croyant que c'est, non l'ordre naturel, mais l'ordre de ce Gouvernement constitué qui les refrène et les punit; qu'on ajoute, en outre, qu'ils sont plus impulsifs que les autres, et, par conséquent, plus enclins à agir et à prendre comme prétexte le premier drapeau sous lequel ils peuvent donner un libre cours à leurs instincts indomptés.

Le fait est, du reste, notoire. Déjà les philosophes grecs avaient remarqué ce phénomène : Socrate a écrit que les révolutions proviennent de ce que rien, ici-bas, n'est durable, et que, à certaines époques (qu'il fixait au moyen de formules géométriques peu sérieuses, comme, plus tard, Ferrari), naissent des hommes vicieux et radicalement incorrigibles. — Aristote, qui le cite, ajoute : « Cela est vrai, parce qu'il y a des hommes naturellement incapables de dévenir vertueux et de recevoir de l'éducation; mais pourquoi, demande-t-il, ces révolutions arrivent-elles dans un gouvernement parfait? ».

Parmi les émeutiers anarchistes de Londres, en 1888, un témoin oculaire remarqua un grand nombre de tatoués — ce qui veut dire de criminels. « Ils ont, écrivait-il, des cœurs, des têtes de mort, des os croisés sur le dos de la main, des ancres qui se perdent sous la manche malpropre, ou de fines broderies qui doivent leur avoir coûté de véritables tortures. Quelques-uns sont martyrisés jusque sur la face. J'ai vu une couronne de laurier dessinée sur le front d'un jeune homme, et ces mots tatoués sur celui d'un autre: *I lowe you. — Je vous aime* ».

Sur 50 condamnés politiques, écrit Gauthier (1), pris dans la moyenne, sinon dans la fleur de la classe ouvrière d'une grande ville, comme Lyon, on peut en trouver une demi-douzaine qui, en prison, se sentent dans leur milieu

(1) GAUTHIER, *Archic. d'anthropol. crimin.*, 1888.

et vont de préférence vers les détenus pour crime de droit
commun, dont ils prennent, en vertu de je ne sais quelle
prédestination équivoque, le langage, les habitudes, les
manières, et même la moralité négative, la sauvagerie, la
méchanceté, la rapacité et les appétits contre nature. Je
ne parle pas ici, bien entendu, de ceux que les caprices
d'un coup de filet de la police peuvent amener dans la prison, ni de ceux qui ayant été autrefois condamnés se re-
trouvent là en pays de connaissance.

L'histoire nous offre, du reste, de nombreux exemples
de faits dans lesquels criminalité et politique se donnent la
main, et où l'on voit, tout à tour, la passion politique l'emporter sur l'instinct criminel et *vice versa*.

Tandis que le conservateur Pompée, défenseur du sénat,
a, avec lui, tous les gens honnêtes, Caton, Brutus, Cicéron,
de son côté, César n'a pour clients que des méchants, Antoine un obscène et un ivrogne, Curion un failli, Clélius
un fou, Dolabella qui fait mourir sa femme de chagrin,
qui veut abolir toutes les dettes, et, avant tous, Catilina,
Clodius.

Dans la Révolution de Naples, les pays les plus adonnés
au brigandage et au vol, comme Isernia, Melfi et Longano,
s'opposèrent à la réaction du Bourbon et du cardinal
Ruffo (1); en Grèce les Klephtes, brigands en temps de paix,
furent au contraire de très valeureux défenseurs de l'indépendance de leur pays. Chez nous, tandis que, en 1860, le
pape et les Bourbons s'aidaient du brigandage contre le
parti et contre les troupes nationales, la *Maffia* de Sicile
se soulevait, avec Garibaldi, comme la *Camorra* de Naples
s'associait avec les libéraux; mais celle-ci en profita bientôt
pour former des bandes de mauvais drôles, ouvrir les prisons, se promener en armes et accomplir d'atroces vengeances dans Palerme (TOMMASI-CRUDELI).

(1) Coco, *Saggio storico della Rivoluzione di Napoli.* — Turin 1852.

Et cette triste alliance de la *Camorra* de Naples n'est pas encore entièrement éteinte; nous en avons une preuve dans l'écho sinistre qui s'en réveilla dans les dernières luttes parlementaires et dans le gouvernement de cette ville; et, malheureusement, elle dure encore aujourd'hui, sans qu'il y ait espérance d'un meilleur avenir.

Sauf, donc, de rares cas, le concours de la criminalité dans les faits politiques est toujours suspect, parce que celle-ci s'oublie rarement elle-même, et qu'elle relève la tête dès que la passion politique cesse de l'emporter sur le tempérament criminel qu'elle avait dominé pendant quelque temps.

Il en résulte qu'il devient très difficile de préciser le point où le criminel-né cesse d'être un criminel politique d'occasion pour reprendre son caractère premier; il y a une infinité de nuances qui laisseraient perplexes si le jugement anthropologique ne venait vite en aide, en révélant les traits caractéristiques.

C'est spécialement au debut des révolutions et dans les émeutes que les criminels abondent, parce que, alors, les énergies plus anormales et morbides prennent le dessus sur les incertains et sur les faibles, et les entraînent aux excès par une véritable épidémie d'imitation.

Chenu (1), en parlant des époques révolutionnaires qui précédèrent 1848, nous montre comment la passion politique dégénérait peu à peu en tendance ouverte au crime, chez certains précurseurs des anarchistes actuels, ayant pour chef, par exemple, Coffineau, qui, par exagération des principes communistes, finit par ériger le vol en principe politique: ils saccageaient les boutiques des commerçants, qui, selon eux, volaient les acheteurs, donnant pour excuse qu'ils rentraient ainsi en possession de ce qui leur avait été volé, et qu'ils suscitaient des mécontents qui *les aide-*

(1) Chenu, *Les conspirateurs*, 1845-46.

raient ensuite à faire la révolution. Outre le pillage ils se mirent encore à émettre de faux billets de banque; c'est pourquoi, non seulement les vrais républicains les repoussèrent, mais, en 1847, ces faussaires ayant été découverts, ils furent condamnés par les Assises à des peines infamantes.

Les Ciompi eux-mêmes, à Florence, s'étaient rendus coupables d'un grand nombre d'incendies et d'assassinats, et, entre autres, ils poignardèrent Ser Nuto et déchirèrent son corps en lambeaux à travers les rues (PERRENS).

En Angleterre, durant les conspirations contre le gouvernement de Cromwell, autour des villes les brigands et les voleurs se multipliaient; ils se réunissaient en bandes, et, masquant sous les dehors de la passion politique leurs tendances délictueuses, ils demandaient à ceux qu'ils arrêtaient s'ils avaient, ou non, prêté serment de fidélité à la république, et ils les maltraitaient ou les relâchaient suivant leur réponse. On dût recourir, pour les réprimer, aux troupes permanentes, qui n'en triomphèrent pas toujours (1).

L'apparition de bandes de vagabonds, de voleurs et d'assassins fut un signe précurseur de la Révolution française. Mercier calcule qu'ils formaient une armée de plus de 10.000 individus, qui se resserre peu à peu autour de la capitale, puis y pénètre, et, quand l'œuvre de la Terreur commence, préside aux exécutions en masse, ainsi qu'aux fusillades de Toulon, aux noyades de Nantes; alors l'armée et les Comités révolutionnaires étaient, comme les définissait Meissner: « de véritables associations organisées pour commettre avec impunité toute espèce d'assassinat, de rapine et de brigandage (2) ».

(1) GUIZOT, *Discours sur l'histoire de la Révolution d'Angleterre.* Paris, 1850.

(2) TAINE, *L'ancien régime et la révolution.* T. I et III. Paris 1885.

« En 1790, il entra, à la Conciergerie, 490 criminels, et 1198 en 1791 : c'est alors que naît le vol à l'*américaine*. Les voleurs crient : *Au noble* s'ils sont arrêtés, ils ricanent à la face des juges s'ils sont condamnés ; et les condamnées se masturbent pendant qu'elles sont exposées (1) ».

Il en fut de même dans la Commune parisienne.

Dans cette population, trahie dans ses patriotiques aspirations, énervée par des batailles malheureuses, par la faim et par l'alcoolisme, ceux qui se soulevèrent, à part quelques rares exceptions, furent les déclassés, les criminels, les fous, les alcoolistes, qui, grâce à leur nature anormale, purent s'imposer à elle : on en eut une preuve dans les massacres commis sur des prisonniers sans armes, dans les nouveaux supplices inventés pour eux, comme de les obliger à sauter un mur et de les frapper à ce moment, et dans l'inutile redoublement de coups. Un otage fut frappé de 69 balles ; le Père Bengy fut criblé de 62 coups de baïonnette.

Et ces manifestations criminelles ne cessèrent pas avec les répressions sanglantes du conseil de guerre : à Paris même, elles se renouvelèrent dans les émeutes anarchiques de 1883, dans lesquelles, sur 33 individus arrêtés, 13 avaient déjà été condamnés pour vol ; et naguère encore elles se reproduisirent sur une vaste échelle, en Belgique, dans les pillages et les dévastations commises par les ouvriers verriers, parmi lesquels, sur 67 individus arrêtés, vingt-deux avaient déjà subi 10, 12 et jusqu'à 14 condamnations pour vols et violences.

Mais nous n'avons malheureusement pas besoin de chiffres pour prouver cela. Partout nous voyons, parmi nous, les hommes les plus avancés concevoir de suite et adopter les idées nouvelles (sans exclure même celles de la nouvelle école pénale), mais se comporter dans la vie publique

_____
(1) Goncourt, *Hist. de la Société Française*, etc., pag. 250, 1854.

beaucoup moins correctement que les cléricaux, d'idées très
courtes, mais d'esprit intègre; et dans chaque ville, on rencontre de ces tribuns à la parole facile, à la raillerie vulgaire comme leur conscience peu délicate, qui disposent
et abusent, d'une manière illimitée, de la confiance publique, tellement que chez nous *politicien* est devenu synonyme,
pour le moins, d'intrigant.

16. *Criminalité dans l'évolution.* — Que la criminalité entre
également pour une large part dans la plus pure évolution,
c'est ce que nous prouve l'histoire : nous avons déjà démontré (1) que la justice et la morale sont entrées dans le
monde par le moyen du crime. « C'est l'imposture, écrit
Renan (2), qui vainquit la violence des premiers hommes.
Et la famille fut établie par des moyens atroces: des milliers de femmes lapidées fondèrent la fidélité conjugale,
etc. ». « Et l'ordre fut imposé par des brigands qui s'étaient
transformés en gendarmes » (Id., II). Dans *L'homme de
génie* j'ai montré la fréquente criminalité du génie.

Toutefois, en étudiant la différence, en cela, entre les révoltes et les révolutions, il nous semble pouvoir conclure
que, tandis que, dans les premières, leurs fauteurs sont
toujours également les auteurs des crimes, dans les véritables révolutions, au contraire, les crimes sont commis
par les adversaires et non par les partisans, lesquels en
sont, le plus souvent, les victimes, ou, tout au plus, après
des massacres réitérés, ne finissent par en commettre que
par réaction. Les révolutions du Christ, de Luther, de la Hollande, de l'Italie du Nord n'ont que des victimes, et ainsi,
en partie, celles des Nihilistes et celles de l'Amérique du
Nord. La Révolution française et les Vêpres Siciliennes furent déshonorées par des crimes, mais, nous l'avons vu,
elles tiennent beaucoup plus de la révolte; et souvent ces
crimes furent la réaction contre les erreurs des adversaires.

(1) Lombroso, *L'homme criminel.* vol. I.
(2) Renan, *Histoire du peuple d'Israël*, p. 6.

17. *Statistique criminelle.* — Tout cela nous est confirmé
par les statistiques modernes, qui nous montrent que les révolutions ont la même marche géographique et météorique
que les crimes avec effusion de sang, et que les rébellions
(ved. sup. pag. 80). C'est ainsi que, en Italie, les crimes
politiques sont plus nombreux à Livourne, à Lugo, à Ra-
venne, où les crimes avec effusion de sang sont également
en plus grand nombre.

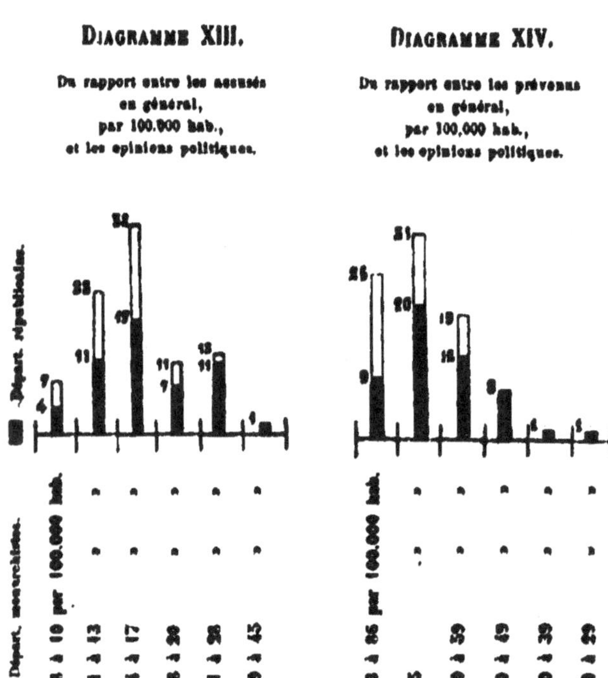

De l'examen des Diagrammes XIII et XIV, qui établissent
le rapport numérique des accusés et des prévenus par

100.000 habitants, dans les différents départements de la France, avec les opinions politiques de ceux-ci, on voit clairement que, parmi les républicains, leur nombre va graduellement en s'élevant jusqu'à atteindre les chiffres les plus élevés. En effet, depuis les groupes de départements qui présentent 1 accusé ou prévenu au *minimum* par 100.000 habitants, jusqu'à ceux qui donnent le *maximum*, le nombre des départements républicains va toujours en croissant, par rapport à la proportion avec le total.

Sur 51 départements républicains, 19 dépassent la moyenne de la criminalité française.

Sur 34 départements monarchiques, 9 seulement la dépassent.

De nouvelles recherches, qui paraîtront dans le IIIe volume de *L'homme criminel,* nous ont démontré que l'assassinat est plus fréquent dans les pays industriels, chez les races Liguriennes, Belges et Galliques, qui donnent le *maximum* de l'évolution, et où l'*instruction* primaire et l'idée républicaine sont plus répandues.

Et nous voyons la criminalité croître avec la génialité, dans les grands centres et dans les pays industriels, et surtout augmenter d'année en année — précisément comme croissent la culture intellectuelle et l'évolution — et prendre, avec celles-ci, de nouveaux aspects, une nouvelle extension, s'étendant, par exemple, au beau sexe, qui, chez les peuples barbares, en est, apparemment du moins, à peu près exempt (1).

---

(1) Voir *Uomo delinquente,* vol. III, 1890. — Dans la Fortune des Rougon, Zola, qui est aussi un vrai républicain, nous a montré un des premiers rebelles dans Antoine Macquart ivrogne, fils d'ivrogne, contrebandier, qui devint républicain acharné le jour où on le surprit en flagrant délit de vol de roseaux.

Un autre véritable révolutionnaire, Silvière, est fils d'épileptiques, hystériques et phtisiques; il est devenu mattoïde par suite de lectures disproportionnées à son éducation.

APPENDICE AU CHAPITRE VI

DIAGRAMME I.

Division des départements en groupes selon l'orographie du sol et les principes politiques prédominants.

INDICATION DU SOL.	MONARCHIQUES N. dépar.	RÉPUBLICAINS N. départ.
Montagnes	11	25
Collines	15	21
Plaine	6	4

Classification des départements selon l'orographie du sol.

Montagnes	*Collines*	*Plaine*
	RÉPUBLICAINS.	
Arriège	Cher	Loir-et-Cher
Allier	Creuse	Indre-et-Loire
Tarn	Nièvre	Seine-Inférieure
Pyrénées-Orientales	Dordogne	Bouches-du-Rhône
Loire	Eure	
Haute-Loire	Haute-Saône	
Finistère	Haute-Vienne	
Meuse	Corrèze	
Vosges	Eure-et-Loir	
Saône-et-Loire	Aisne	
Puy-de-Dôme	Seine-et-Marne	
Aude	Yonne	
Drôme	Aube	
Ille-et-Vilaine	Ain	
Ardennes	Calvados	
Isère	Loiret	
Basses-Alpes	Marne	
Jura	Gard	
Haute-Marne	Seine-et-Oise	
Var	Seine	
Meurthe-et-Moselle	Rhône	
Hérault		
Vaucluse		
Doubs		
Côte-d'Or		
	MONARCHIQUES.	
Cantal	Nord	Landes
Côtes-du-Nord	Morbihan	Loire-Inférieure
Basses-Pyrénées	Charente	Vendée
Gers	Mayenne	Maine-et-Loire
Hautes-Pyrénées	Sarthe	Charente-Inférieure
Lozère	Deux-Sèvres	Gironde
Orne	Vienne	
Tarn-et-Garonne	Indre	
Aveyron	Lot	
Hautes-Alpes	Ardèche	
Haute-Garonne	Manche	
	Oise	
	Pas-de-Calais	
	Lot-et-Garonne	
	Somme	

DIAGRAMME II. — Division des départements en groupes selon les indices de génialité.

NATURE GÉOGRAPHIQUE DU SOL.

INDICES DE GÉNIALITÉ DANS LES DÉPARTEMENTS	Montagnes N. départ.	Collines N. départ.	Plaines N. départ.
Inférieurs à 25 p. 10000	2	4	1
De 25 à 50 p. 10000	10	10	3
De 50 à 75 p. 10000	11	8	2
De 75 à 100 p. 10000	4	7	2

INDICES DE GÉNIALITÉ DANS LES DÉPARTEMENTS	Montagnes N. départ.	Collines N. départ.	Plaines N. départ.
De 100 à 150 p. 10000	4	4	2
De 150 à 200 p. 10000	3	1	—
Supérieurs à 200 p. 10000	3	3	1

Classification des départements selon les indices de génialité et l'orographie du sol.

Inférieure à 25 p. 10000	De 25 à 50 p. 10000	De 50 à 75 p. 10000	De 75 à 100 p. 10000	De 100 à 150 p. 10000	De 150 à 200 p. 10000	Supérieure à 200 p. 10000
Montagnes.						
Côtes-du-Nord	Allier	Finistère	Ille-et-Vilaine	Jura	Meurthe-et-Moselle	Doubs
Ariège	Basses-Pyrénées	Orne	Ardennes	Haute-Marne	Hérault	Côte-d'Or
	Gers	Meuse	Isère	Haute-Garonne	Vaucluse	
	Hautes-Pyrénées	Vosges	Basses-Alpes	Var		
	Cantal	Saône-et-Loire				
	Tarn	Tarn-et-Garonne				
	Pyrénées-Orientales	Puy-de-Dôme				
	Loire	Aveyron				
	Haute-Loire	Aude				
	Lozère	Drôme				
		Hautes-Alpes				
Collines.						
Morbihan	Mayenne	Manche	Eure-et-Loir	Calvados	Seine-et-Oise	Seine
Cher	Sarthe	Eure	Somme	Loiret		Rhône
Charente	Deux-Sèvres	Oise	Aisne	Marne		
Creuse	Vienne	Pas-de-Calais	Seine-et-Marne	Gard		
	Indre	Haute-Saône	Yonne			
	Nord	Haute-Vienne	Aube			
	Nièvre	Lot-et-Garonne	Ain			
	Dordogne	Corrèze				
	Lot					
	Ardèche					
Plaine.						
Landes	Loire-Inférieure	Maine-et-Loire	Indre-et-Loire	Seine-Inférieure		Bouches-du-Rhône
	Vendée	Charente-Inférieure	Gironde			
	Loir-et-Cher					

DIAGRAMME IV. — Division des départements en groupes selon les indices de génialité.

Indices de génialité dans les départements	Subdivision géologique du sol des départements.				Indices de génialité dans les départements	Subdivision géologique du sol des départements.			
	Alluvion N. départ.	Jurass. calc. N. départ.	Granitique N. départ.	Crétacé N. départ.		Alluvion N. départ.	Jurass. calc. N. départ.	Granitique N. départ.	Crétacé N. départ.
Inférieur à 25 p. 10000	1	1	4	1	De 100 à 150 p. 10000	2	4	1	1
De 25 à 50 p. 10000	4	6	10	3	De 150 à 200 p. 10000	3	—	1	1
De 50 à 75 p. 10000	9	8	7	2	Supérieur à 200 p. 10000	2	2	1	—
De 75 à 100 p. 10000	4	6	2	1					

Classification des départements selon les indices de génialité et la nature géologique du sol.

Inférieur à 25 p. 10000	De 25 à 50 p. 10000	De 50 à 75 p. 10000	De 75 à 100 p. 10000	De 100 à 150 p. 10000	De 150 à 200 p. 10000	Supérieur à 200 p. 10000
			Alluvion.			
Landes	Tarn	Eure	Eure-et-Loir	Var	Seine-et-Oise	Seine
	Mayenne	Meuse	Ardennes	Haute-Marne	Meurthe-et-Moselle	Bouches-du-Rhône
	Sarthe	Vosges	Aube	Haute-Garonne		
	Gers	Haute-Saône	Gironde			
		Aude				
		Maine-et-Loire				
		Oise				
		Lot-et-Garonne				
		Tarn-et-Garonne				
			Jurassique calcaire.			
Charente	Vendée	Aveyron	Isère	Gard		Côte-d'Or
	Deux-Sèvres	Drôme	Ain	Loiret		Doubs
	Dordogne	Orne	Yonne	Jura		
	Lot		Indre-et-Loire	Calvados		
	Loir-et-Cher		Seine-et-Marne			
	Nord		Aisne			
			Granitique.			
Côtes-du-Nord	Loire-Inférieure	Finistère	Ille-et-Vilaine	Marne	Hérault	Rhône
Morbihan	Vienne	Manche	Basses-Alpes			
Cher	Cantal	Haute-Vienne				
Creuse	Lozère	Corrèze				
	Ardèche	Saône-et-Loire				
	Haute-Loire	Puy-de-Dôme				
	Loire	Hautes-Alpes				
	Allier					
	Nièvre					
	Indre					
			Crétacé.			
Ariège	Pyrénées-Orientales	Charente-Inférieure	Somme	Seine-Inférieure	Vaucluse	
	Hautes-Pyrénées	Pas-de-Calais				
	Basses-Pyrénées					

DIAGRAMME V.

Division des départements en groupes selon la nature géologique du sol et les principes politiques prédominants.

INDICATION DE LA GÉOLOGIE DU SOL DES DÉPARTEMENTS	MONARCHIQUES N. départ.	RÉPUBLICAINS N. départ.
Granitique	10	16
Alluvien	10	15
Jurassique-calcaire	8	15
Crétacé	5	4

Classification des départements selon la géologie du sol.

Granitique	Alluvien	Jurass. calcaire	Crétacé

RÉPUBLICAINS.

Granitique	Alluvien	Jurass. calcaire	Crétacé
Finistère	Tarn	Dordogne	Pyrénées-Orientales
Ille-et-Vilaine	Eure	Gard	Arriège
Haute-Vienne	Meuse	Drôme	Vaucluse
Corrèze	Vosges	Isère	Seine-Inférieure
Haute-Loire	Haute-Saône	Ain	
Rhone	Aude	Côte-d'Or	
Saône-et-Loire	Eure-et-Loir	Yonne	
Loire	Ardennes	Loiret	
Puy-de-Dôme	Aube	Loir-et-Cher	
Allier	Var	Indre-et-Loire	
Nièvre	Seine-et-Oise	Doubs	
Cher	Meurthe-et-Moselle	Jura	
Creuse	Seine	Calvados	
Hérault	Bouches-du-Rhone	Seine-et-Marne	
Marne	Haute-Marne	Aisne	
Basses-Alpes			

MONARCHIQUES.

Granitique	Alluvien	Jurass. calcaire	Crétacé
Côtes-du-Nord	Landes	Vendée	Hautes-Pyrénées
Morbihan	Mayenne	Deux-Sèvres	Basses-Pyrénées
Loire-Inférieure	Sarthe	Charente	Charente-Inférieure
Manche	Gers	Lot	Somme
Vienne	Maine-et-Loire	Aveyron	Pas-de-Calais
Cantal	Oise	Orne	
Lozère	Lot-et-Garonne	Nord	
Ardèche	Tarn-et-Garonne		
Indre	Gironde		
Hautes-Alpes	Haute-Garonne		

DIAGRAMME VI.

Division des départements en groupes
selon les races et les principes politiques prédominants.

Races prédominantes dans les départements	Monarchiques N. départ.	Républicains N. départ.
Ligurienne	—	8
Belge	4	11
Gallique	7	25
Ibérique	7	1
Cimbrique	18	5
Ruthénienne	1	—

Classification des départements selon les races prédominantes.

Ligurienne	Belge	Gallique	Ibérique	Cimbrique

RÉPUBLICAINS.

Ligurienne	Belge	Gallique	Ibérique	Cimbrique
Pyrénées-Orientales	Meuse	Cher	Arriége	Finistère
Aude	Vosges	Creuse		Ille-et-Vilaine
Basses-Alpes	Haute-Saône	Loir-et-Cher		Indre-et-Loire
Gard	Aisne	Allier		Eure-et-Loir
Var	Ardennes	Nièvre		Calvados
Hérault	Aube	Dordogne		
Vaucluse	Seine-Inférieure	Tarn		
Bouches-du-Rhone	Marne	Loire		
	Haute-Marne	Haute-Loire		
	Meurthe-et-Moselle	Eure		
	Doubs	Saône-et-Loire		
		Haute-Vienne		
		Corrèse		
		Puy-de-Dôme		
		Drôme		
		Seine-et-Marne		
		Yonne		
		Ain		
		Isère		
		Loiret		
		Jura		
		Seine-et-Oise		
		Seine		
		Côte-d'Or		
		Rhone		

MONARCHIQUES.

Ligurienne	Belge	Gallique	Ibérique	Cimbrique
	Nord	Indre	Landes	Côtes-du-Nord
	Oise	Lot	Cantal	Morbihan
	Pas-de-Calais	Lozère	Haute-Garonne	Charente
	Somme	Ardèche	Basses-Pyrénées	Loire-Inférieure
		Lot-et-Garonne	Gers	Mayenne
		Tarn-et-Garonne	Hautes-Pyrénées	Sarthe
		Hautes-Alpes	Gironde	Vendée
				Deux-Sèvres
				Vienne
				Manche
				Orne
				Maine-et-Loire
				Charente-Infér.

DIAGRAMME VII.

Division des départements en groupes
selon les indices de génialité et les races prédominantes.

INDICES DE GÉNIALITÉ DANS LES DÉPARTEMENTS	Belge N. départ.	Gallique N. départ.	Ruthénienne N. départ	Ibérique N. départ.	Cimbrique N. départ.	Ligurienne N. départ.
Inférieurs à 25 p. 10000	—	2	—	3	3	—
De 25 à 50 p. 10000	1	11	—	4	6	1
De 50 à 75 p. 10000	5	9	1	—	5	1
De 75 à 100 p. 10000	4	4	—	1	3	1
De 100 à 150 p. 10000	3	2	—	1	1	2
De 150 à 200 p. 10000	1	1	—	—	—	2
Supérieurs à 200 p. 10000	1	3	—	—	—	1

Classification des départements en groupes
selon les indices de génialité et les races prédominantes.

Inférieurs à 25 p. 10000	De 25 à 50 p. 10000	De 50 à 75 p. 10000	De 75 à 100 p. 10000	De 100 à 150 p. 10000	De 150 à 200 p. 10000	Sup. à 200 p. 10000
Belge.						
	Nord	Oise Pas-de-Calais Meuse Vosges Haute-Saône	Somme Aisne Ardennes Aube	Seine-Infér, Marne Haute-Marne	Meurthe-et-Moselle	Doubs
Gallique.						
Cher Creuse	Loir-et-Cher Indre Allier Nièvre Dordogne Lot Tarn Loire Haute-Loire Lozère Ardèche	Eure Saône-et-Loire Haute-Vienne Lot-et-Garonne Corrèze Tarn-et-Garonne Puy-de-Dôme Drôme Hautes-Alpes	Seine-et-Marne Yonne Ain Isère	Loiret Jura	Seine-et-Oise	Seine Côte-d'Or Rhône
Ruthénienne.						
		Aveyron				
Ibérique.						
Landes Arriège	Basses-Pyrénées Gers Hautes-Pyrénées Cantal		Gironde	Haute-Garonne		
Cimbrique.						
Côtes-du-Nord Morbihan Charente	Loire-Infér. Mayenne Sarthe Vendée Deux-Sèvres Vienne	Finistère Manche Orne Maine-et-Loire Charente-Infér.	Ille-et-Vilaine Indre-et-Loire Eure-et-Loir	Calvados		
Ligurienne.						
	Pyrénées-Orient	Aude	Basses-Alpes	Gard Var	Hérault Vaucluse	Bouches-du-Rhône.

DIAGRAMME VIII.

Division des départements en groupes selon la densité kilométrique et les principes politiques prédominants.

DÉPARTEMENTS SELON LA DENSITÉ KILOM. DES HABITANTS.	MONARCHIQUES N. départ.	RÉPUBLICAINS N. départ.
De 20 à 40 habitants par kil. car. . . .	4	2
De 40 à 60 » »	10	28
De 60 à 80 » »	12	11
De 80 à 100 » »	4	3
Plus de 100 » »	3	6

Classification des départements selon la densité kilométrique des habitants.

RÉPUBLICAINS.

De 20 à 40 hab. par kil. car.	De 40 à 60 hab. par kil. car.	De 60 à 80 hab. par kil. car.	De 80 à 100 hab. par kil. car.	Plus de 100 hab. par kil. car.
Loir-et-Cher	Cher	Tarn	Finistère	Loire
Basses-Alpes	Creuse	Eure	Ille-et-Vilaine	Seine-Inférieure
	Arriège	Vosges	Calvados	Seine-et-Oise
	Allier	Saône-et-Loire		Seine
	Nièvre	Puy-de-Dôme		Rhône
	Dordogne	Aisne		Bouches-du-Rhône
	Pyrénées-Orient.	Isère		
	Haute-Loire	Gard		
	Meuse	Hérault		
	Haute-Saône	Vaucluse		
	Haute-Vienne	Meurthe-et-Moselle		
	Corrèze			
	Aude			
	Drôme			
	Indre-et-Loire			
	Eure-et-Loir			
	Ardennes			
	Seine-et-Marne			
	Yonne			
	Aube			
	Ain			
	Loiret			
	Marne			
	Jura			
	Haute-Marne			
	Var			
	Doubs			
	Côte-d'Or			

MONARCHIQUES.

De 20 à 40 hab. par kil. car.	De 40 à 60 hab. par kil. car.	De 60 à 80 hab. par kil. car.	De 80 à 100 hab. par kil. car.	Plus de 100 hab. par kil. car.
Landes	Cantal	Morbihan	Côtes-du-Nord	Nord
Indre	Vendée	Charente	Loire-Infér.	Pas-de-Calais
Lozère	Deux-Sèvres	Mayenne	Manche	
Hautes-Alpes	Vienne	Sarthe	Somme	
	Basses-Pyrénées	Ardèche		
	Gers	Orne		
	Hautes-Pyrénées	Maine-et-Loire		
	Lot	Oise		
	Lot-et-Garonne	Charente-Inférieure		
	Aveyron	Tarn-et-Garonne		
		Gironde		
		Haute-Garonne		

DIAGRAMME IX. — Division des départements en groupes selon les indices de génialité et la densité kilométrique des habitants.

Indices de génialité dans les départements	De 20 à 40 hab. N.départ.	De 40 à 60 hab. N.départ.	De 60 à 80 hab. N.départ.	De 80 à 100 hab. N.départ.	Supér. à 100 hab. N.départ.
Inférieurs à 25 p. 10000	1	3	2	1	—
De 25 à 50 p. 10000	3	13	4	1	2
De 50 à 75 p. 10000	1	8	9	2	1
De 75 à 100 p. 10000	1	7	3	2	—

Indices de génialité dans les départements	De 20 à 40 hab. N.départ.	De 40 à 60 hab. N.départ.	De 60 à 80 hab. N.départ.	De 80 à 100 hab. N.départ.	Supér. à 100 hab. N.départ.
De 100 à 150 p. 10000	—	5	2	1	1
De 150 à 200 p. 10000	—	—	2	—	1
Supérieurs à 200 p. 10000	—	2	—	—	2

Classification des départements selon les indices de génialité et la densité kilométrique des habitants.

Inférieurs à 25 p. 10000	De 25 à 50 p. 10000	De 50 à 75 p. 10000	De 75 à 100 p. 10000	De 100 à 150 p. 10000	De 150 à 200 p. 10000	Supérieurs à 200 p. 10000
Densité de 20 à 40 habitants par kil. carr.						
Landes	Loir-et-Cher Indre Lozère	Hautes-Alpes	Basses-Alpes			
Densité de 40 à 60 habitants par kil. carr.						
Cher Creuse Ariège	Vendée Deux-Sèvres Vienne Allier Nièvre Basses-Pyrénées Dordogne Gers Hautes-Pyrénées Lot Cantal Pyrénées-Orientales Haute-Loire	Meuse Haute-Saône Haute-Vienne Lot-et-Garonne Corrèze Aveyron Aude Drôme	Indre-et-Loire Eure-et-Loir Ardennes Seine-et-Marne Yonne Aube Ain	Loiret Marne Jura Haute-Marne Var		Doubs Côte-d'Or
Densité de 60 à 80 habitants par kil. carr.						
Morbihan Charente	Mayenne Sarthe Tarn Ardèche	Orne Maine-et-Loire Eure Oise Vosges Saône-et-Loire Charente-Inférieure Tarn-et-Garonne Puy-de-Dôme	Aisne Gironde Loire	Haute-Garonne Gard	Meurthe-et-Moselle Hérault Vaucluse	
Densité de 80 à 100 habitants par kil. carr.						
Côtes-du-Nord	Loire-Inférieure	Finistère Manche	Ille-et-Vilaine Somme	Calvados		
Densité supérieure à 100 habitants par kil. carr.						
	Nord Loire	Pas-de-Calais		Seine-Inférieure	Seine-et-Oise	Seine Rhône Bouches-du-Rhône

DIAGRAMME X.

Division des départements en groupes selon la nature de la leur richesse et les principes politiques prédominants

Nature de la richesse prédominante	Monarchiques N. départ.	Républicains N. départ.
Agricole	25	17
Agricole-Industrielle	6	14
Industrielle	1	16

Classification des départements en groupes selon la nature de la richesse rispective.

Agricole.	*Agricole-Industrielle.*	*Industrielle.*
	RÉPUBLICAINS.	
Cher	Nièvre	Creuse
Loire-et-Cher	Dordogne	Arriége
Tarn	Haute-Loire	Allier
Pyrénées-Orientales	Eure	Loire
Finistère	Meuse	Corrèze
Haute-Saône	Vosges	Ardennes
Haute-Vienne	Saône-et-Loire	Seine-et-Marne
Aude	Puy-de-Dôme	Aube
Ille-et-Vilaine	Drôme	Marne
Indre-et-Loire	Aisne	Seine-et-Oise
Eure-et-Loir	Ain	Meurte-et-Moselle
Yonne	Isère	Seine
Basses-Alpes	Seine-Inférieure	Doubs
Calvados	Jura	Rhone
Loiret	Haute-Marne	Bouches-du-Rhone
Vaucluse	Gard	Alpes-Maritimes
Côte-d'Or	Var	
	Hérault	
	MONARCHIQUES.	
Landes	Nord	Aveyron
Cantal	Charente	
Côtes-du-Nord	Deux-Sèvres	
Morbihan	Lozère	
Loire-Inférieure	Ardèche	
Mayenne	Maine-et-Loire	
Sarthe	Pas-de-Calais	
Vendée	Oise	
Vienne		
Indre		
Basses-Pyrénées		
Gers		
Hautes-Pyrénées		
Lot		
Manche		
Orne		
Haute-Savoie		
Charente-Inférieure		
Lot-et-Garonne		
Tarn-et-Garonne		
Hautes-Alpes		
Somme		
Gironde		
Haute-Garonne		
Savoie		

DIAGRAMME XI.

Division des départements en groupes selon la proportion p. 100 d'individus sachant lire et écrire et les principes politiques prédominants.

INDICES DE L'INSTRUCTION PRIMAIRE PAR RAPPORT À 100 INDIVIDUS	MONARCHIQUES N. départ.	RÉPUBLICAINS N. départ.
De 30 à 50 sach. lire et écrire	4	7
De 50 à 60 » »	5	6
De 60 à 70 » »	11	10
De 70 à 80 » »	10	10
De 80 à 90 » »	2	8
De 90 à 95 » »	—	9

Classification des départements selon la prop. p. 100 d'indiv. sach. lire et écrire.

De 30 à 50	De 50 à 60	De 60 à 70	De 70 à 80	De 80 à 90	De 90 à 95

— RÉPUBLICAINS.

De 30 à 50	De 50 à 60	De 60 à 70	De 70 à 80	De 80 à 90	De 90 à 95
Finistère	Indre-et-Loire	Hérault	Seine-et-Marne	Calvados	Seine
Arriège	Nièvre	Gard	Loire	Seine-et-Oise	Meuse
Pyrénées-Orient.	Allier	Vaucluse	Ain	Ardennes	Meurthe-et-Moselle
Cher	Creuse	Var	Isère	Marne	Vosges
Haute-Vienne	Tarn	Ille-et-Vilaine	Drôme	Aube	Doubs
Corrèze	Aude	Loir-et-Cher	Seine-Infér.	Côte-d'Or	Jura
Dordogne		Loiret	Eure	Haute-Saône	Haute-Marne
		Saône-et-Loire	Eure-et-Loir	Rhône	Bouches-du-Rhone
		Puy-de-Dôme	Aisne		Basses-Alpes
		Haute-Loire	Yonne		

MONARCHIQUES.

De 30 à 50	De 50 à 60	De 60 à 70	De 70 à 80	De 80 à 90	De 90 à 95
Morbihau	Côtes-du-Nord	Ardèche	Manche	Orne	
Vendée	Vienne	Lot	Gironde	Hautes-Alpes	
Landes	Charente	Gers	Basses-Pyrénées		
Indre	Lot-et-Garonne	Haute-Garonne	Hautes-Pyrénées		
	Tarn-et-Garonne	Nord	Aveyron		
		Mayenne	Cantal		
		Sarthe	Lozère		
		Loire-Infér.	Pas-de-Calais		
		Maine-et-Loire	Somme		
		Deux-Sèvres	Oise		
		Charente-Infér.			

DIAGRAMME XII.

Division des départements en groupes selon les indices de génialité et les principes politiques prédominants.

Indices de génialité dans les départements	Monarchiques N. départ.	Républicains N. départ.
Inférieurs à 25 p. 10000	4	2
De 25 à 50 p. 10000	15	8
De 50 à 75 p. 10000	10	11
De 75 à 100 p. 10000	2	11
De 100 à 150 p. 10000	1	8
De 150 à 200 p. 10000	—	4
Supérieurs à 200 p. 10000	—	5

Classification des départements en groupes selon les indices de génialité.

RÉPUBLICAINS.

Infér. à 25 p. 10000	De 25 à 50 p. 10000	De 50 à 75 p. 10000	De 75 à 100 p. 10000	De 100 à 150 p. 10000	De 150 à 200 p. 10000	Sup. à 200 p. 10000
Cher	Loir-et-Cher	Finistère	Ille-et-Vilaine	Calvados	Seine-et-Oise	Seine
Creuse	Allier	Eure	Indre-et-Loire	Seine-Infér.	Meurthe-et-Moselle	Doubs
Ariège	Nièvre	Meuse	Eure-et-Loir	Loiret	Hérault	Côte-d'Or
	Dordogne	Vosges	Aisne	Marne	Vaucluse	Rhône
	Tarn	Haute-Saône	Ardennes	Jura		Bouches-du-Rhône
	Pyrénées-Or.	Saône-et-Loire	Seine-et-Marne	Haute-Marne		
	Loire	Haute-Vienne	Yonne	Gard		
	Haute-Loire	Corrèze	Aube	Var		
		Puy-de-Dôme	Ain			
		Aude	Indre			
		Drôme	Basses-Alpes			

MONARCHIQUES.

Infér. à 25 p. 10000	De 25 à 50 p. 10000	De 50 à 75 p. 10000	De 75 à 100 p. 10000	De 100 à 150 p. 10000	De 150 à 200 p. 10000	Sup. à 200 p. 10000
Côtes-du-Nord	Loire-Infér.	Manche	Somme	Hante-Garonne		
Morbihan	Mayenne	Orne	Gironde			
Landes	Sarthe	Maine-et-Loire				
Charente	Vendée	Oise				
	Deux-Sèvres	Pas-de-Calais				
	Vienne	Charente-Inf				
	Indre	Lot-et-Garonne				
	Nord	Tarn-et-Garonne				
	Basses-Pyrénées	Aveyron				
	Gers	Hautes-Alpes				
	Hautes-Pyrénées					
	Lot					
	Cantal					
	Lozère					
	Ardèche					

CHAPITRE VII

—

Facteurs sociaux, politiques et économiques.

1. *La lutte pour la suprématie entre les différentes classes sociales* est un effet de cette inégalité qu'Aristote appelle source de toutes les révolutions (1). « D'un coté, écrit-il, il y a ceux qui veulent l'égalité et qui s'insurgent s'ils croient avoir moins que les autres, même s'ils sont égaux à ceux qui possèdent le plus; de l'autre, sont ceux qui aspirent au pouvoir, qui se soulèvent si, étant inégaux, ils pensent qu'il n'y a pas de juste raison à cette inégalité ».

Or, cette lutte des classes ne s'explique pas seulement par le désir instinctif, chez les opprimés, de renverser ce qui est au-dessus d'eux, dès qu'ils ont la force et les moyens de s'y substituer; elle est, le plus souvent, l'effet d'une loi de nature, en raison de laquelle un organisme, ou une partie d'organisme, qui ne s'exerce pas, s'atrophie au profit de celui qui s'est exercé davantage.

Cela se vit dans le développement des plus anciennes civilisations, comme à Rome et en Étrurie, et, avant encore,

(1) *Politicon*, liv. v, chap. II. C'est un fait curieux que tous les auteurs qui étudièrent les révolutions, et qui écrivirent sur ce sujet, ne font que copier Aristote, parce que, positiviste de génie, qui vécut au milieu d'un grand nombre de petites révolutions, il en vit et il en apprit peut-être plus que tous ses successeurs.

dans l'Inde et en Egypte, où commandèrent, d'abord, les
prêtres, puis les guerriers, les nobles, et enfin les rois représentant les classes moins aristocratiques; et les nomades,
d'abord chasseurs, ensuite pasteurs, enfin serviteurs des
guerriers et des prêtres, devinrent citoyens : il en reste un
document presque préhistorique dans les langues; en effet
Buk, en égyptien ancien, signifie esclave, *Beke,* salaire,
Baki, ville; *Nooni,* paître, lancer, piller, demeurer: c'est-
à-dire, que l'ancien esclave, l'ancien pasteur forme peu à
peu le noyau des villes. — De même, en sanscrit, *Dasa,*
ennemi, esclave, *Dasiù,* sujet, pasteur, *Daquja,* province,
signifient que le nomade, pasteur, est devenu esclave, serf,
puis habitant à demeure.

Ainsi dans les temps modernes, à mesure que les rois
et les nobles, se berçant dans la sûreté du pouvoir, s'abandonnèrent à l'inertie, ils furent dominés par les castes bourgeoises qui, poussées, par l'avilissement du servage, à
mieux développer leur énergie, arrivèrent à dépasser les
classes dirigeantes et à les détrôner.

Il est vrai que la tyrannie, poussée à l'excès, mit parfois
le peuple dans l'impuissance absolue de se révolter, comme
cela arriva chez les peuples Italiens sous la domination Lon-
gobarde (1); mais l'oppression ne peut durer indéfiniment,
et tôt ou tard la révolte finit par éclater.

Il suffit qu'une classe dominante abuse du pouvoir pour
susciter la réaction; et, déjà, Aristote a pu dire (2) que:
« de quelque côté que penche un gouvernement, il dégé-
nère toujours par exagération des principes sur lesquels
il est fondé ».

En Angleterre le principe monarchique s'opposa à la puissance excessive des grands patriciens; et quand ce principe dégénéra en tyrannie, surgit, avec Cromwell, la lutte

---

(1) VILLARI, *Il comune Italiano.* 1865.
(2) *Politicon,* VIII.

pour la conquête des franchises constitutionnelles; or cette
lutte n'était, au fond, que la réaction des classes moyennes
qui, s'étant élevées par la richesse et par le génie, sentaient
qu'elles n'avaient pas, dans les affaires publiques, une influence proportionnée à leurs mérites (1).

En Pologne, l'élection des rois, réservée à un peu plus
de 200 familles patriciennes fut une des causes de ses rui-
neuses discordes.

En France, la Révolution de 89, qui semblait devoir éteindre le principe monarchique dans le sang d'un roi, dégénéra en anarchie et prépara l'Empire; celui-ci se releva,
de nouveau, après les troubles anarchiques de la République
en 1849.

2. *Prévalence exclusive d'une classe. — Prêtres.* — Indépendamment de toute forme de gouvernement, la seule prévalence d'une classe, d'une caste, sur l'autre, fut toujours
dangereuse, en arrêtant le développement organique d'un
pays et en le prédisposant, par là, d'abord à l'atrophie,
puis, par un processus opposé, mais également fatal, à l'a-
narchie des révolutions trop violentes.

« Un corps, écrit Aristote (2), est un composé de membres qui doivent croître dans le même rapport pour que
l'ensemble conserve ses proportions : cette comparaison s'applique à l'État.

» Si l'une de ses parties prend insensiblement un accroissement extraordinaire, par exemple, si dans la démocratie
d'une république, les classes basses augmentent sans mesure, le corps politique subira une révolution ».

Ainsi la prépondérance du clergé en Espagne, en Ecosse,
dans les États Pontificaux, dans le royaume de Naples, re-
tarda longtemps ces pays sur la voie du progrès et les poussa
à des révoltes souvent stériles.

(1) Guizot, *Discours sur l'histoire de la Révolution d'Angleterre.* Paris,
1850.

(2) *Politicon*, l. IV, chap. III.

« Il arrive, en effet, écrit Quinet, à propos de notre histoire du moyen-âge (1) que, dans les pays où la religion a pour principe.l'immutabilité, l'inertie devient une espèce de dogme civil, et le progrès social se trouve en contradiction avec les lois de la conscience. Pour obtenir un changement, dans un État fondé sur une Église immobile, il faut vaincre la nature des choses, ce qui ne peut se faire que par la force; de là la nécessité de la violence, apparente ou cachée, dès que ces pays font un nouveau pas vers la justice.

» Comment passer d'un gouvernement de répression, fondé sur la terreur religieuse, à un gouvernement de liberté fondé sur la raison? Les républiques catholiques d'Italie périrent toutes dans cet effort, et il en fut de même de tous les États qui prônèrent la liberté; elle fut pour eux un état violent, révolutionnaire, opposé à la nature des choses; ils s'agitèrent, se tourmentèrent, firent des révolutions, passèrent à travers la liberté, mais retournèrent à l'absolutisme comme à leur base naturelle. Que l'on confronte les républiques catholiques de l'Amérique du Sud avec celles du Nord: à ces dernières, Washington; aux premières, Rosas et Francia ».

En Espagne, huit siècles de guerre religieuse et l'isolement dans les Asturies, qui fit perdre toute pratique de civilisation, cimentèrent la domination du clergé, qui, en chassant un million d'infidèles et en brûlant tout penseur, par le moyen de l'Inquisition, éteignit toute industrie, toute idée nouvelle, arrêta l'essor de tout homme de génie, au point que, à une époque donnée, il ne se trouva plus un seul homme capable d'être, je ne dirai pas ministre, ni général, mais même financier, capitaine de vaisseau! Pour tout, on dut recourir aux étrangers abhorrés (2); et cette

____

(1) *Les révolutions d'Italie.* — Paris, 1877.
(2) BUCKLE, op. cit., livre II.

pénurie d'hommes n'a pas encore complètement disparu. — Terrible leçon que celle-là, pour les Czaristes qui, par les persécutions sanguinaires contre leurs ennemis politiques, préparent à leur pays le désert intellectuel, qui est bien pire que le désert financier.

Le Kirck (1) nous donne un tableau des conditions auxquelles la domination du clergé avait conduit l'Ecosse pendant le siècle passé.

C'était une faute de parler avec peu de déférence du prédicateur, un crime de ne pas le saluer, une impiété de ne pas trembler d'un coup de tonnerre; la joie la plus innocente était défendue; c'était péché de désirer avoir un fils — et il n'y avait pas de péché, si petit qu'il fût, qui n'entraînât avec lui la condamnation éternelle; même avant d'être né l'homme avait commencé à pécher; de là la nécessité d'un prêtre qui contrôlât chacune de ses actions; et il s'improvisa des tribunaux arbitraires qui appliquaient des peines, telles que l'amende, le fer rouge, le fouet. Si un aubergiste admettait chez lui un catholique, c'était un péché; aider un orthodoxe affamé ou mourant, fût-ce même son propre fils, ou son propre père, c'était un crime, — Crime aussi d'aller d'une ville dans un autre, ou de visiter un ami le dimanche, et même de jouir du beau temps sur sa porte, de prendre un bain!!. Ce qui ne doit pas étonner, si, comme nous l'avons déjà observé, les religions sont les institutions qui incarnent davantage le misonéisme.

Ce qui a été dit pour le clergé peut s'appliquer également à la prédominance de n'importe quelle classe.

3. *Patriciens.* — En effet, la tyrannie des patriciens, à Rome, conduisit d'abord à Saturnin, à Catilina, puis à la dictature de César; et celle-ci produisit, à son tour, la tentative de Brutus, qui faillit à son but, parce que les Em-

(1) Le Kirck, *Britann. Distemper*, p. 212.

pereurs incarnaient une juste réaction des classes humbles contre les classes oligarchiques.

Assez souvent, les oligarques, comme à Gnide, rivalisant, entre eux, pour un pouvoir restreint à un trop petit nombre, donnèrent ainsi, au peuple, le moyen de les abattre. Quelquefois ce sont eux-mêmes qui se font démagogues pour vaincre leurs compagnons (ARISTOTE, o. c.).

Au moyen âge, à Florence, la tyrannie des nobles prépara le triomphe des riches bourgeois, et les abus de ceux-ci provoquèrent, à leur tour, l'appel du Duc d'Athènes qui, bien qu'il cherchât à réprimer les abus de force, finit par s'aliéner le peuple qui le chassa.

A Rome les exactions des barons, qui dépeuplaient les campagnes et la ville elle-même, au point qu'il n'y avait plus de sûreté ni pour les personnes, ni pour les biens, contribuèrent aux triomphes de Cola di Rienzi et de ses partisans.

Les révoltes des Ciompi, écrit Fossati (1), dérivèrent des abus des *Grands*, (grâce auxquels il n'y avait plus de justice), des abus des admonitions, et de ce que les plus bas artisans (Ciompi) voulaient prendre part au gouvernement.

La révolution sociale suscitée à Paris par Étienne Marcel (1356), eut principalement pour cause le manque de foi vis-à-vis des États bourgeois du Parlement, de la part des nobles et du Roi, qui n'en tenaient compte que pour exiger des taxes; la Jacquerie fut causée par les persécutions de la noblesse contre les paysans, obligés de se réfugier dans les grottes parce qu'ils étaient réduits à la misère par les droits de *prise* ou de *chevaucherie*, exercés de la manière la plus barbare, et parfois même au moyen de la torture (2).

(1) *Il tumulto dei Ciompi*, 1865.
(2) PERRENS, *Etienne Marcel*. — Paris, 1870.

4. Esclaves. — Dans l'antiquité, les esclaves profitèrent toujours de toutes les guerres, de toutes les calamités publiques, de tous les mécontentements populaires pour s'insurger.

Ainsi les Ilotes entrèrent dans la conspiration de Pausanias, dans le complot des Périœciens et essayèrent de s'insurger à l'époque de l'invasion de Xerxès et des guerres de Sparte avec Athènes et avec Thèbes.

Hannon souleva 20.000 esclaves de Carthage pour se faire route vers la tyrannie (1).

A Tyr les esclaves tuèrent les hommes libres et en occupèrent la place (2).

A Rome, dans les premiers temps de la République, les esclaves conjurèrent avec la plèbe, avec les Volsques, avec les exilés; avant le combat de Duilius, contre les Carthaginois, il se forma une conjuration, dévoilée à temps, entre 3000 esclaves et 4000 alliés destinés à la flotte, conjuration qui menaça de perdre cette dernière; en 217, entre la bataille de Trasimène et celle de Cannes, les esclaves formèrent un nouveau complot qui, cependant, échoua (Id.).

Dans l'insurrection des esclaves en Sicile, Eunus put s'emparer d'Enna parce que les esclaves lui en ouvrirent les portes. La révolte de Spartacus eut lieu pendant que Rome était divisée entre les agitations populaires et les guerres d'Asie et d'Espagne; celle de Tryphon Salvius et d'Athénion surgirent à la faveur des invasions des Cimbres et des Teutons.

Catilina avait compté sur les esclaves pour incendier Rome (3) — et Saturninus en avait un grand nombre parmi ses partisans.

(1) *Justin*, XXI.

(2) WALLON, *Hist. de l'esclavage*, 1879.

(3) WALLON, *Hist. de l'esclavage*, II, 1879, pag. 289. — VACCARO M. A., *Genesi e funzione delle leggi penali*, Torino, Bocca, 1880.

Marius avait fait appel à leur concours quand Sylla oc-
cupa Rome, et ce dernier en introduisit 10.000, affranchis,
dans les tribus Romaines; on combattit Claudius avec les
gladiateurs, et les assassins de César avaient une escorte
de gladiateurs quand ils entrèrent au Capitole. — Antoine
en avait; Octave, Vitellius, Othon en eurent jusqu'à 20.000
dans leurs armées (WALLON).

5. *Soldats. — Révoltes militaires.* — Si l'on regarde les
chiffres déjà exposés à la page 76, on conclut que, chez
les nations plus civilisées, les révoltes économiques et ouvrières prédominent, tandis que diminuent ou disparaissent
complètement (Angleterre) les révoltes pour disette, les
révoltes militaires ou religieuses, si fréquentes, au contraire, chez les peuples barbares.

L'histoire nous montre même, que, en Orient et en Afrique, il n'y a pas d'autre cause ni d'autre forme de révolte,
et cela concorde avec le fait que, peu à peu, les révoltes
s'étendent dans les différents classes, en raison de leur vitalité, de leur importance sociale.

Aux époques et chez les populations barbares, l'homme
est au stade *militaire* et théocratique, et chaque changement ne put être que de nature militaire ou théocratique,
sauf que, les classes et les conditions variant, les formes
et les occasions varièrent aussi; les défaites et les victoires,
l'absence de solde, l'appauvrissement du pouvoir central,
l'excès de puissance concédée à un corps de troupes en particulier donnent lieu à la révolte militaire, aux véritables
élections militaires, comme chez les Latins, dans la Rome
impériale, chez les Janissaires en Turquie et en Égypte,
chez les Tunisiens et les Algériens d'il y a quelques années
et, récemment, chez les Espagnols.

Partout où on accorda aux milices un pouvoir excessif,
on détruisit l'équilibre et l'on provoqua la décadence de
l'État et de continuelles révoltes.

Ainsi les révoltes d'Algérie étaient l'œuvre des pirates et des milices contre leurs chefs. Les séditions de la Turquie et de la Russie ancienne, bien qu'elles fussent d'ordinaire une manœuvre de palais, étaient toujours appuyées par les milices et parfois par les prêtres.

La toute puissance des légions, commencée avec les triomphes de Marius et de César, et surtout avec ceux des prétoriens, s'accrût encore lorsque le nombre de ces derniers s'éleva, de 8.000, à 16.000 sous Vitellius, à 50.000 sous Sévère. Tout d'abord dispersés, suivant les dispositions d'Auguste, dans les différentes ville d'Italie, ils furent ensuite, par ordre de Tibère, concentrés à Rome, où, fortifiés sur les collines qui dominent la ville, ils devinrent la cause de continuelles séditions.

Claude, élevé par eux à l'empire, le leur paya à raison de 2.700 livres par tête; Marc Aurèle en paya 3.600, et Adrien, lorsqu'il voulut élire un César, dut remettre 56 millions à ces troupes. La chute de Galba, d'Othon et de Vitellius leur apprit à regarder les empereurs comme des instruments de leur licence, laquelle ne fit qu'augmenter toujours davantage lorsque, sous Caracalla, les commandements ne furent plus donnés, comme par le passé, à des hommes instruits, mais à des paysans, comme Maximin, et même à des barbares qui ne connaissaient d'autre patrie que le camp.

Ces soldats tuèrent Pertinax parce qu'il était trop honnête et ils en vinrent jusqu'à mettre à l'encan le titre d'empereur. L'encan eut réellement lieu; et Didius Julianus Severus, en donnant 4.600 livres à chaque prétorien, l'emporta sur Flavius Sulpicius qui n'en avait offert que 3.680. Il conserva l'Empire pendant 66 jours. Mais les légions des provinces voulurent jouir du même privilège — et elles en avaient la force; — de là des guerres intestines qui s'ajoutèrent aux séditions militaires : c'est ainsi qu'au temps de Gallien on eut les Trente, ou plutôt les dix-neuf tyrans. Alors la valeur individuelle pouvait beaucoup moins que le

caprice du moment, et quand les troupes contraignirent
Saturninus à se faire empereur, il leur dit, en déplorant
sa destinée, comme un grand nombre de ses collègues :
« Vous avez perdu un bon général et vous avez fait un bien
piètre empereur »

Sous Maxime et Balbin les choses en vinrent à ce point
que les soldats, bien que payés et adulés par ces empereurs, les renversèrent parce qu'ils avaient été élus par le
Sénat ; et le surnom d'Empereurs Sénatoriaux devint un
terme de mépris.

6. *Basses classes.* — Si, comme l'écrit Machiavelli (1),
dans la lutte réciproque, les basses classes aspirent à ri-
valiser avec les classes élevées, sans les supprimer, on obtient des résultats utiles ; *vice versa,* quand les basses classes
oppriment les classes élevées et commandent seules, comme
à Florence, on a pour résultat la perte de la liberté.

Ainsi en fut-il de l'excessive démocratie de Syracuse, de
Messine, de Milet, de Mégare, de Samos, où le rêve de l'é-
galité politique et de la souveraineté du peuple tomba misérablement au milieu de désordres sanglants et de lois
arbitraires. Ces petites républiques finirent par acclamer
des tyrans.

7. *Campagne et ville.* — Dans l'État de Buenos-Ayres, la
prépondérance excessive de la capitale et la trop grande
abondance de sang européen fut la véritable cause des révoltes sanglantes de la campagne (peuplée d'Indiens) contre
la capitale, révoltes qui triomphèrent avec Rosas. C'est pourquoi les hommes plus instruits furent surtout persécutés,
tandis que les chefs subalternes de Rosas étaient toujours
des Gauchos (2).

8. *Classes équilibrées.* — Là, au contraire, où les classes
sociales, et les pouvoirs qui en dérivent, sont équilibrés,

(1) *Storia Fiorentina,* livre III.
(2 Sarmiento, op. cit.

la liberté se maintient et les révolutions sont très rares :
ainsi, selon Aristote, la durée de Sparte fut due à la juste
distribution des pouvoirs entre les classes élevées, représentées par le Sénat, les basses classes représentées par les
Ephores, qui étaient élus par suffrage, à haute voix, sur
les places, et les rois dont les attributions étaient limitées,
et qui, par le fait même qu'ils étaient deux, et, par conséquent, facilement en désaccord, pouvaient rarement devenir des tyrans.

A Athènes, que, cependant, l'on regarde comme le modèle
du Gouvernement démocratique contre la prépondérance
du nombre et l'omnipotence des assemblées, non seulement
on avait établi la δοκιμασία, qui éloignait les gens déshon-
nêtes de la tribune, mais les projets de loi, qui ne pouvaient être présentés qu'une fois par an, étaient d'abord
étudiés par le Sénat, qui devait en autoriser la discussion;
quant à l'auteur du projet, il était exposé à la γραφή παρά
νόμον, ou accusation d'illégalité, que chacun pouvait porter
contre lui.

La Constitution opposait ensuite, comme dernier contre-
poids à la souveraineté populaire, outre le Sénat, qui avait
également la haute direction des finances, l'Aréopage qui,
avec ses magistrats nommés à vie, sa juridiction étendue,
son droit de *veto* concernant les mesures proposées par
l'assemblée, constituait un élément de conservation et de
stabilité.

Lorsqu'ensuite, sous Périclès, l'Aréopage perdit son droit
de *veto*, Athènes devint une démocratie entre les mains d'un
dictateur et déchut rapidement (1).

Polybe (2), et, plus tard, Machiavel, démontrèrent que la
grandeur de Rome devait être attribuée à la coexistence

(1) Prins A., *La démocratie et le régime parlementaire*. Bruxelles, 1887.
(2) Livro VI.

équilibrée des trois pouvoirs, se basant sur le principe de Lycurgue: que toute forme de gouvernement, qui s'appuie sur un seul principe, dure peu, parce qu'elle tombe par le vice qui lui est propre.

Là, en effet, même quand on passa, de l'aristocratie du sang et de l'argent des Comices par curies et par centuries, à la démocratie des Comices par tribus et au Tribunat, le Sénat conserva une part prépondérante, et forma ainsi une oligarchie intellectuelle et financière appuyée sur des lois démocratiques.

Outre cela, même dans les Comices par tribus, le nombre ne pouvait prévaloir, parce que la petite propriété, représentée par les tribus rustiques, était maîtresse du scrutin et, par conséquent, le suffrage universel était essentiellement conservateur (1).

Mais c'est surtout le Tribunat qui contribua à l'équilibre.

C'est un fait admis par tous les historiens, que cette institution, merveilleusement simple, servit de si grand contre-poids à la puissance excessive des patriciens, appuyée par la richesse, par l'intelligence, par la tradition et, ce qui est plus, par les lois, qu'elle permit une véritable égalité civile, tout en laissant, au moins pendant longtemps, le pouvoir aux classes les plus cultivées, jusqu'à ce que, en dégénérant, elle provoqua la démagogie et le césarisme.

Le tribun représentait ce qu'est pour nous l'opposition parlementaire, la presse et la Cassation.

Les tribuns, qui ne pouvaient être choisis que dans les classes populaires, servirent, on peut presque dire, de code vivant et de magistrat permanent, alors que code et magistrature véritable manquaient, et que tout était soumis à l'arbitre des patriciens; alors que les créanciers patriciens exerçaient les plus cruelles tortures sur les débiteurs, au point que, pour s'y soustraire, le peuple refusa d'aller à

(1) Pais, op. cit.

la guerre (An. 282), et que créant une sécession, une véritable cité plébéienne, il menaçait de ne plus se réunir si on ne donnait pas ces droits aux tribuns. Ils servirent de soupape de sûreté et d'anneau entre les nobles et la plèbe, et ils firent, comme le dit Machiavel (1) que les uns tirassent avantage des forces des autres sans s'élider.

Tout d'abord ils n'avaient d'autre enseigne, d'autre escorte que le pédestre *viator;* pas même un siége au Sénat, à la porte duquel ils devaient rester debout; mais plus tard ils purent même mettre les magistrats en prison, suspendre un jugement, infliger une condamnation capitale; ils défendaient l'accusé en présence du public *(Jus auxilii);* ils pouvaient réunir les comices, en obtenir des délibérations, faire cesser l'arrêt d'un débiteur condamné; ils pouvaient citer à comparaître devant eux n'importe quel citoyen, même les consuls, les faire venir par la force, en cas de refus, et, avec un *veto,* suspendre toute délibération.

Plus tard, après qu'on eut étudié et imité les lois de Solon, et qu'on eut codifié cette grossière pratique criminelle et civile, qui n'était, en somme, que la consécration du pouvoir prédominant des riches et des nobles; lorsque la législation fut devenue moins cruelle, bien qu'elle conservât encore les horribles peines pour les débiteurs; lorsque l'usure eut été réduite à 10 %, on suspendit les tribuns, comme étant moins nécessaires; mais on dut les rétablir, sauf à ne leur concéder que le seul droit d'infliger des amendes et non plus la peine capitale, et celui de nommer les payeurs ou questeurs, ce qui les faisait entrer véritablement dans l'administration. Puis ils eurent un vote consultatif et un siége au Sénat. En 620, en raison de l'accroissement de la misère, les Gracques, patriciens devenus les plus audacieux tribuns, parvinrent à arracher, par une espéce de suffrage universel, des lois par lesquelles on don-

(1) *La Decadi,* III.

nait, aux plébéiens, les champs qui étaient la propriété de
l'Etat, et on leur fournissait du blé à un prix inférieur de
moitié au prix réel; cette réforme, très belle cependant,
fut certainement le premier pas vers le Césarisme.

Plus tard, en effet, Saturninus (651-54), actif, éloquent,
mais très violent, arracha, à coups de bâton, de véritables
lois socialistes, au moyen desquelles il réduisit de 1/6 d'as
le prix du grain, déjà diminué de moitié; réprimé, il appela les esclaves à son aide. C'est à lui que l'on doit la
première guerre civile qui eut lieu à Rome (10 décembre
654).

Sulpitius Rufus organisa (666) une véritable armée de
3000 démagogues contre le Sénat.

Clodius (696) limita le droit qu'avaient les censeurs de
réprimander les citoyens débauchés, et il enleva toute res-
triction aux associations.

Dès lors les tribuns devinrent les maîtres et les tyrans
de la république et la cause de sa chute. Ils préparèrent,
d'abord par le désordre, ensuite par l'élévation de leurs
partisans aux charges, la venue de l'Empire.

Beaucoup croient que le Tribunat cessa avec l'établissement de l'Empire. Il est vrai que César retint pour lui la
puissance tribunitienne, mais il n'abolit pas, pour cela, les
tribuns; cela n'était même pas à présumer avec un gouvernement comme le gouvernement impérial, qui, sous une
forme despotique, protégeait en effet les intérêts populaires. Il est certain, cependant, qu'il en restreignit les pouvoirs. Les tribuns conservèrent le *Jus auxilii* et le *Jus inter-
cessionis* contre les magistrats, mais non contre l'Empereur
dont ils dépendaient directement (1); ils perdirent le droit
de *veto*, mais ils conservèrent celui de siéger au Sénat (2),
et ils eurent la présidence d'un certain nombre de quar-

(1) Tacite, *Annales*, XIII, 28.
(2) Dion Cassius, 55.

tiers de Rome (1), ce qui, à vrai dire, s'y perpétue encore
aujourd'hui, sous un autre nom (2).

Le Tribunat devint une dignité conférée par l'Empereur,
et qui se trouve déjà mentionnée sous des termes quelque peu méprisants « *umbra nominis* », dans le Code Théo-
dosien (XII, 1, 74).

Quoi qu'il en soit, il dura, plus de 14 siècles, certainement parce qu'on le considéra comme la plus belle institution de Rome.

Venise dut sa durée non seulement au bien-être économique, mais encore à la justice, relativement rigide, en
faveur des classes exclues du domaine politique, à la tolérance pour tous, qui s'étendit jusqu'aux hérétiques — ce
qui, à cette époque, était un phénomène très rare — et
à l'union parfaite du patriciat; parce que, selon Aristote, il
arrive peu de révolutions dans les oligarchies qui savent
être unies, tandis qu'il s'en produit un grand nombre là
où une seconde oligarchie surgit dans le sein de la première.

La fortune politique de l'Angleterre moderne eut pour
origine l'alliance des patriciens avec la bourgeoisie, dans
le but de résister aux prétentions de la Couronne, ce qui
donna lieu à une véritable domination parlementaire; tandis qu'en France, les féodaux conservant leurs pouvoirs avec
ténacité, la bourgeoisie ne put s'élever, de sorte qu'il n'existait que des nobles et des plébéiens; et ce fut là, selon
Buckle, une des plus puissantes causes de la Révolution.

9. *Partis et sectes.* — Les partis et les sectes, parfois
utiles dans la lutte des faibles contre les forts, furent souvent, comme les appelle Coco, *des moyens de corruption de
l'homme, qui, à son tour, corrompt la nation.*

---

(1) Mommsen, II, 120.
(2) Lombroso, *Tre Tribuni.* — Turin, 1887.

On peut trouver la confirmation la plus évidente de ce fait dans le spectable qu'offrirent nos Communes au moyen âge, et, spécialement, Florence, où l'intolérance et l'exagération des partis amenèrent, selon Perrens (1), le complet épuisement politique et intellectuel.

Il suffit, en effet, de considérer comment l'abus de l'admonition, de la part des vainqueurs, mettait, hors du champ politique, des milliers de citoyens parmi les meilleurs, tandis qu'avec les bannissements de 10, de 20, de 100 ans, qui devenaient ensuite perpétuels, on provoquait l'émigration des meilleures familles; ainsi les Albizzi se réfugièrent à Gaëte et à Césène, les Alberti en Flandre, les Alighieri à Vérone, les Guadagni à Barcelone, les Peruzzi à Avignon, procurant ainsi aux autres États l'avantage de leur influence et de leurs richesses.

Et il en fut de même d'un grand nombre d'artistes de génie; on raconte même, à ce propos, que, en 1422, alors que Venise ne savait si elle devait s'allier à Florence ou à Milan, les citoyens la poussèrent vers cette dernière, dans l'espérance que beaucoup d'artistes florentins émigreraient et se réfugieraient dans son sein.

A Florence la justice elle-même ne fut, pendant de longues années, qu'une arme de parti; quand le podestat cherchait à frapper les coupables du parti dominant, il finissait par être renvoyé; en 1353 les gens du peuple choisissaient leurs chefs parmi les voleurs; les jeunes gens se réunissaient à son de trompe ou de luth, comme à une fête, pour piller les rues (2).

La ruine n'était pas moindre dans les autres Communes, où, sous les bannières différentes, en apparence, mais semblables, en réalité, des Guelfes et des Gibelins toscans, on donnait libre cours aux rivalités de familles et de classes;

(1) Perrens, *Histoire de Florence*, vol. vi.
(2) Perrens, op. cit.

on était bien loin alors du rôle très élevé que les partis eurent ensuite dans le mécanisme parlementaire anglais, formant un engrenage nécessaire à l'équilibre des pouvoirs et que, nous, du continent, avons cru pouvoir singer sans en avoir ni les hommes, ni le caractère, ni l'éducation; c'est pourquoi nous en avons retiré plus de préjudice que d'utilité.

C'est encore pis quand les partis tombent dans les excès; Sarmiento le prouve pour la République Argentine, où, à la réaction de Rosas, contribuèrent précisément les exagérations des Unitaires de Buenos-Ayres. Ce parti était composé de véritables types d'utopistes révolutionnaires, idéologues — comme nos Mazziniens — qui marchaient droit, la tête haute, sans dévier jamais, employant toujours certaines phrases dédaigneuses qui leur étaient propres; à la veille d'une bataille ils s'occupaient d'un règlement, d'une formule, d'une phrase pompeuse; impossible de trouver des hommes plus raisonnables, plus entreprenants et plus.... privés de sens pratique (1).

Et, chez nous, les places et les parlements sont malheureusement peuplés de ces utopistes.

Voici comment Tocqueville (2) traite les grands et les petits partis dans la civilisation moderne:

« Les partis sont un mal propre aux gouvernements libres; mais ils n'ont pas toujours des caractères et des buts identiques.

» Les grands partis politiques se préoccupent plus des principes que des conséquences, des généralités que des cas spéciaux, des idées plus que des hommes.

» Ils ont, en comparaison des autres, des traits plus nobles, des passions plus généreuses, de plus fortes convictions, des mouvements plus francs et plus hardis; chez eux,

____

(1) Sarmiento, *Civilisation y Barbaria*. — Buenos-Ayres, 1869.
(2) *La démocratie en Amérique*.

l'intérêt particulier, perpétuelle cause efficiente des passions politiques, est plus habilement caché sous le voile du bien public, au point de tromper ceux-là même qui s'en inspirent.

» La foi politique manque, au contraire, aux petits partis; ils ne sont ni soutenus ni élevés par les grands idéals; leur caractère est empreint d'un égoïsme qui se manifeste dans tout acte. Ils s'échauffent toujours à froid, ils ont le langage violent, mais l'action timide et incertaine; leurs moyens sont aussi mesquins que les buts qu'ils se proposent. D'où il résulte que, quand une période de calme succède à une violente révolution, les grandes personnalités semblent presque disparaître, les grandes âmes se cacher.

» Les grands partis mettent la société sens dessus dessous, les petits la portent à la révolte; les uns la maltraitent, les autres la dépravent; mais parfois les premiers, en la déchirant, la sauvent, les seconds la bouleversent toujours inutilement ».

Plus les partis progressèrent dans l'influence politique, plus, au contraire, avec le développement de la liberté, diminua l'importance des sectes, qui étaient précisément le fruit de l'oppression. C'est que la persécution change les idées en sentiments et ceux-ci en sectes. En raison même de leur origine, la civilisation moderne leur est peut-être redevable d'un certain nombre de services et de réformes dans le champ politique: il suffit de rappeler les Carbonari en Italie, les Chartistes en Irlande, les Hétéries en Grèce, et les Nihilistes eux-mêmes en Russie, bien que les idéals de ces derniers ne semblent pas correspondre aux désirs de la grande majorité de la Russie actuelle, dont on peut dire, écrit Stepniack, comme de la Russie ancienne, que Czar et Dieu sont fondus ensemble dans l'idée populaire (1).

____

(1) *La Russie sous les Czars.* — Paris.

« Il est dans la destinée de toutes les sectes de s'acquérir une grande renommée de sainteté quand elles sont opprimées, et de la perdre dès qu'elles deviennent puissantes. C'est qu'il arrive rarement que l'on entre dans une société proscrite pour des raisons qui ne soient pas dictées par de grandes convictions; c'est pourquoi la corporation se compose de personnes honnêtes. Si sévère que soit la discipline d'une société religieuse, ce n'est pas une grande difficulté de la conserver intègre en face de la persécution qui lui vient du dehors. Il est certain qu'il n'y eut que très peu d'individus qui ne fussent vraiment pénétrés d'une grande foi religieuse parmi ceux qui demandèrent le baptême, alors que Dioclétien exerçait sa fureur contre l'Eglise, ou qui s'affilièrent aux conventicules protestants alors qu'ils couraient le risque d'être brûlés vifs par Bonner. Mais lorsqu'une secte arrive au pouvoir, les ambitieux s'y précipitent et, souvent, ils surpassent leurs honnêtes coréligionnaires dans les manifestations extérieures de zèle. L'ivraie et le bon grain croissent ensemble; le monde s'aperçoit bientôt que les santons sont comme les autres hommes et il en conclut que, s'ils ne sont pas meilleurs, ils doivent être pires. En peu de temps ce que l'on regardait comme une marque de sainteté est considéré comme un signe de perversité (1) ».

Dans l'Italie méridionale, la société de S¹ Vincent de Paul parut et fut réellement, il y a un demi-siècle, un foyer de libéralisme, comme le fut jusqu'à ces dernières années, dans toute l'Europe, la Franc-Maçonnerie qui, maintenant devient de plus en plus une réunion et un instrument d'*affaristes*.

Aujourd'hui il semble qu'il ne reste, aux sectes, d'autre tâche que celle de recueillir dans leur propre sein les détritus de la société qui s'y groupent et conspirent contre

(1) MACAULAY, op. cit.

cette prétendue marâtre. Ce sont les successeurs des paysans des Jacqueries et des Jacobins, et ils se nomment Communards à Paris, Invincibles en Irlande, Anarchistes en France, en Allemagne, en Belgique, etc.

La haine contre les puissants et contre les injustices sociales, qui s'incarne en eux, fomentée dans une génération avide de bien-être et consciente de sa propre force, comme l'est la génération actuelle, explique comment de semblables associations ont fait des progrès extraordinaires, bien qu'elles se proposent des transformations souvent trop prématurées et souvent irréalisables.

Ainsi en fut-il de l'Internationale, dénominatif commun de toutes les sectes politiques tendant à une révolution de la société (1). De l'Union communiste de Londres, elle se répandit par toute l'Europe, et dans un espace de trente ans, elle donna naissance à d'innombrables associations et fédérations : depuis la *International Labour Union*, jusqu'à la *Social démocratic Fédération* (1869), en Angleterre; depuis le *Parti ouvrier socialiste démocratique*, formé par le Congrès d'Eisenach (1869), avec 155.486 adhérents, jusqu'au parti anarchique d'Hansselman et de Most en Allemagne; aux Communards de 1870, aux Coopératistes, aux Collectivistes et aux Communistes qui partagent actuellement, en France, le camp socialiste; à la *Fédération Jurassienne* (1871), en Suisse, etc. (2). Elle provoqua l'assassinat de Prim, les horreurs de la Commune, et les désordres de Décazeville en 1886.

Et, en effet, tout en ne voyant pas dans les grèves le moyen de procurer d'effectives et durables améliorations au sort de la classe ouvrière, elle les reconnaissait, au Congrès de St Imer (1872), comme étant un moyen précieux de lutte, y entrevoyant *une préparation à la grande lutte*

---

(1) Mast-Dari, *Sciopero e coalizione*, 1887.
(2) D. Zaccer, *L'Internationale rouge*. — Paris, 1884.

révolutionnaire et définitive; et même, dans une proclamation présentée par les Sections Espagnoles au ministre Zorilla, elle se définissait elle-même comme « une association » ennemie du principe d'autorité et fondée pour le ren» verser, se proposant un état social où personne ne doit » commander et personne ne doit obéir ». Et pour inaugurer le renversement du principe d'autorité ce fut précisément l'Internationale d'Espagne qui prépara l'assassinat du *général Prim* et l'attentat contre le roi Amédée.

Vaillant synthétise ainsi les buts politiques de l'Internationale : « Ce n'est qu'en accaparant le pouvoir politique » et en courbant, pendant une certaine période révolution» naire, toute la société sous la dictature du paupérisme, » que les ouvriers pourront arriver à l'abolition des clas» ses dominantes ».

Et, à cette puissante association, qui, d'après des calculs peut-être exagérés (1), comptait plus de deux millions et demi d'affiliés, succède maintenant le parti socialiste, dont les progrès apparaissent clairement quand on se rappelle que ses forces, qui, en Allemagne, en 1864, ne dépassaient pas 4610 adeptes, se sont élevées à 526.241 en 1884, et que, aujourd'hui, en France, la *Fédération des travailleurs socialistes* compte de 100 à 200 mille affiliés, dont 20.000 à Paris seulement.

En Amérique les progrès du socialisme furent encore plus rapides. On a calculé récemment (2) que la seule association des Chevaliers du travail, fondée à Philadelphie en 1869, comptait, en 1885, 730.000 affiliés, au moins, et un million à la fin de 1886. Il est à remarquer que cette association déconseille les grèves et les violences, et recommande la diffusion de la coopération et de la prévoyance,

(1) S. Martello, *Storia dell'Internazionale.* — Padoue, 1873.
(2) E. Coppi, *I Cavalieri del lavoro. — Rassegna nazionale*, octobre-novembre, 1887.

tout en se proposant un programme des plus excessifs; et
cela parce que le sens pratique américain modéra les idées
empruntées aux socialistes Européens.

A leur tour, les *Trade's unions* anglais, qui avaient déjà
donné leur adhésion à l'Internationale, s'expriment ainsi
à l'art. ix de leur programme définitif (Londres, 1871):

« Dans l'état militant de la classe ouvrière, son mouve-
» ment économique et son action politique sont indissolu-
» blement unis ».

Et, en effet, dans ces dernières années les *Trade's unions*
ont reversé dans le champ politique toute l'activité qu'ils
exerçaient, auparavant, dans le champ économique, se mon-
trant hostiles au Gouvernement, se déclarant solidaires
avec les socialistes démocratiques allemands, et décrétant,
au Congrès de Nottingham (septembre 1883), la formation
d'un parti ouvrier politique.

Comme produit de cette activité politique, les *Trade's
unions* fondèrent la *Land-nationalisation society*, qui soutient la révolution Irlandaise, se liguant avec les Fénians
et créant, en opposition au *Land-Lordism*, le mouvement
anarchique dit *Land-Comunism*, qui a déjà ses écrivains
dans Henry George et Wallace, auteur du « *Progres and
Poverty* » et du « *Landnationalisation* », ouvrages qui se
répandent par milliers parmi les classes pauvres (1).

Du reste, il n'est pas rare que les associations, formées
avec des buts même honnêtes, dégénèrent, sous l'influence
d'éléments criminels, en véritables associations de malfai-
teurs, comme cela s'explique d'après ce que nous avons dit
dans le chapitre précédent, sur les rapports de la criminalité avec l'évolution et avec les révoltes; on en trouve
un exemple dans les Molly-Maquires de la Pensylvanie,
qui formaient d'abord une association de vigilance sur les

____

(1) Mari-Dari, *Sciopero et coazione di operai.* — Torino, 1887.

rapports entre mineurs et propriétaires, et qui, par l'in-
trusion d'éléments criminels, finit par terroriser le pays
de 1863 à 1869, commettant un grand nombre de méfaits
contre des personnes éminentes placées à la tête des travaux des miniéres; elle ne put être vaincue qu'en 1876,
après vingt-deux exécutions qui, seules, parvinrent à rendre
le calme et la sûreté à ce district minier (1).

En Italie, la *Mano fraterna,* à Girgenti, découverte en
1883, était, à l'origine, une espèce de société de secours
mutuel dans les infirmités, dans les décés; mais elle dégénéra immédiatement. Certains devoirs donnaient lieu à certains crimes : tous devaient se faire respecter pour l'honneur du corps, protéger les femmes, venger les offenses
faites aux compagnons comme si elles étaient faites à eux-
mêmes, aider à les sauver s'ils étaient poursuivis; cependant ils finirent par l'assassinat, que l'on réglait et que
l'on exécutait comme, entre chasseurs, la poursuite et la
mort d'un liévre, par l'intimidation sur les jurés, sur les
concurrents dans les enchères publiques. De sorte que les
honnêtes gens devaient s'affilier ou payer d'autres criminels
pour s'en défendre (2).

En Irlande, la *Ligue agraire,* dont on connaît le patriotisme élevé et honnête dans la lutte en faveur de la liberté
politique et économique de ce pays, vit, il y a peu de temps,
surgir à ses côtés, la secte des *Invincibles,* composée de
deux cents individus seulement, mais qui s'affirma bien vite
par toutes sortes de crimes agraires.

L'œuvre des *Invincibles,* en Irlande, semble du reste,
obéir, non seulement à l'influence manifeste des criminels,
mais encore à une espèce de tradition historique qui reproduit presque les mêmes crimes, dans des conditions

(1) R. Krauss, *Die Psychologie des Verbrechens,* 1884.
(2) Voir Lombroso, *L'Associazione della Fratellanza (Arch. de psichiatrie,*
vol. v, p. 452).

analogues de milieu; en effet, on peut dire que les délits agraires d'aujourd'hui reproduisent ceux des bandes des *Pieds noirs* et des *Pieds blancs* qui, en 1830, parcouraient les campagnes, excitant les populations à ne pas payer les dîmes et les loyers, et les soulevant contre les collecteurs des impôts.

Et ceux-ci, à leur tour, descendaient en droite ligne des Witheboys qui, dix années auparavant, s'étaient proposé de faire la guerre aux propriétaires protestants, plus rigoureux envers les paysans, et qui commettaient des assassinats et allumaient des incendies avec la complicité du peuple qui y assistait (1).

On eut aussi quelque chose de semblable en Espagne avec la *Main Noire*, qui semble un mélange étrange de fanatisme religieux et de criminalité, mais qui avait une base socialiste, et non sans justification, puisque sa plus grande puissance correspondit à la grande sécheresse de l'Andalousie, en 1881 et en 1882, et à l'énorme misère qui en résulta pour les agriculteurs, déjà épuisés par les exactions du fisc et de l'usure.

Elle avait un code, qui déclarait que son but était de défendre les pauvres et les opprimés contre ceux qui les dépouillent, contre leurs bourreaux, — et un programme, savoir :

« La terre existe pour le bien-être des hommes qui ont tous un droit égal de la posséder; l'ordre social actuel est inique; les travailleurs produisent et sont traités, par les riches, comme des esclaves dans leurs terres; c'est pourquoi l'on ne pourra jamais nourrir une haine trop profonde contre tous les partis politiques, tous également méprisables; toute propriété acquise par le travail d'autrui est illégitime. La Société déclare les riches hors du droit

____

(1) Heuvé, *Les origines de la crise irlandaise. — Revue des Deux Mondes*, septembre et octobre, 1880.

des gens, et, pour les combattre, tous les moyens sont bons, *sans excepter le fer, le feu, et pas même la calomnie* ».

Les statuts organiques étaient compilés d'une manière brève et catégorique. La sanction générale des décisions était la peine de mort.

Chaque membre d'une section était obligé de lui soumettre ses projets sur la meilleure manière d'allumer un incendie, de commettre un assassinat, etc., sur tout moyen capable d'occasionner du préjudice aux bourgeois.

Et en Russie, nous avons les *Fugitifs,* auprès desquels n'importe quel individu peut être accueilli, paysan, brigand, soldat, pourvu qu'il détruise tout ce qui peut rappeler son nom et son ancien état social. Le néophyte reçoit un nouveau baptême et jure de ne se soumettre ni au pouvoir civil ni au pouvoir militaire, de rompre toute relation avec la société et de vivre en vagabond. Parmi de semblables renégats les crimes sont nombreux et la dépravation est grande; ils estiment que l'Antéchrist s'est incarné dans tous les empereurs de Russie et que tout ce qui est en relation avec la société moderne est l'œuvre de l'Antéchrist et de Satan (1).

9. *Imitation.* — Nous avons vu (2) la criminalité, la folie, l'hallucination se faire épidémiques, par véritable imitation, dans les soulèvements populaires, et l'imitation devenir ainsi une cause et un facteur puissant de la révolte. — Cela peut se produire, sur une grande échelle, parmi les peuples, de manière à paraître une épidémie révolutionnaire; il en fut ainsi, selon Ferrari (3), dans la période de 1378 à 1494, où les plèbes européennes imitèrent les multitudes italiennes révoltées contre les anciens seigneurs, à Rome avec Cola, à Gênes avec Adorno, Doge plébéien,

(1) *Revue scientifique,* 1888.
(2) Voir pag. 181, 190, 194.
(3) *Storia delle rivoluzioni d'Italia.* — Milan, 1870.

à Florence avec les Ciompi, à Palerme avec Alessi, à Naples avec les Lazzari.

En effet, l'on eut, dans cette période, presque simultanément: l'insurrection des Hussites en Bohême; les révoltes des ouvriers et des paysans des villes libres d'Allemagne (Worms, Hall, Lubeck, Aix-la-Chapelle); le refus des bourgeois de Gand de payer les impôts; la guerre d'indépendance de la Suisse; les insurrections des pays Suédois avec Inglebert, des Croates avec Harvat, et, en Angleterre, le mouvement religieux provoqué par Viclef.

Les hommes de 93 imitèrent, ou plutôt singèrent les héros de Plutarque (Buckle), comme les Napoléon imitèrent les César.

En France, presque tous les départements imitèrent les massacres de septembre à Paris, et, plus tard, ceux de la terreur Blanche.

Et Aristote indique comme une cause de changement le voisinage de pays gouvernés différemment. Le voisinage de l'oligarchie de Sparte faisait souvent tomber la démocratie d'Athènes et *vice versa*.

10. — *Tradition historique.* — *Toute révolution*, a écrit Machiavelli, *laisse une pierre d'attente pour une autre;* on vit, en effet, certaines révolutions reproduire la forme d'autres révolutions qui avaient eu lieu à des époques même très reculées, comme le Tribunat qui, après tant de siècles, revécut à Rome avec Cola et Baroncelli et, dernièrement, avec Ciceruacchio et Coccapieller, malgré une si grande diversité d'institutions et d'individus.

« L'islamisme vécut parce que, à beaucoup d'égards, il fut la prolongation ou plutôt la revanche du nazaréisme. Le christianisme, tel que les Grecs polythéistes et métaphysiciens l'avaient fait, ne pouvait convenir au Syriens et aux Arabes, lesquels tenaient à séparer profondément Dieu de l'homme et avaient besoin d'une plus grande simplicité religieuse. Les hérésies du ıv° et du v° siècle ayant leur cen-

tre en Syrie, sont une espèce de protestation permanente
contre les doctrines exagérées sur la Trinité et l'Incarna-
tion que les Pères grecs avaient fait prévaloir.

» On dit souvent que Mahomet fut un Arien; cela n'est
point exact. Mahomet fut un nazaréen, un judéo-chrétien.
Le monothéisme sémitique reprit, par lui, ses droits et se
vengea des complications mythologiques et polythéistes que
le génie grec avait introduites dans la théologie des premiers disciples de Jésus.

» Si l'islamisme substitue la kébiah de la Mecque à celle
de Jérusalem, il rend, d'un autre côté, les plus grands hon-
neurs à l'emplacement du temple; la mosquée d'Omar s'é-
lève sur la place souillée par les chrétiens (1).

Les tendances révolutionnaires de la Romagne se ratta-
chent à leur histoire du moyen-âge :

> « Romagna tua non é, nè sarà mai,
> Senza guerra nel cuor dei suoi tiranni »,
>
> (DANTE).

De même, la Commune de Paris s'inspira de la révolution de 89, et celle-ci de la Jacquerie, tandis que l'Assemblée nationale de Paris se modelait sur les Assemblées
provinciales de France; on peut dire qu'à Paris les barricades sont devenues presque une habitude, comme, en Espagne, les révolutions militaires, en Russie l'assassinat des
czars, en Macédoine et en Grèce le brigandage politique, etc.

En 1848, en Italie, si l'on y regarde bien, le vieux *guel-
fisme* revécut chez les révolutionnaires et fit devenir, ou du
moins paraître tels, des hommes auxquels le cœur n'aurait
certainement jamais palpité pour des novations politiques,
pas même contre l'étranger.

Vice versa, la tradition de Rome impériale faisait oublier,
même à nos grands politiques, comme Dante et Pétrarque,

(1) RENAN, *L'église chrétienne.* (passim.).

le manque d'affinité des races, pour reconstituer le grand
empire sous les souverains allemands, et, cela, quoi que
ces derniers s'en rendissent presque tous indignes par leur
cupidité, leur incurie et leur inhabileté.

Une dernière preuve de cette influence des traditions,
c'est que les révolutions qui ne savent pas les maintenir
en honneur, périssent; et plus la différence entre la forme
du Gouvernement abattu et celle du nouveau est grande,
plus l'adhésion du peuple est instable.

C'est pourquoi les révolutions, dont les auteurs s'atta-
chaient à un droit antérieur — comme Brutus, qui conserva aux plébéiens leur roi, sous le nom de Roi des sacrifices *(sacrificulus)*; comme les Césars qui conservèrent
les Tribuns, le Sénat et jusqu'à la forme républicaine elle-
même, prenant seulement le nom de généraux *(Imperator)*
— eurent un meilleur sort; ainsi en fut-il des Anglais qui,
avec la *Magna Charta*, s'en tinrent au droit antérieur, comme
chez nous les Guelfes, qui, tout en représentant la plèbe,
pour conserver le pouvoir, choisirent le capitaine du peuple parmi les nobles, comme l'avaient déjà fait les Gibelins
pour leur podestat.

La révolte contre Jacques II aboutit, parce qu'elle revê-
tait les nouvelles garanties populaires des formes antiques
du vieux gouvernement.

Les Japonais purent accomplir si facilement la grande
révolution antiféodale de 1868 (encore incomplète, cependant, dans les campagnes) parcequ'ils surent se servir des
formes antiques, légitimes, en rétablissant le pouvoir du
Mikado atrophié par celui du Taikoun.

Cela n'échappa pas à l'esprit perspicace du Secrétaire Florentin, qui écrivit: « Que celui qui veut réformer un État
libre retienne l'ombre des coutumes anciennes; en altérant
les choses nouvelles, l'esprit des hommes doit s'ingénier
pour conserver le plus possible des anciennes ».

11. *Réformes politiques non adaptées, ou précoces.* — Les applications violentes de réformes, qui ont contre elles l'immaturité des temps ou l'aversion des peuples — le misonéisme que nous avons étudié plus haut — sont par conséquent de très fréquentes causes de révolte, et cette fois légitimes. Nous disons légitimes, parce que ces réformes sont, elles-mêmes, de veritables rébellions contre la nature des choses.

Seuls, des hommes ignorants de la nature humaine, ou autoritaires à l'excès, peuvent décréter des mesures qui ne répondent pas aux conditions du moment, détruisant des institutions anciennes pour les remplacer par de nouvelles, non parce qu'elles sont réclamées, mais parce qu'ils les ont vues appliquées par d'autres et dans d'autres organismes sociaux. De cette manière ils éveillent la mauvaise humeur qu'entraîne toute réforme et, ne rattachant pas le neuf au vieux, ils créent un véritable équilibre instable, dont le résultat est la dispersion des forces de l'État, et, par conséquent, un renouvellement continuel de révolutions. Il en fut ainsi des réformes d'Arnaud de Brescia et de Savonarole, de Cola di Rienzi, qui voulait tenter en Italie une réforme politique comme celle que Cavour seul put réaliser, et même pas complètement. Il en fut de même, en France, pour Etienne Marcel, qui tenta de fonder une fédération républicaine, quand une constitution n'était même pas possible, d'introduire (ce qui était un rêve dans ce temps-là) la taxe proportionnelle, l'unité sociale et administrative, l'extension des droits politiques comme des droits civils, la substitution de l'autorité nationale à l'autorité royale et de mettre Paris à la tête de toute la France (1). C'est pourquoi il se produisit une réaction, et le peuple lui-même, misonéiste, finit par le mettre en pièces.

(1) *Le vieux neuf,* 1877.

De même, quand Cromwell, avec tout son génie, voulut fonder le Gouvernement républicain en Angleterre, il trova une dure résistance parce que le parti monarchique avait des bases trop solides, de sorte que, en deux années, celui-ci put organiser sept conspirations et insurrections et finit par reprendre le dessus.

Cela est vrai surtout pour le Gouvernement républicain auquel, comme l'écrit Guizot, « l'assentiment général du » pays est plus nécessaire; on a pu concevoir et l'on a vu » des États monarchiques fondés par la force, mais la ré-» publique n'a jamais pu s'imposer d'une manière durable » contre l'instinct et le vœu du peuple » — et non plus, peut-on ajouter, contre le degré de civilisation ou les traditions et les conditions physiques d'un pays. On a vu, en effet, les mêmes formes républicaines qui avaient donné de si bons résultats dans les États-Unis d'Amérique, appliquées au Mexique, au Guatemala, au Pérou, où les populations sont ignorantes et où le climat est, en général, très chaud, donner lieu à des bouleversements continuels; et des institutions bonnes, comme p. ex. les institutions Anglaises, qui s'y sont formées lentement, presque par génération spontanée, et spéciales, par conséquent, aux races et à l'histoire anglo-saxonne, transplantées ensuite dans les pays latins, si différents par leurs mœurs et par leur caractère, y devenir, au contraire, un obstacle au progrès politique, donnant occasion, spécialement en France et en Espagne, à de continuelles révolutions des parlements et des places.

La manie de vouloir tout réformer entraîne inévitablement avec elle la contre-révolution; à force d'être trop libre, l'homme se fatigue du trop de liberté, parce que toutes les excitations extrêmes finissent par l'irriter. C'est encore pis quand on veut donner la liberté à un peuple qui est corrompu : Rome, après avoir chassé les Tarquins, put maintenir la liberté, non après César et Caligula; ni Florence, après la mort l'Alexandre de Médicis, ni Milan après celle de Philippe Visconti; la réaction est alors inévitable párce que, comme l'écrit Machiavelli: *Où la nature n'est pas corrompue, les tumultes ne sont pas nuisibles, mais là où il y a des gens corrompus, les lois bien ordonnées ne servent à rien* (o. c.).

Vouloir tout réformer c'est vouloir tout détruire, écrit Coco à propos de la Révolution napolitaine de 1799: là, les révolutionnaires étaient actifs seulement en théorie et hors de temps; ils abolirent les fiefs de manière à nuire même au peuple inféodé, ils fixèrent des provinces illogiques, unissant, p. ex., les Abruzzes aux Pouilles, et, pour imiter les Français, ils exclurent tous les nobles et tous les anciens employés royaux qui, ayant perdu leur place, devinrent ainsi les premiers facteurs de la réaction.

Il en fut de même partout où l'on crut pouvoir changer, par une ordonnance, le sentiment public et la foi religieuse, comme, en France, avec les lois contre les Vaudois et les Huguenots, et, plus tard, quand on proclama le culte de la Déesse Raison; et, en Angleterre, où, contre les persécutions des Stuards, s'élèverent les réactions des Anglicans et des Presbytériens.

Les lois les plus belles, écrit Aristote, ne servent à rien si les mœurs n'y correspondent pas.

En Espagne, Charles III put, avec le prestige du génie et de l'autorité, réprimer le clergé et améliorer les conditions du pays; mais, outre que le peuple réclama unaniment le rétablissement des jésuites, aussitôt qu'il fut tombé, toutes les réformes cessèrent sans laisser un regret, parce qu'elles n'étaient pas mûres. En 1812, en 1820 et en 1836 il y eut également là, au Gouvernement, des réformateurs ardents, mais ils tombèrent parce que leurs sentiments n'étaient pas en harmonie avec ceux du peuple; en 1814, en 1823, écrit Walton (1), *l'indignation publique* chassa les

(1) *Revolut. of Spain*, 1837.

Cortès (libéraux). Quin raconte que, partout où passait le roi, la foule jetait des insultes aux libéraux, à la Constitution et aux Cortès (1).

Et quand Ferdinand VII rétablit l'Inquisition, tout le peuple salua son décret par des feux de joie; il en arriva autant lorsque, en 1845 et en 1851 on commença à restituer les biens aux prêtres. Quand, au contraire, en 1855, on voulut de nouveau supprimer les mains-mortes, le peuple courut aux armes, et l'insurrection carliste éclata au cri de : *la religion est en danger;* jusqu'à ce que, en 1857, on revint aux vieux concordats (2).

Ajoutons que, presque simultanément, en Amérique, Rosas et Quiroga reproduisaient dans le champ social, et sous une bannière tout à fait analogue, la même réaction que celle dont la mère patrie donnait un si triste exemple; tant sont puissantes les lois ethnologiques, au point de donner les mêmes résultats dans les milieux les plus différents.

Dans les temps anciens, la contre-révolution de Jéroboam succéda au gouvernement de Salomon, parce que celui-ci, révolutionnaire, au moins dans l'art et dans l'industrie, avait devancé de plusieurs siècles les inclinations populaires (3).

Alors même qu'on introduit des réformes justes et que l'on tente d'abattre des préjugés honteux et indignes de la nature humaine, il suffit qu'on le fasse d'une manière violente, ou dans des pays et en des temps inopportuns, pour que, non seulement on n'obtienne pas l'effet voulu, mais encore qu'on provoque des réactions.

En Russie, aucune conspiration ne s'éleva contre le féroce Ivan IV, tandis qu'il y en eut plusieurs sous Pierre

(1) *Memoryes of Ferdinand,* 1824.

(2) Buckle, op. cit., iv,

(3) Renan, *Études d'histoire israélite. — Revue des Deux Mondes,* août, 1888.

le Grand, quand il tenta de modérer les excès du clergé et qu'il voulut civiliser trop rapidement le Russe. Il en est de même, aujourd'hui, au Japon, où se manifeste la réaction de la part des nobles et des féodaux contre certaines réformes introduites récemment par des ministres trop libéraux.

Le Bon explique les révoltes, que rencontra la France dans l'Extrême-Orient, par l'erreur qu'elle commit en introduisant les réformes les plus libérales et les idées les plus modernes d'Europe chez des peuples destinés à l'immobilité asiatique et pour lesquels c'est déjà trop de la civilisation musulmane (1).

C'est ainsi que les lois humanitaires contre l'esclavage — parce qu'on voulut les appliquer brusquement — suscitèrent, en Amérique, la guerre de sécession, quoique à vrai dire, les jalousies commerciales y eussent aussi une grande part; et elles furent, avec le mauvais gouvernement égyptien, la principale cause de la révolution du Soudan; cela est si vrai que Gordon, lui-même, fanatique abolitionniste, finit par reconnaître la nécessité de révoquer les lois abolitives de l'esclavage pour pacifier ces contrées.

La source première du nihilisme est le trouble produit par l'abolition des serfs en Russie.

L'unique soulèvement d'Egypte eut lieu après les premières réformes de Tewfick pacha.

12. *Mauvais gouvernements*. — Un Gouvernement où le bien-être public est négligé, et où les honnêtes gens sont persécutés, est cause de révolte et de révolutions. Les persécutions y changent les idées en sentiment (MACHIAVELLI).

Dans les pays où les réformes politiques vont de pair avec les aspirations du peuple, les soulèvements sont rares ou nuls, comme le prouve l'Italie où, tout imparfait qu'il est, le régime actuel marque un progrès indiscutable sur

(1) *Sur les colonies*. — *Revue scientifique*, sept. 1889.

les régimes antérieurs, quoique le désir de l'unification politique et législative, poussé à l'excès, ne tienne pas suffisamment compte des différences de climat et de coutumes des diverses régions (1).

En France, un régime approprié aux classes cultivées, mais non aux classes infimes, comme celui des Orléans, multiplia les révoltes et les crimes politiques, qui disparurent, au contraire, sous le gouvernement césaro-démocratique de Napoléon III, qui confortait davantage le peuple par le faste et par les tentatives de réformes sociales. Cela ressort de la statistique suivante des accusés et des accusations pour causes politiques, de 1826 à 1880 (y compris les délits de presse), d'où il résulte, en effet, que la période napoléonienne, 1851-1870, correspond au *minimum* des procès politiques.

| Moyennes annuelles | JUGEMENTS | | | | Condamnés |
| | contradictoires | | par contumace | | |
	Causes	Accusés	Causes	Accusés	
1826-30	13	4	284	401	237
1831-35	90	249	406	640	176
1836-40	13	30	63	91	27
1841-45	4	35	41	66	21
1846-50	9	120	271	533	184
1851-55	4	40	—	—	—
1856-60	4	9	—	—	—
1861-65	4	4	—	—	—
1866-70	4	3	—	—	—
1871-75	10	42	64	124	53
1876-80	—	—	6	11	5
	146	529	1135	1866	703

A la veille de la Révolution américaine, Benjamin Franklin, dans un opuscule intitulé: *Règles pour faire d'un*

(1) LOMBROSO, *Tre Tribuni*, 1887. — *Troppo presto*, 1889.

grand empire un petit, résumait ainsi les causes de mauvais gouvernement qui entraînèrent, en effet, son pays à la révolte :

« Voulez-vous, écrivait-il, en s'adressant à la métropole, irriter vos colonies, et les pousser à la rébellion ? Voici un moyen infaillible: Supposez-les toujours disposées à la révolte et traitez-les en conséquence; placez-y des soldats qui, par leur insolence, provoquent la révolte et la répriment avec des balles et des baïonnettes.

» Ne choisissez pas pour gouverneurs des hommes sages, prudents, respectueux des lois, de la religion et des mœurs des habitants, mais bien des prodigues qui aient gaspillé toute leur fortune, des joueurs ruinés, des spéculateurs faillis; ils feront d'excellents gouverneurs....

» Et plus ils seront obstinés et insolents, mieux cela vaudra.

» Si vous craignez que le mécontentement ne soit pas suffisamment provoqué, ayez soin de ne jamais écouter les plaintes qui vous seront adressées, ou, mieux encore, punissez ceux qui se plaignent...

» Si les habitants de vos colonies croient avoir la liberté de leur personne et de leur conscience, ayez soin de dissiper cette illusion.

» Cherchez ensuite à embarrasser leur commerce par une multitude de réglements pour rendre vos taxes plus odieuses; envoyez de la capitale un bureau d'agents formé des hommes les plus indiscrets, les plus mal élevés, les plus insolents que vous puissiez trouver.

» Puis, sur les impôts extorqués, assignez-leur de larges salaires, de sorte qu'ils vivent dans un luxe insolent aux dépens de la sueur et du sang d'un peuple laborieux... ».

C'est ce que faisait l'Angleterre avec les Américains du Nord et l'on vit immédiatement quels en furent les fruits.

Il en fut de même dans l'Amérique du Sud, où le mauvais gouvernement de l'Espagne, qui ne pensait qu'à saigner

le pays, provoqua la révolution, laquelle se compliquant
du manque de toute institution stable pour la justice, pour
la santé publique, pour l'instruction, fut à son tour, cause
de continuelles révoltes qui, aujourd'hui seulement, vont
en diminuant.

14. *Religion*. — Dans les pays asiatiques et africains, non
seulement les religions se mêlèrent à la politique, mais
elles en furent la seule politique, quelquefois révolutionnaire, plus souvent réactionnaire.

Vers le sixième siècle av. J. C., Bouddha établit dans
l'Inde sa nouvelle religion; comme le christianisme, elle
fut reniée dans le pays où elle naquit, et se répandit dans
le reste de l'Asie. Ce mouvement ne sembla pas avoir un
caractère politique, bien qu'au fond il tendît, lui aussi, à
l'abrogation des castes; cependant ses partisans prirent une
part active aux luttes entre les principicules qui vinrent
après l'invasion d'Alexandre.

Dans l'Inde encore, Nanak (1469), en faisant des *miracles*,
fonda la religion des Sikhs (1), qui avait pour base l'unité
de Dieu, l'abrogation des castes, pour suprême joie le Nir-
vâhna; elle eut peu de prosélytes; mais les Sikhs, sous Ha-
govind, un des successeurs de Nanak, prirent les armes contre le fanatisme musulman; de même, plus tard, sous
Banda. Ils furent encore vaincus; mais quand survint la révolte des Mahrattes ils reprirent force; ils se constituèrent
en une espèce de république et leur nombre s'élève, aujourd'hui, presque à deux millions.

Mahomet fit cesser le fétichisme, conquit l'Arabie et, bien
qu'il fût ignorant lui-même (on pourrait défier qui que ce
soit de trouver un sens dans presque toutes les *surates* de
son *Coran*), cependant il occasionna une révolution jusque
dans le champ scientifique, puisque de 750 à 1250, toujours
dans le but, ou pour mieux dire, sous le prétexte d'expli-

(1) Vinson, *Les religions actuelles*, 1888,

quer le *Coran*, les Arabes traduisirent les Grecs, et firent d'immenses recueils lexicographiques qui se propagèrent en Europe.

Et, comme pour marquer une fois de plus le parallélisme de la religion avec la politique, la Convention décréta l'adoration de l'Etre Suprême, organisa les *banquets* et la populace mit à sa tête la folle Catherine Théot, la mère de Dieu, qui, auparavant, avait déjà prêché l'immortalité du corps et qui prétendait — à 70 ans — qu'elle devait bientôt rajeunir. La Convention favorisa aussi la société des *Théophilantropes* qui occupèrent Notre-Dame, devenue le temple de la Raison, et St Roch, celui du Génie : là, on chantait des vers sentimentaux, des vers classiques ; on déposait, sur les autels, des fruits et des fleurs et l'on célébrait, en quatre fêtes, Socrate, St Vincent, Rousseau et Washington (1).

Dans ces derniers siècles (2) le Mahométisme d'Orient reconnut une nouvelle puissance spirituelle, celle des Saints ou Mahdis, dont le caractère n'est pas seulement la ferveur religieuse et la grande moralité, mais l'extase, considérée presque comme une fraction de la force créatrice ; les pratiques pieuses qui produisaient l'extase devinrent la base d'un véritable culte et eurent pour adeptes les confréries et les Ordres religieux musulmans.

Un grand nombre de ces saints se proclamèrent Dieux, comme le *Prophète voilé* du viii° siècle ; en général, cependant, ils se donnaient plutôt pour les champions de Dieu que pour des Dieux. Il y en eut en Perse, en Arabie, à Tunis, en Egypte, et il y en a maintenant dans le Soudan.

Tous prétendent réformer, mais en sens réactionnaire, et ils provoquent chez leurs adeptes l'exaltation la plus intense. — Et, tandis qu'en Europe l'esprit de nationalité se

(1) VINSON, p. 427.
(2) *Revue scientifique*, 1887, N. 19.

spécialise toujours davantage, l'Islam, au contraire, tend à grouper les différentes sociétés religieuses qui ne peuvent voir la perfection que dans le réveil de la foi et dans le retour aux traditions anciennes. — Cela est naturel, parce que la religion, sur laquelle ils se basent, préférant toujours la conservation de l'ancien, une révolution religieuse doit être réactionnaire par sa nature. — En Italie, les masses du cardinal Ruffo, qui criaient: *Viva Maria*, étaient anti-révolutionnaires.

Ainsi, la réaction se manifesta toutes les fois que l'on voulut aller contre les usages et même contre les superstitions d'un pays; par ex., une des causes de la rébellion des Annamites contre les Français fut attribuée au mauvais usage que font les Européens des vieux papiers écrits, vénérés parmi eux, au point qu'il y a des sociétés qui ont pour mission spéciale de les recueillir et de les tenir en honneur, probablement parce qu'on les croit doués d'un pouvoir magique (1).

Toutes les révoltes de l'Inde contre l'Angleterre furent occasionnées par des violations des coutumes et de la religion du peuple: ainsi la révolte des Cipayes, en 1857, fut provoquée, moins par l'occupation violente, de la part de la Compagnie des Indes, du royaume d'Auda, que par les prédications des ministres protestants et par leurs tentatives excessives de prosélytisme qui excitèrent, contre l'Angleterre, les brahmines et les musulmans, et par l'obligation faite aux Cipayes (ou plutôt par le bruit qui en courut) de se servir de cartouches enduites de graisse de porc.

C'est pourquoi l'Angleterre se montra, dans la suite, plus attentive à respecter les superstitions de ces populations, dont elle toléra jusqu'aux habitudes les plus contraires aux idées européennes, comme la polygamie et même la po-

(1) *Revue politique*, 1888.

lyandrie pratiquées, aujourd'hui encore, par certaines tribus montagnardes, ainsi que les mariages précoces, bien qu'ils soient reconnus comme étant très préjudiciables (1).

En Asie, la secte des Houahabat fut fondée par un Mohamed-ben-Abel Houab, qui niait la mission du prophète, ou, du moins, qui voulait se mettre à sa place et revenir aux principes primordiaux du *Coran*. En 1808 les siens envahirent la Syrie, furent repoussés, mais les Bédouins recueillirent leur idée.

La récente insurrection (1887) des Ghilzaïd contre le Gouvernement de l'Afganistan fut fomentée par les Ouabhites, et il semble qu'il en fut de même aussi de la grande Révolution Chinoise de 1855.

En Afrique, la révolution·réactionnaire est l'œuvre de l'Ordre des Sanussi, sorte de jésuites musulmans, dont le premier but est de faire revivre la pureté des mœurs anciennes, le second d'établir, sous une forme nouvelle, l'autorité canonique, mais qui ont admis, avec un éclectisme très habile, les autres confréries à l'alliance; — outre les causes économiques, c'est à eux qu'il faut attribuer la révolution du Soudan et toutes celles de l'Algérie, de la Tunisie et de la Tripolitaine (v. s.).

Aujourd'hui encore, nous voyons, en Russie, les sectes religieuses, qui, suivant des calculs récents (2) atteindraient l'énorme chiffre de 13 millions de croyants, conclure à la négation absolue de l'Etat, de la société et de la famille — un véritable retour adamitique.

Laissant, en effet, de côté les purs mystiques, comme les *Bégouny* pour lesquels le mariage est péché mortel, les *Christs* qui renient l'amour sexuel et les *Skoptzi*, qui, pour ne pas le pratiquer, se mutilent, il y a les *Doukhobory*,

(1) De Lanessan, *L'extrême Orient et la colonisation moderne*. — *Revue scientifique*, 2 juin 1888.

(2) *La Russie sectaire (sectes religieuses)*, par N. Tsakni. — Paris, 1886.

qui sont partisans de l'abolition du pouvoir marital, du pouvoir paternel, de l'armée, et qui n'acceptent l'autorité gouvernative que comme un mal nécessaire, et seulement dans de certaines limites, les *Nemoliaki*, qui ne prient pas, qui ne reconnaissent ni hiérarchie, ni autorité, et enfin les *Renégats*, véritables nihilistes, qui croient seulement à une lutte entre le bien et le mal, dans laquelle le bien finit par triompher.

Mais la secte la plus récente et la plus répandue, dont Tolstoï lui-même prit la défense, est celle qui fut fondée par Basile Soutaïeff, du district de Toer. Non seulement elle renie, dans le champ religieux, le clergé, le culte extérieur, les sacrements, mais elle renie aussi, dans le champ politico-social, le service militaire, les tribunaux, le commerce; et, comme tous les maux proviennent de ce que l'on a fait du sol une propriété individuelle, elle proclame, comme remède, la propriété collective à établir, non par la violence, mais en prêchant et en pratiquant l'amour, l'équité, la fraternité, la résignation. Soutaïeff mit, le premier, ses doctrines en pratique, en brûlant ses billets de banque, parce qu'ils représentaient une valeur fictive, c'est-à-dire un mensonge, et en distribuant aux pauvres son argent comptant.

C'est un socialisme religieux qui, bien que par des moyens différents, tend au même but, que les collectivistes.

En résumé, dans tout pays barbare, l'apparition d'un fanatique ou d'un fou, l'épidémie hallucinatoire, la secte religieuse et la puissance sacerdotale exagérées ou menacées, occasionnèrent la révolte; et celle-ci se transforma en révolution quand, au contraire, elle avait pour chefs des génies dont les aspirations correspondissent à celles du pays.

15. *Causes économiques.* — « Les faits de l'histoire, observe justement Cognetti, et particulièrement ceux de nature aussi diverse et aussi complexe qu'une révolution politique, se comprennent mal si on ne les considère que

par un seul côté, parce que, d'ordinaire, ils contiennent
en eux des éléments multiples, rationellement rattachés les
uns aux autres; on doit les examiner tous attentivement
pour en établir clairement le caractère, et parmi ces éléments l'influence économique tient une grande place (1) ».

« A Rome, écrit Carle, il semble que les questions du
» droit politique prenaient un caractère privé, car les gran-
» des agitations y étaient, d'ordinaire, provoquées surtout
» parce que l'on voulait une codification du droit privé,
» ou par les dettes dont étaient grevés les plébéiens, ou
» par les lois agraires relatives à la division de l'*ager pu-*
» *blicus* (2) ».

L'influence des causes économiques fut démontrée par
Loria (3), avec des preuves incontestables, dans un grand
nombre des plus importants mouvements révolutionnaires
des derniers siècles.

Les luttes des classes, en Angleterre, éclatèrent quand
la noblesse commença à voter des lois qui favorisaient la
propriété foncière, au préjudice des industries; ce fut alors
que la bourgeoisie se serra autour d'Elisabeth et triompha
d'abord, avec elle, contre les nobles groupés autour de
Marie Stuard; puis, ensuite, avec Cromwell et enfin en élevant au trône Guillaume d'Orange (4).

Il en fut de même en Allemagne, au xvi° siècle, où la
noblesse, représentée par les princes électeurs ayant exclusivement dans les mains le pouvoir politique, put édicter
des lois hostiles au capital et au commerce, en imposant
des droits d'entrée sur les importations et sur les expor-
tations.

---

(1) Cognetti de Martiis, *I fattori economici della Rivoluzione napoletana
del 1820.* Mantoue, 1872.

(2) G. Carle, *Genesi e sviluppo delle varie forme di convivenza civile
e politica.* Turin 1878, p. 16.

(3) Op. cit., chap. iv.

(4) *La teoria economica della costituzione politica,* 1885.

Mais la bourgeoisie, enrichie dans le commerce, et sentant tout le préjudice de ces lois, non seulement en obtint la révocation, de Charles-Quint, mais commença à faire cause commune avec les paysans qui, à cette époque, étaient en révolte contre les seigneurs. Cependant, voyant qu'au fond le capital lui-même était menacé, elle les abandonna bien vite, condamnant même, avec Luther, ces soulèvements qui, devenus le communisme des Anabaptistes, furent réprimés dans le sang.

En Italie également, les contestations des Guelfes et des Gibelins masquaient (du moins selon Loria) la lutte entre la propriété mobilière et la propriété foncière, représentées par les industriels et par les feudataires (1).

« Toutes les révolutions italiennes, écrit Quinet, furent des révolutions sociales: on changea, on renversa les classes; la noblesse devenait bourgeoisie, la bourgeoisie noblesse; l'une et l'autre rentraient et se perdaient dans le prolétariat, pour en sortir de nouveau avec une nouvelle violence. Dans cette espèce de fureur constante qui était le droit médiéval italien, les conditions sociales se heurtaient et se brisaient à tour de rôle à chaque révolution; nulle part on ne vit jamais une semblable instabilité de la propriété ».

Loria trouverait l'influence économique jusque dans les révoltes des Janissaires; parce que, en Turquie, comme dans les autres monarchies de l'Orient, la propriété prenait deux formes fondamentales, la propriété productrice des marchands et des agriculteurs, et la propriété militaire, possédée à titre de fiefs par les chefs, comme par les simples soldats de l'armée. Les Janissaires, par ex., étaient vassaux de la Couronne; ils recevaient une propriété fon-

---

(1) L'idée est peut-être trop hardie, mais elle ne manque pas de preuves. Par ex., Bonaccorsi, podestat de Reggio, s'étant montré bien disposé envers les pauvres, fut licencié, après 8 mois, par les Gibelins *(Memoriale Potestatum Regiensium*, VIII, 1186).

cière comme compensation de leur service militaire. Or,
cette propriété militaire, toute puissante dans l'Etat, se dé-
chaînait parfois contre la forme inférieure et désarmée de
la propriété, spectacle que Rome avait déjà offert auparavant, dans les derniers temps de l'empire, et l'Europe entière, au moyen-âge (o. c.).

En France, la ligue des temps de Henri III fut une alliance
du clergé propriétaire avec les mendiants du Limousin et
de l'Auvergne et avec les charbonniers et les porteurs d'eau
de Paris, contre la noblesse et la bourgeoisie; dans son
éphémère triomphe, elle chercha à ruiner celles-ci moyen-
nant des lois dirigées contre la propriété, comme, p. ex.,
la rémission des loyers dus par les locataires pauvres.

A son tour ce fut la bourgeoisie, qui, s'étant vue pendant longtemps impuissante contre la Couronne et la noblesse, et, de plus, exclue de l'Assemblée Nationale, excita
le peuple à la révolte, infligeant, de concert avec lui, une
défaite à la Cour et à l'aristocratie. Mais à ce moment la
bourgeoisie se sépara du peuple, qui continua la révolution
pour son propre compte et la mena aux excès de la terreur, se retournant ensuite contre son ancienne alliée elle-
même, avec les impôts progressifs, sous le nom de prêts
forcés sans intérêts, avec les spoliations et les pillages
(LORIA).

La bourgeoisie prit cependant sa revanche avec la révolution de Thermidor qui rétablit la prédominance de la
classe propriétaire; mais l'avènement de Napoléon marqua
de nouveaux revers pour elle, en raison des impôts et des
blocus, tandis que le menu peuple tirait avantage de l'é-
lévation des salaires produite par les guerres continuelles
(LORIA).

Ce fut pour cela que la bourgeoisie hâta la chute de Napoléon par la défection de Marmont et en faisant descendre
à 45 fr. le 5 % pendant la guerre contre les alliés. La

Restauration, avec sa tendance au féodalisme, ne fut pas acceptée plus favorablement par la bourgeoisie; avec l'alliance du peuple celle-ci se révolta, en juillet, et mit Louis Philippe sur le trône.

Le nihilisme moderne, lui aussi, selon Roscher, serait engendré par le conflit entre la propriété mobilière et la propriété foncière, et spécialement par la faveur accordée par les classes commerçantes et par les petits propriétaires au rachat des colons, au désavantage de la noblesse qui réagit en s'alliant avec tous les déshérités et tous les ennemis de la bourgeoisie (LORIA).

Tschen a remarqué que la prospérité de la Chine provient de la diffusion des canaux qui la fertilisent, et tout empereur qui négligea les canaux, tomba et fut remplacé (1).

16. *Impôts et altérations des monnaies.* — Très souvent ce sont les gouvernements eux-mêmes qui, par la méconnaissance des lois économiques, aggravant le défaut d'équilibre déjà existant, provoquent les révoltes; ainsi en fut-il, en France, où une des causes de la révolution de 1360, sous les Valois, fut d'avoir changé 26 fois, en une année, la valeur de l'or, et en Sicile où, selon Amari, le mécontentement, produit par les abus du Gouvernement dans l'altération de la valeur de la monnaie, ne fut pas étranger aux Vêpres (LORIA).

« Chaque année, et parfois plusieurs fois dans une an-
» née, on frappait à Messine et à Brindisi la basse monnaie
» (deniers) avec un pauvre alliage contenant une très pe-
» tite quantité d'argent; et, comme on ne pouvait autre-
» ment la mettre en circulation, on la distribuait de force
» aux habitants de chaque terre ou de chaque ville qui de-
» vaient l'accepter au taux exhorbitant qui avait été fixé et
» la payer en autant de bonne monnaie d'or et d'argent,

____

(1) *Revue scientifique*, 1889.

» sur laquelle le fisc gagnait plus de quatre-vingts pour
» cent (1) ».

Plus souvent ce sont les impôts exagérés qui portent à
la rébellion; ainsi, en Russie, on n'eut des soulèvements
que quand les impôts excessifs mirent au désespoir les habitants, qui s'enfuirent à l'étranger et prirent pour chef le
brigand Stenka Rosino; tout d'abord celui-ci put, à leur
tête, s'emparer d'un grand nombre de villes, mais il finit
par être tué.

D'autres révoltes, à Nijni-Nowogorod, eurent pour cause
des taxes et des impôts, mais elles cessèrent ensuite quand
le Czar sacrifia ses conseillers.

A Londres des révoltes eurent lieu, en 1739, contre l'impôt que le Parlement avait mis sur certaines denrées ali-
mentaires; la même chose s'était déjà produite environ un
siècle auparavant, lorsque Walpole voulut, avec les impôts
indirects seuls, suppléer aux nécessités des finances.

En 1382, à Paris, l'impôt sur la vente des légumes donna
naissance à l'épouvantable émeute des Maillotins. Voici dans
quelles circonstances.

A la mort de Charles V, les ducs d'Anjou, de Berry et
de Bourgogne furent appelés au conseil de régence de leur
neveu Charles VI, à peine âgé de douze ans.

Ceux-ci, adonnés au luxe et à la débauche, eurent bientôt
dilapidé les richesses laissées par le défunt roi; c'est pourquoi, afin de faire face aux besoins urgents du trésor royal,
ils durent songer à faire revivre un grand nombre de taxes
qui avaient été abolies depuis plusieurs années, et, entre
autres, un impôt sur toute marchandise vendue. La décision avait été prise dans la cour du Châtelet, à portes closes
et à l'insu des Etats généraux.

Le lendemain, 1ᵉʳ mars 1382, les percepteurs se présen-
tèrent aux halles, et l'un d'eux s'approcha d'une vieille

____

(1) M. AMARI, *Storia dei Vespri Siciliani*, 2ᵉ édit.

femme pour lui demander de payer l'impôt sur un peu de cresson qu'elle venait de vendre. La vieille s'y refusa et, comme on voulait l'y contraindre par la force, elle se mit à crier. Une émeute furieuse éclata. Les rebelles courent à l'hôtel de ville, à l'arsenal, et prennent pour armes des maillets neufs qui y étaient amassés en vue d'une attaque des Anglais. Les *maillotins* massacrent les percepteurs de l'impôt et les soldats du duc d'Anjou; ils délivrent les prisonniers et se les associent dans leurs sanguinaires représailles. Les abbayes, les monastères, les églises, les cimetières même furent mis au pillage. L'insurrection s'étendit rapidement à Rouen, à Reims, à Châlons, à Orléans, etc. Peu de temps après, cependant, elle fut étouffée dans le sang des insurgés.

En 1548 une révolte sanglante troubla la Guyenne. Des bandes de dix à quinze mille paysans, soulevées contre l'impôt du sel, coururent la province, égorgeant les *gabeleurs*, battant les gens d'armes envoyés contre eux, délivrant les prisonniers et brûlant les maisons des officiers de justice. A Bordeaux, le lieutenant du gouverneur fut assassiné. Montmorency, envoyé contre eux avec dix mille hommes, réprima cruellement cette insurrection.

En 1638, les milices de Louis XIII et les exacteurs de Richelieu disséminés dans les campagnes donnèrent lieu au soulèvement et au massacre des va-nu-pieds.

En 1639, le peuple s'insurge à Rouen au cri de mort aux exacteurs de la gabelle! mais l'émeute fut noyée dans le sang des insurgés. La haine populaire contre les agents de la gabelle se maintint cependant toujours vive; à tel point que le gouvernement publia un décret (17 janvier 1640) par lequel il était défendu, sous peine de mort, d'adresser, aux exacteurs, les épithètes de gabeleurs, maltôtiers, monopoliers.

En 1640, Mazarin augmente du double les impôts sur les comestibles, à Paris; le peuple élève les barricades du 26 août, assiége les prisons dont il se rend maître, délivre et porte en triomphe Potier de Blancmesnil, président du Parlement et le conseiller Broussel qui avait été enfermé par ordre du ministre lui-même. La Cour s'émeut; elle entre en accomomdements avec le peuple qui obtient un dégrèvement de plus de douze millions d'impôts.

En 1649, le peuple se refuse de nouveau à payer les impôts excessifs de la gabelle. Nouvelle insurrection. Douze cents bateliers de la Loire se rendent à Nantes, où ils font une abondante provision de sel, qu'ils vendent ensuite dans les villages, aux portes des églises, sur les places et sur les marchés, comme une marchandise usuelle exempte de taxe. La haine contre le fisc était telle que le seul cri de « à bas la maltôte! » poussé par un individu quelconque, poursuivi par les agents du gouvernement, suffisait pour lui assurer le concours du peuple et pour l'aider à échapper aux mains de la force.

En France, avant la Révolution, le poids des contributions était énorme : en Champagne, par exemple, le contribuable devait payer ordinairement, sur 100 francs de rente, 54 frs. et 18 sous, et, dans certaines paroisses, plus de 71 frs.

Dans la Haute-Guyenne les biens fonds étaient taxés au quart de la rente, les maisons à un tiers; de plus il y avait la capitation qui prenait le dixième, un septième était destiné à la dîme et aux rentes que l'on payait aux seigneurs, il fallait y ajouter encore l'impôt remplaçant la *corvée*, les dépenses de recouvrement forcé, la saisie, les séquestres, les charges locales ordinaires et extraordinaires, etc.

Dans le pays de Toulouse, un journalier gagnant peut-être 10 sous de salaire, devait payer 8, 9, 10 francs de capitation; en Bourgogne, un manœuvre, ne possédant rien, était taxé de 18 à 20 francs de capitation et de taille; dans le Limousin tous les gains que les maçons faisaient pendant l'hiver servaient à payer les impôts; en Bretagne les neuf dixièmes des habitants arrivaient à avoir, au bout de l'année, peut-être, un écu libre de dettes, et il leur était enlevé par la capitation et le reste.

A Paris les plus bas industriels, comme les marchands de bouteilles cassées et de vieille ferraille, payaient trois francs et 10 sous par tête de capitation — chiffre qui, à cette époque n'était pas indifférent. L'exaction fiscale était impitoyable: l'année de la famine (1784) les collecteurs disputaient aux pères de famille le prix de la vente des meubles qui, cependant, ne devait servir qu'à apaiser la faim de leurs enfants; et les prisons s'ouvraient pour ceux qui ne payaient pas; en 1785, dans un seul district de la Champagne, 85 contribuables furent emprisonnés (1).

En 1789, le premier pas accompli par la Révolution française ne fut pas la prise de la Bastille, mais la destruction et l'incendie des barrières de Paris.

En Italie, la population de Naples, ayant souffert pendant de longues années du joug espagnol, s'insurgea, avec Masaniello, pricipalement parce que l'impôt sur le sel s'était ajouté aux taxes exagérées qui avaient épuisé toutes ses ressources; en 1667 il y eut une autre révolte à cause d'un impôt sur les figues; de même en Hollande, pour un impôt sur le poisson.

Alors même qu'un impôt a une base juste, il suffit qu'il frappe une classe plutôt qu'une autre et qu'il en trouble trop les intérêts, pour provoquer des soulèvements: par exemple, l'impôt sur la mouture à Pavie, dans l'Emilie, et, bien avant, l'impôt foncier à Florence, aussitôt qu'ils furent appliqués, produisirent des révoltes dans les provinces, subornées par l'aristocratie bourgeoise.

17. *Crises économiques.* — Les crises industrielles et commerciales n'ont cependant (2) pas autant d'influence sur les

(1) Taine, op. cit., vol. i.

(2) Rossi, *Il fattore economico nei moti rivolusionari.* — *Archivio di psichiatria, scienze penali ed antropologia criminale,* vol. ix, fasc. i.

mouvements révolutionnaires que sur les révoltes et sur les tumultes locaux.

Ainsi, à Rome, où cependant, selon Carle (1), les grandes agitations avaient pour cause principale, ou les dettes dont le peuple était grévé, ou bien les lois agraires, pendant les démêlés féroces entre le Consulat et le Tribunat, la prospérité économique était loin d'être en baisse; et même, Spurius Cassius, qui proposait une loi agraire, d'après laquelle une partie des biens communaux seraient répartis entre les citoyens pauvres, non seulement ne fut pas soutenu par le peuple, mais encore fut tué, seulement parce qu'il voulait que les fédérés latins eussent aussi leur part dans la division (2).

Hegewisch écrit qu'il ne trouve dans l'antiquité aucune révolution causée par des crises financières (3).

Dans l'histoire de Florence je trouve que de 1342 à 1345, trente Compagnies de la laine firent faillite (de plus, en 1343 il y eut une mauvaise récolte); et cependant cette période fut la moins agitée, de Florence (Perrens).

En avançant vers les époques les plus rapprochées de nous, c'est un fait, que dans le siècle dernier, aucune des grandes crises industrielles ne fut cause de révolution (Angleterre 1797, 1814-16; Ecosse 1817; France 1818-19; Ecosse 1820! Angleterre et France 1825-27; France 1830-31, 1836-39; Angleterre 1839-41, 1847; Amérique 1857; Europe 1866-1879) bien qu'elles fussent des plus désastreuses.

Il en fut de même de la crise écossaise de 1820, dans laquelle, cependant, la détresse des ouvriers fut épouvantable; de la crise anglaise, d'octobre 1825 à février 1826, qui produisit d'innombrables faillites de Banques, de com-

(1) *Generi e sviluppo delle varie forme di convivenza civile e politica* Turin, 1878, pag. 16.

(2) Mommsen, *Histoire Romaine*, vol. 1.

(3) *Lois sur les finances de Rome.*

merçants et d'industriels, laissant une multitude d'ouvriers
sans travail, et cependant, n'occasionna qu'une agitation
passagère.

Il n'y eut pas non plus de révoltes, en France, lorsque,
en 1837-38, par le contre-coup de la crise américaine, dans
la seule ville de Lyon, 20 mille ouvriers restèrent sans
travail; ni dans la crise anglaise de 1839-41, pendant laquelle on vit le nombre des faillites s'élever à 1500 en 4
ans, et le pays se dépeupler.

Il ne se produisit pas non plus d'émeutes en Angleterre,
dans la crise de 1846-47, qui cependant avait mis l'Irlande
dans des conditions si misérables, que l'État fut contraint
de fournir du travail à plus de 500 mille individus, dé-
boursant jusqu'à deux millions et demi de sterlings en salaires; mais peut-être ces mesures servirent-elles à éviter
la révolte.

Du reste il est inutile de contester aujourd'hui l'importance du facteur économique sur les conditions politiques
d'un pays; on peut dire que le problème est encore dans
les conditions où le posait Aristote, lorsqu'il montrait que
les gouvernements aristocratiques sont menacés de révolution quand les uns sont riches et que les autres sont
pauvres, et que, même dans les gouvernements démocratiques ou républicains, quand la classe pauvre augmente
démesurément, le corps politique doit subir une révolution (1).

Ce fut le cas de Rome où, avant César, les conditions
étaient très malheureuses en raison du nombre extraordinaire d'affranchis qui constituaient une véritable caste de
déclassés, tandis que les industries des artisans étaient
étouffées par les esclaves.

César, arrivé au pouvoir, diminua le nombre des prolé-
taires en envoyant hors de l'Etat 80.000 colons, dont la

____

(1) *Politicon*, livre v.

plus grande partie étaient affranchis; et cette mesure ne fut pas la dernière cause de la faveur que rencontra sa dictature (1).

18. *Paupérisme. Grèves.* — De notre temps, les plus sérieuses menaces de révoltes politiques et sociales sont dues aux notions tout à fait théoriques et doctrinaires que l'économie politique classique, dont A. Smith fut l'initiateur, a fait passer comme axiomatiques, en ce qui concerne les rapports entre le capital et le travail.

L'énorme disproportion entre ces deux facteurs, rendue toujours plus grande, spécialement par les spéculations de banque, a mis en lumière une lacune que les doctrinaires libéraux voudraient combler trop précipitamment, mais qui existe, sans aucun doute, et qui s'impose.

Les théories de Darwin, elles-mêmes, admettent, il est vrai, la disproportion entre les individus, et, par conséquent, une inégalité nécessaire dans la richesse; cependant, se basant sur la lutte pour l'existence qui dérive précisément de la supériorité individuelle, elles signalent aussi un droit à cette lutte, à laquelle les classes faibles peuvent et doivent prendre part en s'associant contre les forts.

Mais, fût-ce même contre la théorie de Darwin, ce sentiment d'humanité, dont la première inspiration partit du Christ, et qui ne doit pas s'être affaibli avec le temps, ne peut pas permettre qu'un homme qui travaille meure de faim, et que, voulant être et étant utile, il ne puisse trouver de travail.

Et cela doit s'entendre, pour nous, surtout pour la question agraire, très aiguë en Italie, comme il résulte de l'enquête récente, dont le chef fut Jacini, lequel put dire que *l'excessive misère des ouvriers, dans un grand nombre de nos provinces, même dans les plus prospères, n'a sa pareille, en Europe, que dans l'Irlande* (2).

(1) Mommsen, *Histoire Romaine*, iv.
(2) *Proemio all'Inchiesta Agraria.*

Après cela il est ridicule de voir s'agiter nos démagogues, en Italie, pour une question ouvrière des villes, qui surgit à peine, tandis qu'ils laissent de côté la question agricole, incontestablement de beaucoup plus urgente.

Quand on voit des milliers de campagnards contraints de vivre de maïs pourri sans que, pendant longtemps, on ait pensé au moyen d'améliorer leur sort, et, lorsqu'on y a pensé, sans qu'il se soit trouvé personne pour le mettre à exécution; quand on voit, dans les régions alpines, le goitre et le crétinisme déformer des populations entières et produire des infirmités telles que: la surdité, la surdi-mutité, l'albinisme, etc., uniquement parce qu'on ne dépense pas, pour le transport d'eaux saines, la centième partie des sommes qui se perdent en monuments inutiles; quand on pense que dans plusieurs plaines d'Italie — aux portes des deux plus grandes villes — nous avons la *malaria* qui décime les populations (1), on doit convenir que si le paysan proteste par des démonstrations et par des grèves, comme cela eut lieu il y a peu de temps, dans les pays de Pavie, de Mantoue, de Rovigo, la responsabilité·retombe sur qui n'a su pourvoir à rien.

Les grèves sont une soupape et en même temps un phare, une démonstration des mauvaises conditions économiques, de la trop grande disparité entre le travail et le capital. Certainement, quand elles sont limitées, elles semblent n'être que le dénouement brusque, la rupture d'un contrat onéreux; mais, pour celui qui considère leur rapide propagation dans une très large zone, et d'un métier à l'autre, la forme tumultueuse et souvent brutale, sanguinaire même, avec laquelle elles se produisent contre les classes dirigeantes, les troubles de tout l'organisme politique qu'elles

(1) Sur 5253 Communes d'Italie, 2313, avec onze millions et demi d'habitants, sont sujettes à la *malaria*, et dans 2025 autres Communes, avec une population de 8 millions d'habitants, les cas se vérifient avec une certaine fréquence. (Bodio, *Bulletin de l'Institut international de statistique*, 1887).

engendrent, il est impossible de ne pas les compter parmi les facteurs des crimes politiques.

Et nous avons vu l'Internationale déclarer qu'elle emploie les grèves comme préparation à la révolution (v. s.).

En Belgique, chaque fois qu'une grève se déclare, le parti anarchiste socialiste s'empresse d'en tirer son profit, et, commençant par demander le suffrage universel, il pousse les ouvriers aux violences. Il faut y ajouter les émissaires des anarchistes et des socialistes français et allemands qui excitent les ouvriers et, en sous-main, soutiennent la grève pour créer de sérieux embarras au Gouvernement; c'est ainsi que, dans les dernières grèves de Charleroi (avril et mai 1887), l'expulsion des agitateurs étrangers réussit seule à faire retourner les grévistes au travail.

En France, dans la période de 1874 à 1885, il y a eu 804 grèves. En les répartissant suivant la division géographique, comme dans la carte ci-après, on voit qu'elles sont plus nombreuses là où il y a une plus grande abondance de suffrages révolutionnaires. *(Voir page suivante).*

On remarque tout d'abord qu'il y a quinze départements qui en sont complètement exempts, savoir : Basses-Alpes, Hautes-Alpes, Cantal, Charente, Dordogne, Eure, Gers, Indre, Jura, Loiret, Lozère, Mayenne, Morbihan, Hautes-Pyrénées et Vienne; et ce sont précisément des départements dont la population est essentiellement agricole, et où les ouvriers sont moins nombreux et plus isolés.

Le plus grand nombre des grèves se trouve, comme cela est naturel, dans les départements industriels. Sur les 804 grèves, les trois cinquièmes se sont produites dans sept départements : en premier lieu vient le Nord qui en compte 172; puis, la Seine 103; le Rhône 57; la Marne 32; la Somme 36; l'Isère 32; La Loire 25. Nous pourrions encore citer, parmi les départements qui ont donné de 10 à 21 grèves: l'Aisne, les Bouches-du-Rhône, le Gard, la Gironde, l'Hérault, la Loire-Inférieure, Maine-et-Loire, la Nièvre, la Seine-Inférieure et les Vosges.

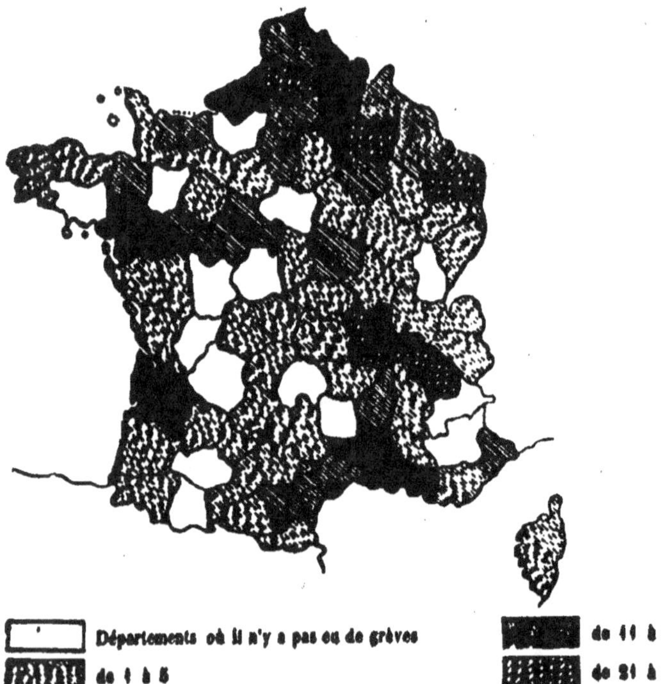

Les grèves éclatent de préférence dans les mois de mars,
d'avril et de mai, et même de juin et de juillet. Pour un
total de 105 durant le mois d'avril, dans la période de
1874-1885, on en trouve seulement 42 pendant le mois de
septembre, durant la même période. Ceci démontre, outre
le parallélisme avec les révoltes, la tendance de l'ouvrier
à se mettre en grève quand le travail est abondant et que
le patron a plus besoin de personnel, espérant ainsi lui
dicter plus facilement la loi.

Parmi les causes de grèves, la demande d'augmentation
de salaire prend la proportion de 40 °/₀ sur le total, tandis que la diminution n'est que dans un rapport de 23°/₀.

A son tour, la demande de réduction des heures de travail représente 5,6 °/₀ du chiffre total des causes. Dans 13
grèves, les ouvriers suspendirent le travail parce que le
patron avait réduit les heures de présence; mais on comprend que, dans ces cas, les ouvriers étaient payés à l'heure.
Dans 25 cas, la cause fut la demande de renvoi d'un di-
recteur, d'un ingénieur, ou d'un autre membre du personnel; dans 16, au contraire, la grève se produisit à la suite
du renvoi de chefs que les ouvriers auraient voulu conserver.

Quatre grèves eurent pour but d'obtenir le renvoi d'ouvriers étrangers des chantiers et des ateliers, et une fut
occasionnée par l'introduction de femmes, dans les ateliers,
celles-ci, comme on le sait, étant souvent plus habiles que
les hommes, au moins dans certaines industries, et se con-
tentant d'un moindre salaire.

Mais les grèves de 1882, à Roanne, à Bessége, à Molière et
dans d'autres centres industriels du Midi, et les troubles
plus graves de Montceau-les-Mines et de Lyon furent l'effet
d'une agitation socialiste ayant un caractère éminemment
politique, dont les symptômes se firent sentir dès l'époque,
où, après l'attentat de St Pétersbourg, dans un *meeting*
présidé par Rissakoff, on proclamait que: « Les tyrans s'u-
nissent pour tyranniser les pleuples; il faut que ceux-ci
s'unissent pour détruire les tyrans, les rois et les bourgeois
eux-mêmes (1) ».

Et, quant aux moyens à employer, non seulement des
manifestes clandestins les indiquaient comme devant être
ceux « que la science offre », mais encore, des journaux,
comme le *Droit social* de Lyon, donnaient des indications

____

(1) *Le Génie Civil*. Janvier 1890.

très minutieuses sur la confection et sur l'emploi de la dynamite et de la nitro-glycérine, excitant à l'incendie et au saccage, ce à quoi, précisément, les grévistes s'abandonnèrent.

Dans l'Amérique elle-même, le parti socialiste révolutionnaire, qui a son centre à Chicago et qui est organisée en fédération, tend à conquérir toujours une plus grande importance, en raison des crises économiques produites spécialement par les spéculations exagérées sur les chemins de fer, et par le fait que les partis politiques semblent dédaigner une politique ouvrière. Or, c'est à ce parti révolutionnaire que l'on attribue une grande partie des nombreuses grèves qui y éclatent chaque année (160 dans l'espace de 2 ans) et qui nécessitent l'intervention de la force armée, intervention qui, dans les *meeting*, fut définie : « un impardonnable abus de pouvoir, en faveur des voleurs privilégiés et patentés (1) ».

En somme, le parti socialiste, spécialement dans ses fractions les plus avancées, s'est fait des grèves une arme aussi puissante que dangereuse, et est entré dans la politique militante; on en a également une nouvelle preuve dans le fameux programme d'Eisenach qui a établi les bases du parti socialiste allemand et qui contient l'article suivant très significatif :

« Art. 4. — La liberté politique est la condition la plus indispensable de l'émancipation économique des classes laborieuses. La question sociale est donc inséparable de la politique; la solution de la première est liée à la solution de la seconde et elle n'est possible que dans un Etat démocratique ».

C'est ainsi que, parmi les revendications qui doivent former un motif d'agitation de la part du parti ouvrier, dans

(1) Zacher, op. cit.

le champ politique, on compte le souffrage universel, l'indemnité aux députés, la législation directe, etc.

19. *Distribution.* — Si l'on veut connaître en quelle mesure influent ces différentes causes, on consultera avec fruit les chiffres indiqués à la page 76.

16 soulèvements sur 142, survenus dans ce siècle, c'est-à-dire 11,2 %, eurent pour cause la disette, motif qui, cependant, diminue d'importance si l'on pense que la moitié de ces révoltes survinrent en 1747, époque à laquelle, notoirement, d'autres causes politiques vinrent s'ajouter à la cherté des vivres, et que le plus grand nombre éclata en Belgique (4) et en France (5), c'est-à-dire dans des Nations où les conditions économiques sont loin d'être les plus misérables de l'Europe.

Quant aux autres causes économiques, nous trouvons 19 révoltes ouvrières, c'est-à-dire 13,4 %, et 13, c'est-à-dire 9,1 % provoquées par des lois de caractère financier; donc, un total de 48 révoltes, au moins, ayant un *substratum* économique, ce qui veut dire 29,58 %, un tiers du total.

Le plus grand nombre (6) des révoltes contre les lois économico-financières éclata dans les pays méridionaux d'Europe (Italie, Espagne, Turquie, etc.), et plus encore en Angleterre; tandis que dans les autres nations du Nord il n'en fut pas enregistré. La France et l'Angleterre eurent, à nombre égal (6), la prédominance dans les révoltes ouvrières, prédominance qui s'explique par le grand développement industriel et commercial.

L'accroissement des révoltes pour causes économiques à notre époque, en comparaison avec les temps anciens, et en raison inverse des révoltes militaires, est clairement démontré par l'histoire et par le fait qu'elles augmentent dans les nations les plus civilisées (France, Angleterre, Belgique) qui nous représentent l'âge moderne, tandis que l'inverse se produit en Turquie et en Espagne, qui sont encore, on peut le dire, un fragment vivant de l'histoire ancienne (1).

On y voit en effet que

sur 19 rébellions, l'Espagne en eut 5 militaires, 3, seulement, économiques et ouvrières,

sur 24 rébellions, la Turquie en eut 9 militaires, 1, seulement, économique et ouvrière,

sur 16 rébellions, la Belgique en eut 8 économiques et ouvrières et pas une militaire.

sur 15 rébellions, l'Angleterre en eut 8 économiques et ouvrières et pas une militaire.

Les révoltes militaires furent au nombre de 26, soit 18,3 %, et il faut dire de suite que, pour les nations du Nord, on en compte une seule en Russie; 4 dans les pays du centre, tandis qu'il en éclata au moins 21 dans les régions méridionales, dont 12 dans la Péninsule Ibérique et 7 de Janissaires en Turquie, dans la courte période de 20 ans (1807-1826).

La plus grande partie de ces révoltes militaires éclatèrent dans les pays chauds et dans les saisons chaudes (11); il en fut de même, du reste, pour les révoltes religieuses (7 sur 15).

Seules l'Italie, l'Allemagne, l'Autriche et la Russie eurent des révoltes d'étudiants.

26 % des révoltes eurent pour origine des causes politiques (34); elles prédominèrent en Suisse, 3 sur 5, en Italie 13 sur 22, en Espagne 5 sur 19, en Turquie 4 sur 14, c'est-à-dire dans les pays les plus mal gouvernés et dans les pays en république; 14 eurent lieu contre des rois, contre des chefs de partis politiques; 23 pour l'indépendance,

---

(1) Les révoltes prétoriennes et les révoltes militaires qui donnèrent origine aux trente tyrans, se produisirent dans l'Empire Romain, mais quand celui-ci était déjà devenu Asiatique, ce qui confirme, par conséquent, notre assertion.

contre les occupations étrangères, ou pour obtenir une constitution ou une révision de constitution. Géographiquement,
aussi bien que par rapport aux saisons, nous trouvons une
différente distribution spécifique de ces deux catégories de
motifs politiques.

Le plus grand nombre des révoltes contre les rois, etc.,
éclatèrent au printemps et dans les pays de l'Europe centrale (France, Belgique). Celles qui eurent lieu pour l'indépendance ne démontrent aucune influence météorique —
elles se produisirent en effet plus souvent en hiver, 8, et
en automne, 8; — le plus grand nombre fut donné par
l'Italie (11 sur 22).

Chapitre VIII

—

Interférences. — Occasions.

1. — Les pseudo-sociologues qui, inexperts dans toute forme de synthèse, ne sortent pas de certaines ritournelles de formules immuables, nous objecteront que l'influence de toutes ces causes physiques, est peu vraisemblable, en présence des causes sociales maintenant si prédominantes, et, dans l'antiquité même, déjà visiblement entremêlées aux autres; mais, admettre les unes ne veut pas dire exclure les autres, parce que les facteurs des phénomènes organiques et, par conséquent, plus encore des phénomènes humains, sont toujours multiples et que la prévalence des uns sur les autres n'empêche pas que l'on puisse étudier le facteur isolé.

Ainsi, quand nous disons que la chaleur influe sur la végétation de la plante, nous ne songeons pas à exclure l'influence de l'engrais, du terrain et surtout de la qualité de la semence; une cause n'exclut pas l'autre, mais toutes ensemble (et l'une tantôt plus, tantôt moins que l'autre) se réunissent pour produire cet effet donné.·

Dans tous les phénomènes historiques, et aussi dans les phénomènes biologiques, nous nous heurtons à un ensemble si complexe de causes diverses et contradictoires, qu'on est porté à désespérer d'arriver à y voir avec la clarté et la

précision nécessaires dans les études naturelles; en effet,
si, avec la méthode analytique de Tarde ou de Colajanni,
on brise l'enchaînement des faits, on peut les opposer alter-
nativement pour démontrer que l'existence de l'un prouve
la non-existence de l'autre, au grand triomphe de la lo-
gique, mais contre la nature réelle des faits qui, bien qu'apparemment contradictoires, coexistent cependant.

Toutefois, comme il arrive toujours, en avançant davantage
dans les recherches, la confusion diminue; les lignes plus
saillantes se dessinent plus nettement; on voit par exemple que le climat, le génie, l'industrie et la race, tout en
restant les facteurs principaux, n'empêchent pas que d'autres, moins marquants tout d'abord, ne se mettent, dans
des circonstances données, en première ligne et n'éclipsent
tous les autres.

2. *Culture intellectuelle.* — Par exemple, d'après ce que
nous avons trouvé touchant l'influence de la position en
plaine, du froid, de la race slave, la Pologne n'aurait jamais dû avoir de révolution; mais sa culture intellectuelle
précoce (1) et ses formes de Gouvernement, qui en dérivèrent en grande partie, y faisant ressortir l'individualité
d'une manière exagérée, jetant la division et la haine entre
les individus et les castes jalouses l'une de l'autre, en ont
fait, avec les oppressions étrangères, un des pays les plus
agités.

Récemment la Russie sortit de l'immobilité asiatique où
elle était plongée depuis tant de siècles; certainement la
cause n'en est ni à la race, ni au climat, ni au gouvernement, mais à la culture intellectuelle augmentée tout d'un
coup, et plus puissante parce qu'elle était à l'état naissant,
et au trouble économique qui suivit la libération des serfs.

(1) Voir plus haut. — J'ajoute ici ce que Filelfo écrivait: « Les Polonais
précédèrent les Allemands et les Hongrois dans l'étude de la source de l'é-
loquence ». Voigt, *Die Viederbeleben d. Klass. Alterthun*, 1881.

Et l'*Espagne*, qui par le mélange des races, par le climat, etc., aurait dû être un pays évolutif et révolutionnaire, au moins autant que l'Italie et la France, perdit tout
élan évolutif après que l'Inquisition, détruisant les meilleures intelligences, ne laissa plus en vie, pour ainsi dire,
que les *pauperes spiritu*, ceux qui plaisaient à l'homme
Evangélique ! (v. s.).

3. *Sénilité.* — D'autres fois c'est une sénilité qui devient
plus précoce et plus intense chez les peuples qui ont trop
vécu, et qui fait disparaître toute trace, tout sentiment d'é-
volution.

La décadence italienne, sa pauvreté d'évolution est due
précisément à ses trop nombreuses gloires, à ses trop florissantes civilisations étrusques et romaines, à celles des
Communes et peut-être du xvi° siècle. Et la preuve en est
dans le fait, que l'on voit, aujourd'hui, l'évolution faire surtout défaut dans les pays où la civilisation fut plus avancée, comme Venise, Rome, Florence, tandis que le Piémont,
la Sicile, Gênes, qui n'eurent point le même éclat, qui furent barbares avant les Romains, et qui le redevinrent rapidement après, ont donné et donnent maintenant encore
les plus grandes espérances de progrès.

Et telle est, en grande partie, la cause de la décadence
de la Grèce, qui porte durement la peine de s'être élevée
aux plus hauts sommets de l'intelligence.

La race Flamande, qui descend des Communes les plus
célèbres du Moyen âge, est la plus faible et la plus réactionnaire de la Belgique.

En Toscane, d'autres causes encore contribuèrent à étouf-
fer tout germe d'évolution, et principalement l'antique influence sacerdotale qui remonte aux Lucumons, et l'épuisement provenant de l'exil et de la condamnation à mort
des meilleurs citoyens. En 1358, les capitaines du parti
guelfe exclurent des listes ou privèrent de leurs droits 98
des meilleurs citoyens avec tous leurs descendants, etc.,

sous prétexte qu'ils appartenaient au parti gibelin; puis
15 en 1859; 5 en 1860; 6 en 1865. A son tour, l'oligarchie triomphante, en 1882, condamna à mort 161 individus,
en priva des centaines de leurs droits et en bannit des
milliers.

Les Bulgares, au contraire, la dernière race dans le concert européen, celle dont la barbarie et la cruauté étaient
proverbiales, — d'où la parole *Bougre* (1), — se compor-
tent maintenant comme les peuples les plus judicieux, parce
que, chez eux, la greffe tartare, slave, allemande et grecque a donné une race plus progressive que dans la Serbie
limitrophe; parce que l'histoire ne les a pas encore épuisés
et parce que nation nouvelle — et précisément parce qu'elle
est nouvelle, comme les récentes républiques américaines,
— elle a mis des jeunes gens au gouvernement: Battemberg
avait 20 ans; Stambouloff en a 30 seulement.

4. *Changements extérieurs.* — Spencer lui-même, partisan
si convaincu de l'évolution, admet que, très souvent, avec
le changement des circonstances extérieures, l'espèce change
et parfois rétrograde : « Ainsi en est-il pour beaucoup d'espèces de parasites, qui ont perdu, par un mouvement de
rétrogradation, leur structure primitive. Quelquefois le progrès de certains types emporte et implique la régression
d'autres types, qu'il refoule dans des climats moins favorables et qu'il contraint à des conditions de vie difficiles ».

Les organismes sociaux humains, eux aussi, lorsque chan-
gèrent les conditions météoriques, ou géologiques, ou sociales par la fuite devant une race supérieure, se modi-
fièrent et se modifient à leur détriment (2), par suite de
l'obligation de vivre dans des climats plus malsains, etc,;
et ainsi en fut-il du Cambodge, du Pérou. Il y eut toujours des races qui contraignirent les vaincus à se réfugier
dans des lieux qui ne convenaient pas à l'état social où

____

(1) DU CANGE, *Dictionnaire.*

ils étaient parvenus; et c'est ainsi que plusieurs races, qui sont maintenant inférieures, furent soumises à des causes de dégénérescence, qui échappent souvent à l'observation.

Les Australiens ont certains restes de civilisation (interdiction du mariage entre parents, usage de la circoncision, arrachement des dents, etc.) que l'on trouve également chez d'autres tribus lointaines, ce qui fait soupçonner que, il y a des siècles, ces différentes tribus formaient un grand empire.

Dans la plaine, le climat très chaud rend antirévolutionnaires les Sémites, les Fellahs et les Berbères de l'Egypte; *vice versa*, les Berbères montagnards de l'Algérie donnent lieu à de continuelles révolutions contre la France, comme, auparavant, ils étaient rebelles à leur propre Gouvernement, au point que, à Alger, on voit les sépulcres de sept Beys, nommés et tués en un seul jour. Mais les nouvelles conditions civiles, favorisées par le Tewfich, y ont implanté récemment un germe de révolution.

Sous l'influence de nouveaux milieux et de nouveaux croisements, les agriculteurs Hollandais devinrent les pasteurs nomades d'Afrique (Boers), les chasseurs Normands devinrent d'audacieux navigateurs, les Juifs pasteurs des commerçants, le rigide conservateur Anglo-Saxon le libre novateur et le révolutionnaire américain du nord.

5. *Etat naissant.* — La prédominance de quelques causes, d'une manière absolue dans certains temps, et non plus en d'autres, spécialement dans les temps modernes, s'explique encore assez facilement par le fait que, dans la sociologie comme dans la chimie, l'influence de certains agents, à l'état naissant, est beaucoup plus puissante et plus nette, et laisse des traces plus durables; on peut le démontrer également avec la physiologie humaine, par le fait que les premières excitations, même si elles sont plus faibles, se ressentent mieux que les secondes, et que, dans les fécondations ultérieures, l'influence du premier fécondant se fait

sentir en proportions relativement plus grandes; ainsi donc, l'influence du climat persévéra alors même que l'influence de la race y faisait obstacle et interférence.

« Les influences locales, écrit Spencer, avaient, au commencement de la civilisation, une action souveraine; seule, notre civilisation, avec un organisme plus complet, peut fleurir dans les climats les plus défavorables ».

Et ce sont là de nouvelles raisons, pour lesquelles, dans certains sites, comme à Florence, p. ex., la colline n'est plus aussi favorable au génie qu'en d'autres temps.

Actuellement les religions influent bien peu sur la civilisation et sur l'évolution, mais quand elles étaient à l'état naissant, elles favorisaient beaucoup les révoltes et la révolution. Les nouvelles religions sont presque toujours accompagnées d'une véritable évolution progressive dans la morale, dans l'amélioration du caractère, ce qui les aide à faire des prosélytes parmi les gens honnêtes; le Babysme en Perse, le Bouddhisme en Asie, le Christianisme et le Luthérianisme en Europe, nous en donnent un exemple, — et cela se remarque aussi à l'apparition de certaines sectes, comme celle des Lazzarettistes, des Quakers et des sectaires Russes (v. s.); mais après quelques temps le phénomène disparaît et les religions deviennent même de nouvelles sources d'immoralité.

Certains excitants nerveux, la coca, et, depuis longtemps déjà, le café, le tabac, purent être importés sans soulever aucune opposition, sauf de la part du misonéisme qui les fit excommunier par l'organe misonéique principal, la religion; mais, les premiers aliments nerveux découverts, l'*eau de la vie*, l'alcool, l'hydromèle, l'*amrita*, etc., produisirent une énorme perturbation, qui retentit encore dans les traditions de tous les peuples (Adam, Noé, Bacchus, etc.), et favorisèrent l'évolution religieuse (v. s.).

Quand les peuples vivaient très isolés, les premières greffes climatiques ou ethniques furent suivies d'une évolution bien plus considérable qu'aujourd'hui — il suffit de se rappeler les Doriens, les Romains. Ces croisements nous ont déjà expliqué l'évolution très précoce de la Pologne (v. s.), évolution qui s'évanouit aussitôt que cessèrent les premières influences.

6. *Manque d'affinité.* — L'influence, du manque d'affinité de la race, dans la révolte, a été très exagérée, parce qu'elle est la plus en évidence et qu'elle nous cache un grand nombre de causes plus difficiles à découvrir. Nous voyons, en effet, les Sardes, qui manquent absolument d'affinité avec les Piémontais, et les Corses, si différents des Français, vivre d'accord entre eux; toute l'Europe nous offre le phénomène de la superposition et du mélange de races manquant le plus d'affinité, tandis que d'autres, bien que plus voisines par le sang, ne fusionnent pas entre elles, en raison de l'influence d'autres causes disassimilatrices; ainsi les Polonais haïssent les Russes, avec lesquels cependant ils ont de commun le sang Slave, parce qu'ils ne tolèrent pas leur despotisme poussé jusqu'à prétendre supprimer la langue polonaise, tandis qu'ils s'assimilent, au contraire, avec les Autrichiens qui ont, avec eux, une bien moindre affinité.

De même les populations du Rhin, allemandes en grande partie, se rapprochent plus volontiers des populations Françaises que de celles qui ont, avec elles, une plus grande affinité, parce que les traditions de la bonne administration Française, les intérêts commerciaux et les habitudes l'emportent sur l'attraction ethnique.

Ainsi, le manque d'affinité de races ne suffit pas, à lui seul, à expliquer les haines des Irlandais contre les Anglais, qui ont certainement plus d'affinité avec eux que les Français qu'ils invoquèrent si souvent; mais les anciennes violences, le refus des franchises et les préjugés religieux suffisent à les expliquer. En effet, le pays de Galles, Celte autant que l'Irlande, fusionne, au contraire, complétement

avec l'Angleterre; il en est de même de l'Ecosse, Celte,
elle aussi, en grande partie.

Le bon gouvernement favorise, d'une manière spéciale,
la fusion des races, lorsque vient s'y joindre l'attraction
qu'exercent les grandes masses sur les petites; voilà la
cause principale de la fusion des races Sémitiques de la
Sardaigne avec les races Celtiques Piémontaises, et des races Corses, parfaitement Italiques, avec les races Françaises.

Il faut y ajouter, aussi, la colonisation intelligente, qui
peut rapprocher les peuples, en créant de nouveaux intérêts
communs, spécialement quand il s'agit de races inférieures;
cela se vit anciennement pour l'Empire Romain qui do-
mina le monde plus par ses colonies que par ses armes;
et cela se renouvelle aujourd'hui pour l'Angleterre et pour
la Hollande.

Cette triste honte de notre civilisation, l'antisémitisme,
fut aussi attribuée au manque d'affinité de race; et, certainement cela doit y avoir contribué, spécialement là où
le rapprochement des deux races ne fut pas favorisé par
les mariages et par la communauté d'intérêts.

Mais cette cause n'est pas la seule, parce qu'il y a un
manque d'affinité bien plus grand entre des peuples qui,
cependant, fusionnèrent ensemble; on peut même dire qu'il
n'y a pas de pays en Europe qui ne présente une fusion de
races les plus variées; la preuve en est dans le mélange
si répandu du type dolychocéphale avec le type brachycéphale; en France, nous trouvons la race Celtique coexistant
avec la race Basque, la race Latine avec la race Allemande
(Normandie); en Angleterre la race Celtique, avec la race
Anglo-Saxonne et la race Latine. — Ajoutons que, comme
nous l'avons vu, le climat éleva, en Europe, la race Sémite
jusqu'au niveau de la race Aryenne (1).

(1) Voir *Homme de génie* de C. Lombroso, 1888.

Il faut donc chercher d'autres causes : il y en a deux, atavistiques toutes deux, et par conséquent plus puissantes.

La première consiste dans cette complaisance qui naît du sentiment de supériorité sur les autres et qui est peut être un souvenir de l'ancienne domination du libre Aryen sur les peuples esclaves; ce sentiment redouble alors qu'il devient national, parce qu'il se dépouille de la pudeur de la vanité personnelle et qu'il se multiplie par imitation.

Cette première cause sert à nous expliquer, aussi, la haine réciproque entre le Polonais et le Russe, comme, autrefois, entre l'Italien et l'Autrichien : les uns éprouvent une complaisance dans la domination et ils croient avoir une véritable supériorité de sang sur les autres; il suffit, pour le comprendre, de nous rappeler que le Brahmine regarde comme coupable le Soudra qui le touche, et de lire ce que les Anglais, avant Gladstone, écrivaient sur les Irlandais qu'ils prétendaient non perfectibles; ceux qui sont haïs réagissent, naturellement, contre un sentiment si injuste, et, ainsi, les haines s'enveniment.

La seconde cause de l'antisémitisme se rattache à la stratification de la mémoire; à la haine conçue par les Romains contre le peuple Juif qui, le premier, osait leur résister et qui, avec le Christianisme, prenait sa revanche dans le champ religieux; ce sentiment de haine s'accentua bien plus encore, au Moyen Age, quand la caste cléricale, devenue maîtresse de l'esprit européen, en fit un devoir et un rite.

De sorte qu'il n'y a pas à s'étonner que toute l'Europe se soit trouvée d'accord dans une persécution qui, non seulement procurait la joie du mal et le plaisir des fortunes faciles, mais encore était une œuvre méritoire, et que des traces de haines si féroces soient restées, d'autant plus héréditaires et plus actives qu'elles sont plus inconscientes chez les fils des persécuteurs. Il faut y ajouter la séparation même des habitations, la dissemblance des usages, de la nourriture, des dialectes, la concurrence commerciale qui fomentait des jalousies, augmentait les disparités réelles ou apparentes, et faisait, de plus en plus, désirer l'avilissement de la race Juive; enfin l'épidémie psychique qui répand et centuple les haines et les légendes.

7. *Agents multiples avec effets semblables.* — Quelquefois, tandis que certaines causes étaient tout à fait différentes, d'autres étaient analogues; et, lorsque celles-ci prévalaient sur les premières, elles donnaient lieu aux mêmes effets.

Ainsi, chez les Sémites nomades, aussi bien que chez les Kirghiz et chez les nomades du Haut Nil Blanc, trois races très diverses, nous trouvons, dans l'antiquité, le *patriarchisme* prévalant et mêlé à des idées religieuses élevées et presque puritaines, ce qui, au contraire, n'arrive plus chez les Assyriens et chez les Himyarites du second âge, qui étaient également Sémites; ici, nous trouvons donc, dans un climat différent et chez une race diverse, des analogies qui ne se rencontrent plus chez des peuples de la même race et presque du même climat. Renan l'explique (1) « par la vie nomade de ces peuples, qui fut le facteur principal de sélection dans cette aristocratie religieuse. La foi immense du nomade vainquit deux fois le monde. Son genre de vie, l'impossibilité de transporter des monuments, des statues — et j'ajouterai, la grande uniformité de la nature dans la steppe et dans le désert, et le manque d'imagination qui en fut l'effet — l'éloignèrent de l'idée des temples et des statues; l'absence de ces dernières supprima une des causes de l'idolâtrie; et cette coutume, à son tour, lui fit aimer la simplicité et, par suite, simplifier le culte ».

« Le nomade était un protestant né, continue Renan. La pluie, représentée par l'Indo-Européen, comme l'effet des embrassements du ciel et de la terre, est, pour le Sémite, un effet de la volonté de Dieu par laquelle il explique tout, la foudre, l'aurore, les victoires, les défaites, etc. ».

(1) *Histoire du peuple d'Israël*, I, 13.

8. *Facteurs secondaires de la civilisation.* — Il faut considérer, ici, comme nous l'avons indiqué plus haut, l'influence des facteurs secondaires qui se multiplient l'un l'autre, avec la progression des siècles, et font disparaitre l'influence primitive. Ainsi nous avons vu, d'après la statistique, que l'influence économique devient très grande dans les dernières années, tandis que, dans les premiers temps, elle était inobservée. Quand on ne porte pas de vêtements, ou à peu près, quand un homme se borne aux premiers besoins, il est naturel que tout le complexe coefficient de l'influence économique manque tout à fait, et qu'il devienne, au contraire, plus puissant que tous les autres quand la civilisation surajoute aux besoins d'un peuple, non seulement ceux des peuples contemporains, mais encore ceux du passé; c'est ainsi que, au vin et au café nous avons uni la coca du Pérou, le thé de la Chine, l'opium de l'Inde, le tabac et le cacao de l'Amérique.

A leur tour ces agents, avec l'alcoolisme, le nicotisme, etc., produisent des modifications profondes qui deviennent des causes de révoltes, etc. La civilisation modifie les peuples, et ces modifications multiplient les causes d'évolution.

La Brétagne, par exemple, ainsi que les départements des Pyrénées, en ce siècle, devinrent industriels; c'est pourquoi leur population augmenta de beaucoup en densité (JACOBY). Voilà une cause qui doit modifier les tendances conservatrices de ces pays et les transformer en pays révolutionnaires.

L'abus intellectuel lui-même, que la civilisation apporte avec elle, engendre la névrasthénié qui transforme l'organisme d'un peuple, le rend inquiet, inconstant, révolutionnaire, plus que toutes les influences de climat et de race (v. s.).

La Hollande est un pays froid, plat, donc antirévolutionnaire par excellence, spécialement aux époques antérieures, où la culture y était très peu répandue; mais la lutte avec la mer et avec l'oppression étrangère en aiguisa la tendance évolutive.

9. *Petites causes.* — Enfin il y a les petites causes dont il échappe des centaines à notre attention. Ainsi Spencer remarque que les sources chaudes furent l'origine des vastes industries céramiques des tribus Américaines : — d'autre part, la grande quantité de bêtes de somme, facilitant les transports de l'Indo-Européen, en augmenta l'évolution; ainsi en est-il de la multiplicité des produits minéraux ou végétaux qui facilitèrent la fabrication des barques, des maisons, des étoffes. Au contraire, une forêt trop épaisse, inaccessible, peuplée de bêtes féroces, peut empêcher une évolution. Ainsi, la lagune qui isole Venise, où les nombreux canaux rendent difficile l'insurrection en masse, fut une cause de sa stabilité politique.

Sans la destruction du Temple de Jérusalem les progrès du Christianisme, selon Renan, auraient été très lents; toute propagande profonde eût été interdite, des lettres d'obédience datées de Jérusalem eussent été exigées des missionnaires (1).

Les Dalécarliens ayant observé que le vent du Nord n'avait cessé de souffler pendant le discours que Gustave Wasa leur adressait pour les engager à se révolter contre les Danois, ils virent, dans ce fait, un signe de la volonté du ciel et un gage assuré de succès; sans délibérer davantage, ils résolurent de le suivre et formèrent sur le champ un corps de quatre cents hommes (2).

10. *Révoltes.* — Une interférence très grande est donnée par le fait que, malgré nous, nous devons étudier ici, conjointement, les révoltes et les révolutions, entre lesquelles sont plus nombreux (et nous le verrons mieux ensuite) les antagonismes que les analogies; de sorte que les causes

----

(1) Renan, *L'Antechrist.*
(2) De Vertot, *Histoire des Révolutions de Suède.*

qui favorisent les unes font obstacle aux autres; — ainsi, nous avons vu que les races Celtiques sont très rebelles et peu évolutives; que la chaleur est en rapport direct avec les révoltes, tandis que les révolutions, au contraire, ont lieu dans les pays tempérés; et nous verrons que les femmes, fréquemment rebelles, ne sont jamais évolutives.

11. *Contradictions.* — Il est plus étrange encore de voir ce contraste dans un même peuple, révélant alors une contradiction apparente dans la manifestation du phénomène lui-même; tel est, par exemple, le cas de la génialité révolutionnaire que nous avons trouvée chez les races vieilles: ici, la génialité est due à des causes névrotiques, qui font naître les génies et les révolutionnaires sporadiquement, tandis que l'ultra-conservatisme sénile reste toujours prédominant (v. pag. 184), comme chez les Sémites et chez les Vénitiens. Ici encore, la contradiction n'exclut pas la coexistence. Et c'est ainsi que s'explique le fait étrange que le Bouddhisme et le Christianisme furent repoussés par les races Hindoustanes et Sémitiques, chez lesquelles ils prirent naissance, et qu'ils ne purent se répandre qu'en dehors de ces races.

12. *Occasions.* — A tout cela viennent s'ajouter les influences individuelles, que nous étudierons dans les Chapitres suivants, et les causes occasionnelles, qui peuvent être des plus disparates. — Aristote (op. cit.) rappelle que les oligarchies périssent lorsque quelqu'un de ses membres y devient trop puissant, et que, au contraire, lorsqu'elles ont été renversées, elles cherchent à se rétablir au moyen des révolutions. A Syracuse, continue-t-il, la constitution fut changée, par suite d'une querelle amoureuse qui poussa à l'insurrection deux jeunes gens haut placés et leurs partisans. Parlant des tyrannicides, il trouve que, le plus souvent, ce sont des injures personnelles qui les suscitent: Amyntas fut tué par celui-là même auquel il se vantait d'avoir fait violence; Périandre trouva la mort pour le même

motif; Philippe périt de la main de Pausanias pour ne l'avoir pas vengé des outrages d'Attale; Hipparque fut assassiné par Aristogiton et par Harmodius pour avoir outragé la sœur de ce dernier, etc.

A Mitylène, les contestations de deux héritiers, et, à Delphe, un manquement à une promesse de mariage causèrent des troubles pendant de longues années; de même, à Florence, — mais cela n'est pas prouvé — l'affront infligé par Buondelmonti aux Amedei aurait donné origine aux sanglantes rivalités des Guelfes et des Gibelins (1).

Bacon remarque que, parfois, une parole, une réponse vive de quelque prince fut l'étincelle qui fit éclater la sédition : Galba causa sa perte pour avoir dit: *Legi a se militem non emi*, les soldats n'espérant plus alors pouvoir faire payer leurs votes. De même cette parole de Probus : *Si vixero, non opus erit amplius Romano imperio militibus*, souleva contre lui la soldatesque.

Dans notre siècle, également, des émeutes assez graves n'eurent pas de motif plus sérieux: au mois d'avril 1821, une révolte éclata à Madrid parce que le roi ne voulut pas ou ne put pas assister à une procession religieuse; en juillet 1867, Bucharest s'insurgea contre le monopole des tabacs; en septembre 1867, Manchester se souleva à la suite de l'arrestation de deux Féniens, et, en septembre 1876, Amsterdam, à cause de l'abolition d'une foire annuelle.

Bien entendu que les occasions, si elles influent dans les révoltes, ne sont qu'un prétexte, un déterminant dans les révolutions, c'est-à-dire qu'elles font qu'un peuple qui y est prédisposé, s'y précipite.

A Rome les violences de Papyrius sur l'enfant qu'un débiteur lui avait laissé en gage, déterminèrent la révolution

---

(1) Hartwig, dans les *Florentinische Studien*, déclare que c'est là une légende.

(2) *Essai de politique.* — Paris, 1734.

qui finit par l'abolition de l'esclavage pour dettes. — Les tortures que Démophile et sa femme infligeaient à leurs esclaves amenèrent (avec les habitudes d'un brigandage autorisé) la grande révolte des esclaves en Sicile; et ceux-ci, en effet, épargnèrent, dans le massacre de cette famille, une femme qui s'était montrée bienveillante pour eux; preuve (écrit Diodore) que les excès commis par les esclaves étaient provoqués par ceux des maîtres.

La brutalité d'un soldat et la lubricité d'un prince furent l'occasion qui fit éclater les Vêpres Siciliennes et chasser les Tarquins. Mais qui peut douter, en se rappelant de combien d'infamies se rendirent impunément coupables, parmi nous, les rois et les peuples conquérants, que ce fut là, moins la cause véritable que l'occasion et le prétexte?

Il faut que l'oppression, exercée par une caste sur les autres, soit exagérée pour provoquer la réaction de la part des victimes, comme nous le démontrent le abus des prêtres, des militaires — et aujourd'hui des avocats — tolérés si longtemps sans protestation.

13. *Guerres.* — Les guerres sont également des occasions de soulèvements.

Ainsi, à Thèbes, après avoir perdu la bataille des Enophites, le gouvernement démocratique fut renversé; à Athènes, les classes riches perdirent le pouvoir après que, par suite des pertes subies dans la guerre contre Sparte, ils durent faire partie de l'infanterie. A Argos, après la perte de la bataille contre Cléomène, toute l'armée dut donner les droits de citoyen aux esclaves; à Tarente la démagogie l'emporta après une défaite des citoyens dans une bataille; Syracuse, après la victoire du peuple sur les Athéniens, substitua la démocratie à la république.

A Athènes, quand la flotte, dont les éléments étaient fournis par le peuple, vainquit à Salamine, la démocratie l'emporta sur l'Aréopage.

Au Moyen Age, la bataille de Monteaperti fit tomber le parti Guelfe à Florence, comme la bataille de Bénévent, par la mort de Manfred, le rétablit; les Gibelins eux-mêmes cédèrent en partie le gouvernement.

« Souvent, écrit Aristote, les oligarches, par défiance mutuelle, remettent, en temps de guerre, la garde de la ville à des soldats dont le chef devient ensuite le maître de tous; il en fut ainsi à Samos, à Larisse, à Abydos » — et, pouvons-nous ajouter, en France, il y a peu d'années.

Au contraire, les victoires Polonaises de 1587 à 1795, selon Soltyck, en aggravant l'état des classes pauvres, sans compensations, et en augmentant les difficultés des peuples vaincus, auraient été une des causes de la ruine de la Pologne.

La guerre Franco-Prussienne créa, ou pour mieux dire, cimenta l'Empire en Allemagne, bien que, auparavant, les populations s'y montrassent hostiles; cela est prouvé par la statistique des crimes politiques en Allemagne, d'après laquelle on constate que le nombre des procès pour offenses contre l'Empereur, après s'être élevé, de 76 (1846) à 242 en 1848 et à 362 en 1849, avait peu à peu repris le cours normal avant la guerre de 1866, s'élevant ensuite, de nouveau, à 375 pour tomber en 1879-81 à 132 et 193 (1).

A son tour Sedan marqua la chute de l'Empire Napoléonien.

Selon Renan, les deux grandes révolutions juives, le Judaïsme et le Christianisme, furent dues, en partie, aux Prophètes (v. s.), mais plus encore à la grande perturbation provoquée, parmi les Juifs, par les victoires des Assyriens et des Romains.

Les guerres qui, cependant, semblent avoir une action si marquée sur les révolutions, peuvent, toutefois, être compa-

____

(1) *Verbrechen und Verbrecher in Prussen*, 1854-1878. Berlin, 1884.

rées à certaines maladies qui permettent à de vieilles dys-
crasies de se manifester au dehors; ce sont des occasions
de trouble, qui suppléent à l'office que les mattoïdes et les
génies exercent plus brusquement, c'est-à-dire, de mettre
en lumière les défauts, de découvrir les aspirations du pays
et ensuite de préparer les remèdes aux maux. — Ce ne
fut jamais, en somme, une bataille qui décida une révolution, mais elle donna la dernière poussée, sans laquelle
elle aurait avorté ou n'aurait surgi que plus tard.

Cela, d'ailleurs, se comprend bien, sachant qu'une victoire est le résultat des forces intellectuelles, économiques
et matérielles d'un peuple et que, par conséquent, la perte
d'une guerre est le signe de son infériorité, ce qui amène
une réaction naturelle de l'orgueil national offensé, contre
la forme de gouvernement, ou contre l'homme auquel, à
tort ou à raison, on fait remonter la responsabilité de la
défaite.

14. *Génie.* — Dans le génie aussi, les occasions ont souvent cette part secondaire; c'est-à-dire qu'elles font que le
génie, né tel, en dehors d'elles et même en opposition avec
elles, puisse se manifester aux autres, en être compris et
admiré.

Et, ici encore, les interférences ne manquent pas non
plus; ainsi l'école, avec ses pédanteries, suffoque souvent
le génie à sa naissance; et, cependant, sans les écoles, le
génie, manquerait souvent de direction, toujours du public
dont il puisse se faire comprendre (1).

Ici également, l'influence de la montagne et de la race,
si puissante à l'état naissant, peut être effacée par la barbarie ou par la conquête, et, comme nous le montrent la
Grèce et la Toscane, par l'épuisement de la race (2).

(1) Voir *Pazzi ed anomali*, de C. Lombroso, 2ᵉ édit., pag. 201.
(2) Voir *Homme de génie*, de C. Lombroso, Alcan, 1888.

Nous ne pouvons oublier ici l'évolution, qui fait, de races apparemment immobiles pour des siècles (Russie), des races très actives, et l'involution qui, dans des circonstances données, ramène, ou à peu près, à l'état primitif, des peuples doués autrefois d'une grande génialité, comme les Grecs et les Espagnols.

Il n'est pas démontré que les embarras économiques empêchent le génie; souvent, au contraire, il semble qu'ils l'aident et le poussent à se manifester. Zola écrit, à propos de Balzac, que, sans ses embarras pécuniaires, nous aurions été privés d'un grand nombre de ses chefs-d'œuvre.

Et Smiles en écrit autant de Dryden et de Goldsmith, que la faim rendit écrivains.

Cependant, quand la misère est extrême, si elle n'empêche pas le génie, elle en retarde les manifestations, comme cela arriva à Colomb et à Stephenson. Pascal a dit que la richesse épargne 20 ans de fatigue au génie.

D'autre part Jacoby a démontré que l'extrême richesse, comme l'extrême puissance, font avorter les génies, plus souvent qu'elles ne les favorisent.

Les luttes politiques, les formes libres de gouvernement donnent lieu à une plus grande manifestation du génie, mais peut-être seulement parce qu'elles le mettent mieux en vue, tandis que le despotisme, qui est l'ennemi naturel du génie, le fait taire ou le supprime.

Je ne finirais pas si je devais exposer toutes les causes d'interférence; mais ici, comme dans tous les autres phénomènes physiques, il faut bien se rappeler que, si nombreuses et si puissantes qu'elles puissent paraître, elles n'effacent jamais les grandes causes radicales

TABLE DES MATIÈRES

CHAPITRE II.

Climat et météores dans les révolutions.

CHAPITRE III.

Influence du climat et des météores
dans les révoltes ou séditions.

CHAPITRE IV.

Pression barométrique,
géologie, altimétrie dans les révolutions
(suffrages républicains).

CHAPITRE V.

Alimentation. — Disette. — Alcoolisme.
Leur influence sur les révoltes et sur les révolutions.

CHAPITRE VI.

Race. — Population.
Sa génialité; culture intellectuelle; folie et criminalité.

CHAPITRE VII.

Facteurs sociaux, politiques et économiques.

CHAPITRE VIII.

Interférences. — Occasions.

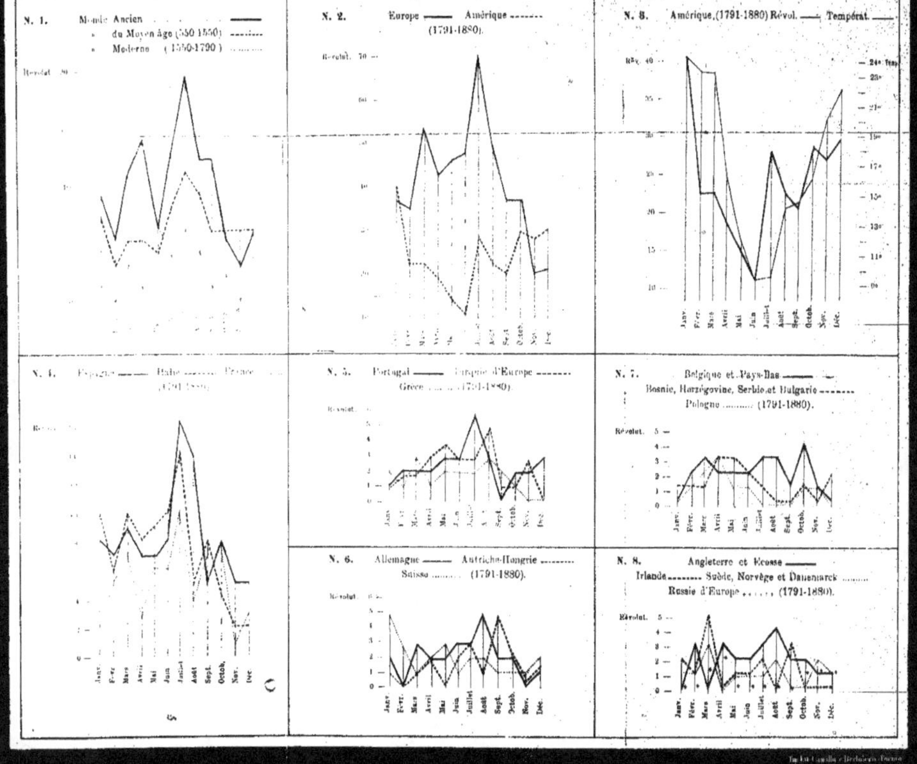
N. 1.　Monde Ancien
» du Moyen Âge (550-1550)
» Moderne (1550-1790)
Révolut. 30
N. 2.　Europe　Amérique
(1791-1880).
Révolut. 70
60
N. 8.　Amérique, (1791-1880) Révol.　Températ.
Rév. 40
35
30
25
20
15
10
24° Temp.
23°
21°
19°
17°
15°
13°
11°
9°
Janv. Févr. Mars Avril Mai Juillet Août Sept. Octob. Nov. Déc.
N. 4.　Espagne　Italie　France
(1791-1880)
Révolut.
N. 5.　Portugal　Turquie d'Europe
Grèce (1791-1880).
Révolut.
Janv. Févr. Mars Avril Mai Juin Juillet Août Sept. Octob. Nov. Déc.
N. 7.　Belgique et Pays-Bas
Bosnie, Herzégovine, Serbie et Bulgarie
Pologne (1791-1880).
Révolut. 5
4
3
2
1
0
Janv. Févr. Mars Avril Mai Juin Juillet Août Sept. Octob. Nov. Déc.
N. 6.　Allemagne　Autriche-Hongrie
Suisse (1791-1880).
Révolut. 6
Janv. Févr. Mars Avril Mai Juin Juillet Août Sept. Octob. Nov. Déc.
N. 8.　Angleterre et Écosse
Irlande　Suède, Norvège et Danemarck
Russie d'Europe (1791-1880).
Révolut. 5
4
3
2
1
0
Janv. Févr. Mars Avril Mai Juin Juillet Août Sept. Octob. Nov. Déc.

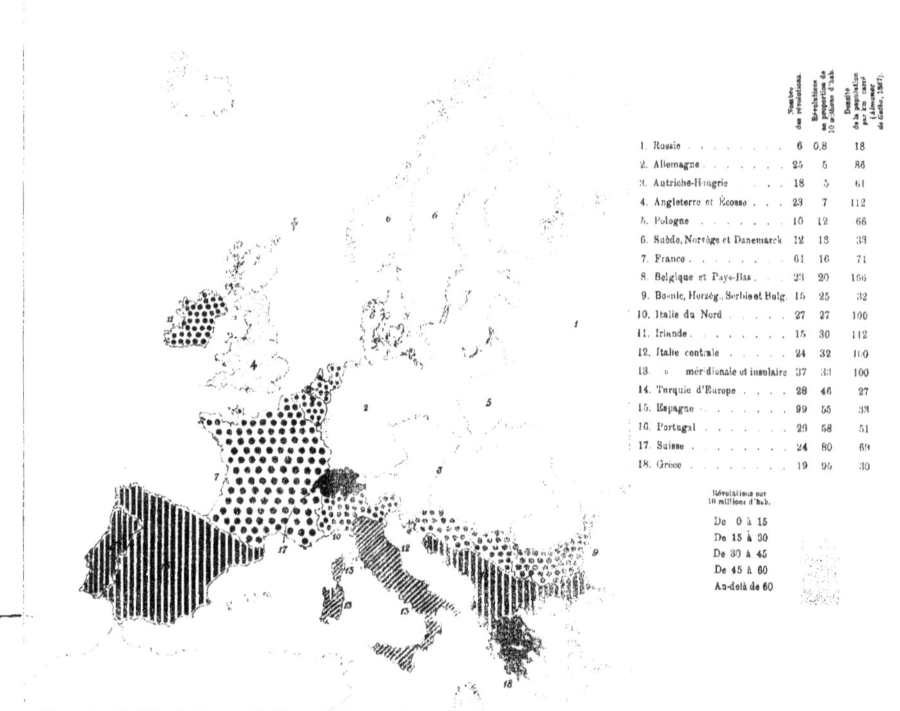

	Nombre des révolutions.	Révolutions en proportion de 10 millions d'hab.	Densité de la population par km carré (Almanac de Gotha, 1887).
1. Russie	6	0,8	18
2. Allemagne	25	5	86
3. Autriche-Hongrie	18	5	61
4. Angleterre et Écosse	23	7	112
5. Pologne	10	12	66
6. Suède, Norvège et Danemarck	12	13	33
7. France	61	16	71
8. Belgique et Pays-Bas	23	20	166
9. Bosnie, Herzég., Serbie et Bulg.	15	25	32
10. Italie du Nord	27	27	100
11. Irlande	15	30	112
12. Italie centrale	24	32	160
13. » méridionale et insulaire	37	33	100
14. Turquie d'Europe	28	46	27
15. Espagne	99	55	33
16. Portugal	29	58	51
17. Suisse	24	80	69
18. Grèce	19	95	30

Révolutions sur 10 millions d'hab.

De 0 à 15
De 15 à 30
De 30 à 45
De 45 à 60
Au-delà de 60

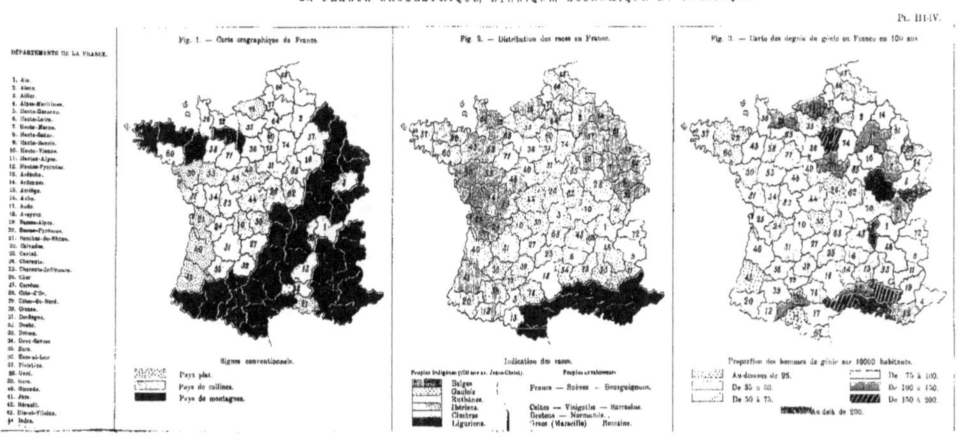

DÉPARTEMENTS DE LA FRANCE.

1. Ain.
2. Aisne.
3. Allier.
4. Alpes-Maritimes.
5. Haute-Garonne.
6. Haute-Loire.
7. Haute-Marne.
8. Haute-Saône.
9. Haute-Savoie.
10. Haute-Vienne.
11. Hautes-Alpes.
12. Hautes-Pyrénées.
13. Ardèche.
14. Ardennes.
15. Ariège.
16. Aube.
17. Aude.
18. Aveyron.
19. Basses-Alpes.
20. Basses-Pyrénées.
21. Bouches-du-Rhône.
22. Calvados.
23. Cantal.
24. Charente.
25. Charente-Inférieure.
26. Cher.
27. Corrèze.
28. Côte-d'Or.
29. Côtes-du-Nord.
30. Creuse.
31. Dordogne.
32. Doubs.
33. Drôme.
34. Deux-Sèvres.
35. Eure.
36. Eure-et-Loir.
37. Finistère.
38. Gard.
39. Gers.
40. Gironde.
41. Jura.
42. Hérault.
43. Ille-et-Vilaine.
44. Indre.

Fig. 1. — Carte orographique de France.

Signes conventionnels.
Pays plat.
Pays de collines.
Pays de montagnes.

Fig. 2. — Distribution des races en France.

Indication des races.
Peuples indigènes (100 ans av. Jésus-Christ).
Belges
Gaulois
Ruthènes.
Ibériens.
Cimbres
Liguriens.

Peuples envahisseurs.
Francs — Suèves — Bourguignons.
Celtes — Visigoths — Sarrasins.
Bretons — Normands.
Grecs (Marseille) Romains.

Fig. 3. — Carte des degrés du génie en France en 100 ans.

Proportion des hommes de génie sur 10000 habitants.
Au-dessous de 25.
De 25 à 50.
De 50 à 75.
De 75 à 100.
De 100 à 150.
De 150 à 200.
Au delà de 200.

46. Isère.
47. Landes.
48. Loire.
49. Loir-et-Cher.
50. Loire-Inférieure.
51. Loiret.
52. Lot.
53. Lot-et-Garonne.
54. Lozère.
55. Maine-et-Loire.
56. Manche.
57. Marne.
58. Mayenne.
59. Meurthe-et-Moselle.
60. Morbihan.
61. Meuse.
62. Nièvre.
63. Nord.
64. Oise.
65. Orne.
66. Pas-de-Calais.
67. Pyrénées-Orientales.
68. Puy-de-Dôme.
69. Rhône.
70. Saône-et-Loire.
71. Sarthe.
72. Savoie.
73. Seine.
74. Seine-et-Marne.
75. Seine-et-Oise.
76. Seine-Inférieure.
77. Somme.
78. Tarn.
79. Tarn-et-Garonne.
80. Vaucluse.
81. Vendée.
82. Var.
83. Vienne.
84. Vosges.
85. Yonne.

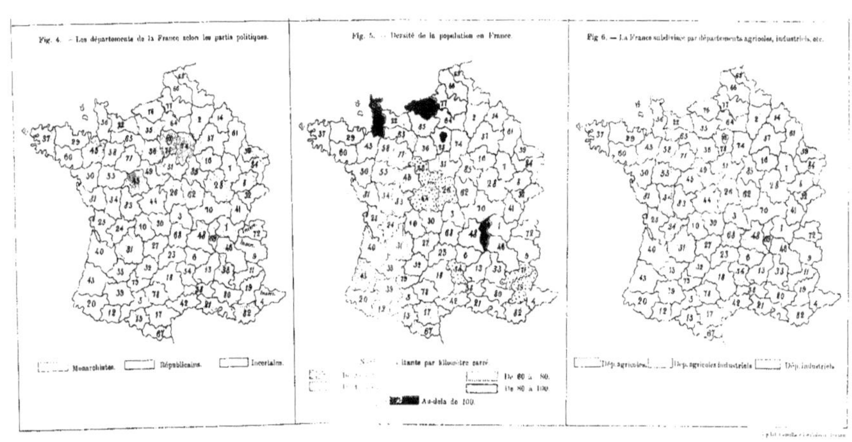

Fig. 4. — Les départements de la France selon les partis politiques.
Monarchistes. Républicains. Incertains.
Fig. 5. — Densité de la population en France.
habitants par kilomètre carré
De 60 à 80.
De 80 à 100.
Au-delà de 100.
Fig. 6. — La France subdivisée par départements agricoles, industriels, etc.
Dép. agricoles. Dép. agricoles industriels Dép. industriels.